河南师范大学优势特色学科资助成果

马克思主义"牧野论丛"

贺瑞麟思想研究

HE RUILIN SIXIANG YANJIU

苗彦恺 著

中国社会科学出版社

图书在版编目(CIP)数据

贺瑞麟思想研究 / 苗彦恺著 . —北京：中国社会科学出版社，2020.10
（马克思主义"牧野论丛"）
ISBN 978-7-5203-5347-2

Ⅰ.①贺… Ⅱ.①苗… Ⅲ.①贺瑞麟（1824-1893）—关学—思想评论 Ⅳ.①B249.9

中国版本图书馆 CIP 数据核字（2019）第 230528 号

出 版 人	赵剑英
责任编辑	朱华彬
责任校对	张爱华
责任印制	张雪娇

出　　版	中国社会科学出版社
社　　址	北京鼓楼西大街甲 158 号
邮　　编	100720
网　　址	http：//www.csspw.cn
发 行 部	010-84083685
门 市 部	010-84029450
经　　销	新华书店及其他书店

印刷装订	环球东方（北京）印务有限公司
版　　次	2020 年 10 月第 1 版
印　　次	2020 年 10 月第 1 次印刷

开　　本	710×1000　1/16
印　　张	14.5
插　　页	2
字　　数	238 千字
定　　价	88.00 元

凡购买中国社会科学出版社图书，如有质量问题请与本社营销中心联系调换
电话：010-84083683
版权所有　侵权必究

河南师范大学马克思主义"牧野论丛"
编辑委员会

主　任　马福运
委　员　蒋占峰　李　翔　李东明　米庭乐
　　　　王会民　王一平　侯　帅

河南师范大学马克思主义"牧野论丛"总序

马克思主义理论学科的建设和发展对于繁荣中国哲学社会科学、做好意识形态工作、发展21世纪中国的马克思主义、落实党和国家的教育方针,具有重要理论价值和现实意义。自2005年马克思主义理论一级学科建立以来,在全国众多专家学者的努力下,马克思主义理论学科的发展呈现一片繁荣景象:学术交流争鸣更加频繁,学术研究范围更加广泛,学术成果迅猛增长。在此大背景下,河南师范大学马克思主义学院决定推出马克思主义"牧野论丛",以期为马克思主义理论学科发展作出自己的贡献。

河南师范大学坐落于广袤的牧野大地,马克思主义学院为河南省重点马克思主义学院,其前身是成立于1951年的平原师范学院马列主义教研室,1986年改设政治理论教学研究部,2001年与学校德育教研室合并,更名为社会科学教学部,2011年正式成立马克思主义学院。学院主要承担马克思主义理论学科建设和全校本科生、研究生及独立学院、继续教育学院学生的思想政治理论课教学任务。学院现有专任教师117人,其中专职教师72人,校内兼职教师45人。专任教师中,教授16人,副教授42人,具有博士学位者48人。拥有教育部高校示范马克思主义学院和优秀教学科研团队1个、教育部"新世纪优秀人才"1人、河南省优秀专家2人、河南省学术技术带头人2人、河南省高校哲学社会科学优秀学者2人、河南省百名优秀青年社科理论人才4人;1人入选教育部"思想政治教育杰出青年人才"培育计划;1人入选2015年全国思想政治理论课优秀中青年教师择优资助计划;1人被评为高校思想政治理论课教师2017年度影响力标兵人物；1名教师获"全国高校教学能手"；1名教师获得河南省高校思想政治理论课教师教学技能大赛特等奖；多位教师先后获得"河南省教学标兵""河南省思想政治理论课优秀教师""河南省教学能手"等荣誉称号。

学院现有马克思主义理论一级博士点，马克思主义理论一级硕士点，少年儿童组织与思想意识教育、课程与教学论（思想政治教育）、学科教学（思想政治教育）3个二级硕士点以及中国共产党历史、马克思主义理论、思想政治教育3个本科专业，形成了马克思主义理论本硕博一体化人才培养体系。学院拥有"全国高校思想政治理论课教师研修基地""全国高校思想政治工作队伍培训研修中心""共青团中央中国特色社会主义理论体系研究中心研究基地"三个国家级学科平台以及"中国共产党革命精神与中原红色文化资源研究中心""青少年问题研究中心""少年儿童组织与思想意识教育研究中心"3个省级科研平台。

2011年建院以来，马克思主义理论学科快速发展，取得了较为丰硕的科研成果。先后获批国家社科基金重点项目3项，一般项目15项，国家自然科学基金项目1项，省部级项目46项，横向课题28项，各项科研经费累计678万元。获得河南省社会科学优秀成果奖、河南省政府发展研究奖等省部级以上科研奖励16项。出版学术著作21部，在《马克思主义研究》《人民日报》理论版、《光明日报》理论版等权威期刊发表高层次学术论文30余篇，在CSSCI源期刊、中文核心期刊发表学术论文210多篇，一批学术论文被《新华文摘》《中国社会科学文摘》《中国人民大学复印报刊资料》转载或摘编，在学界产生了较大影响。学院还积极致力于社会服务，在政府决策咨询、理论政策宣讲、红色文化资源开发、教师研修培训、横向项目协作等方面，发挥了积极的作用，服务社会的功能有效彰显。

为支持和鼓励学院教师开展马克思主义理论相关研究，我院从2017年开始组织出版马克思主义"牧野论丛"，本次出版的专著是第三批。该丛书的作者均为我院中青年专职教师，他们潜心马克思主义理论教学科研，本批专著是他们几年来学术研究的结晶。我们相信本丛书的出版一定会激励学院教师更加努力地开展马克思主义理论相关研究，撰写更多的学术成果,第四批、第五批……将陆续与读者见面。当然,他们的专著还有许多不足之处,还敬请各位专家同行批评指正。

河南师范大学马克思主义学院

目 录

绪论 ……………………………………………………………（ 1 ）
  一　选题原因 …………………………………………………（ 1 ）
  二　研究综述 …………………………………………………（ 2 ）
  三　选题意义 …………………………………………………（ 11 ）
  四　研究思路 …………………………………………………（ 12 ）
  五　研究方法 …………………………………………………（ 12 ）

第一章　贺瑞麟的学思历程和思想渊源 ………………………（ 14 ）
  第一节　晚清关中的时代背景 ………………………………（ 14 ）
    一　晚清关中的社会背景 …………………………………（ 14 ）
    二　晚清关中的学术背景 …………………………………（ 19 ）
    三　晚清关学的主要侧重点 ………………………………（ 22 ）
  第二节　贺瑞麟生平及学思历程 ……………………………（ 24 ）
    一　人生转折：由为学科举至弃学科举的转变
      （1824—1852） …………………………………………（ 24 ）
    二　求道明志：尊程朱，习古礼（1853—1864） ………（ 28 ）
    三　经世务实，讲学传道（1865—1893） ………………（ 31 ）
  第三节　贺瑞麟的思想渊源 …………………………………（ 39 ）
    一　张载关学对贺瑞麟思想的影响 ………………………（ 40 ）
    二　程朱之学对贺瑞麟思想的影响 ………………………（ 41 ）
    三　师友之学对贺瑞麟思想的影响 ………………………（ 44 ）
  本章小结 ………………………………………………………（ 49 ）

第二章　基点：贺瑞麟的理学思想 ……………………………（ 50 ）
  第一节　贺瑞麟理学思想的主要内容 ………………………（ 50 ）

一　天性本原 …………………………………………………（50）
　　二　格致实功，涵养要法 ……………………………………（54）
　　三　身伦交修，出处合道 ……………………………………（59）
第二节　贺瑞麟对其他学术的批判 ………………………………（61）
　　一　圣学内涵及渊源 …………………………………………（61）
　　二　贺瑞麟对陆王心学的批判 ………………………………（65）
　　三　贺瑞麟对汉学的批判 ……………………………………（68）
　　四　贺瑞麟对科举的批判 ……………………………………（70）
第三节　贺瑞麟理学思想的主要特征 ……………………………（73）
　　一　心术、学术和治术相统一 ………………………………（73）
　　二　以"礼"贯通其思想与实践 ……………………………（76）
　　三　经学思维突出 ……………………………………………（77）
本章小结 ……………………………………………………………（79）

第三章　重心：贺瑞麟的理学思想在经世教化中的延伸 ………（82）
第一节　重建乡间社会秩序 ………………………………………（82）
　　一　关注民族、政治问题 ……………………………………（82）
　　二　社会经济问题 ……………………………………………（88）
　　三　风俗、教化问题 …………………………………………（93）
第二节　倡导乡间古礼 ……………………………………………（97）
　　一　贺瑞麟倡导古礼的缘由 …………………………………（98）
　　二　贺瑞麟礼教实践中的例证 ………………………………（99）
　　三　对贺瑞麟礼俗观的基本认识 ……………………………（104）
第三节　贺瑞麟编纂《三原县新志》——礼教思想的缩影 ……（106）
　　一　《新志》纂修背景及概况 ………………………………（107）
　　二　《新志》主要内容 ………………………………………（109）
　　三　《新志》的特征及意义 …………………………………（118）
本章小结 ……………………………………………………………（120）

第四章　落脚点：贺瑞麟的理学思想在教育中的延伸 …………（123）
第一节　贺瑞麟理学教育思想及实践 ……………………………（123）
　　一　蒙养教育 …………………………………………………（123）
　　二　女子教育 …………………………………………………（126）

三　书院教育 ……………………………………………（130）
　　四　为己之学与为人之学的差异 ……………………（135）
第二节　整理文献，传播理学 …………………………………（137）
　　一　《清麓丛书》刊刻的缘起 ………………………（137）
　　二　《清麓丛书》内容及特色 ………………………（140）
　　三　《关学续编》的撰写及刊印 ……………………（147）
　　四　《清麓丛书》的价值 ……………………………（149）
第三节　立足教育，培养后学 …………………………………（151）
　　一　牛兆濂著述及主要思想 …………………………（151）
　　二　张元勋、孙乃琨著述及主要思想 ………………（155）
　　三　贺瑞麟后学影响 …………………………………（157）
本章小结 …………………………………………………………（159）

第五章　明道与救世：对贺瑞麟思想的反思 ………………（161）
第一节　贺瑞麟与刘古愚思想比较 ……………………………（161）
　　一　二人所处时代背景 ………………………………（162）
　　二　二人的师友关系 …………………………………（163）
　　三　二人思想的主要异同 ……………………………（164）
第二节　对贺瑞麟思想的整体评价 ……………………………（168）
　　一　对贺瑞麟思想的整体评价 ………………………（169）
　　二　贺瑞麟思想保守的原因分析 ……………………（173）
第三节　由乡间儒士反观社会文化的启示 ……………………（179）
　　一　乡贤文化精神需继承 ……………………………（180）
　　二　如何看待教化 ……………………………………（184）

附录　贺瑞麟年谱 ……………………………………………（190）
参考文献 ………………………………………………………（207）

绪　论

一　选题原因

地域思想文化是当代中国传统文化复兴的重要组成部分。张岂之先生在《关于思想史研究的两点建议》中提到建议之一就是编写地方思想史。"编写地方思想史，实际上是加强思想史的微观研究，还可以发掘出一批过去不为人们注意的著作来。"[①] 张先生还指出："在我国古代，思想文化都有明显的地域特点，如果学者们在这方面进行发掘研究，在此基础上写成的中国思想文化史肯定会在广度和深度上有很大的进展。"[②] 关学作为地域思想文化的一种，同其他地域思想文化研究相比而言，还有长足发展的空间。

当前，学界对理学思想的研究成果已经相当丰富。时间上有宋、元、明、清；空间上有濂、洛、关、闽等方面的研究成果层出不穷。然而，对于关学的研究，尤其对清中晚期的关学研究则较少。这里有一定的主客观原因，客观上，理学发展至清代已经走入它的黄昏期，此时理学在学理上的发展创新已经十分有限，传统的儒学遇上了"天崩地坼"的社会大变迁、大动荡时期，新的挑战必将提出；主观上，满清政府入主中原，对中原思想文化的羁縻政策也对理学的发展影响较大。这两方面导致学者认为清代理学中值得研究的精英思想家极为有限，对清代关学中的思想家的发掘也是寥若晨星。侯外庐先生在《宋明理学史·序》中指出："在一部理学史的专门著作中，不能只是写鼎鼎大名的理学家，还有一批虽然不大知名，但在理学的演变或理学思想渊源的承接传授方面有过影响的理学家，

---

① 张岂之：《儒学·理学·实学·新学》，陕西人民教育出版社1991年版，第312页。
② 同上书，第314页。

也是不可忽视的，应当对他们的历史地位作出恰如其分的说明。"① 受此启发，作者认为清代关学发展也是理学发展的一个重要组成部分。作者在搜集、筛选清代关学文献的过程中，发现晚清关中大儒贺瑞麟的思想值得研究。文章尝试对贺瑞麟进行个案研究，由此观察一个知识分子在面对晚清关中社会的诸多变化时，如何捍卫程朱理学，使其切实体现在现实社会中。

由刘学智、方光华主编的"十二五"国家重点图书出版规划项目《关学文库》（2015）也为本书写作提供了丰富的文献基础。作者还实地走访了贺瑞麟的故居三原县。在县图书馆老师的指导下，查阅到一些相关的珍贵资料。结合田野调查方法，作者实地考察了贺瑞麟当时讲学的正谊书院、宏道书院和学古书院等，通过访谈等方式了解贺瑞麟对当地民风民俗的影响。

二 研究综述

长期以来，学界对关学概念的界定一直存在不同观点，从时间维度看，20世纪50年代有两种观点，一种观点以侯外庐等学者为代表，他们认为关学兴起于陕西，是以张载为核心形成的一支重要学派，与当时的洛学、蜀学形成鼎足之势，结束于北宋末年②，之后，侯外庐、邱汉生、张岂之主编的《宋明理学史》和龚杰的《张载评传》也强调了这一观点③。另一种观点以张岱年等学者为代表，他们认为，在张载去世后，由于张载的弟子没有很好地传承张载的学术思想，所以关学"逐渐衰微了"④。20世纪80年代，张岱年对关学的认识有了新的变化。他为陈俊民的《张载哲学思想及关学学派》这一著作写序中提出："所谓关学，有两层意义，

---

① 侯外庐、邱汉生、张岂之主编：《宋明理学史》，人民出版社1997年版，第2页。
② 侯外庐主编：《中国思想通史》卷四（上），人民出版社1959年版，第545页。
③ 侯外庐、邱汉生、张岂之主编：《宋明理学史》（上），第94页。书中认为："到了南宋，关学作为一个学派，已不复存在。"龚杰：《张载评传》，南京大学出版社1996年版，第206页。书中讲道："所谓关学，就是指由北宋张载所创建的一个理学派别，它上无师承、下无继传，南宋初年即告终结。"
④ 张岱年：《张载——十一世纪中国唯物主义哲学家》，湖北人民出版社1956年版，第11页。

一指张载学说的继承和发展，二指关中地区的学术思想。"① 第一层意思为学界广泛借鉴并发展，即关学发展并非仅至北宋，到明清时期仍有发展。陈俊民在此书中提出，关学即关中的理学，作为理学的一个分支，一直延续至清代，关学没有熄灭，只是发生了转型②。这一观点至今仍影响着许多学者。21世纪初，赵吉惠提出关学有狭义和广义的理解，狭义指张载之学；广义指张载之学及其后的关中理学，时间上可以延续至明清时期③。刘学智将关学的概念进行了吸收再创新，他指出关学应该是："张载及与张载学脉相承之关中理学。"④ 这里的"学脉相承"很好地解决了之前关学定义总是需要分层讲的局限，而且并不妨碍后世关学与张载思想的内在联系。张载的思想正是在关学后继者不断地继承与传播中一直延续至明清时期。林乐昌认为此观点是一种有益的探索。但是，不足在于"学脉相承"的衡量标准有哪些以及如何发挥这一认识在关学史研究中的作用等这些问题尚待进一步研究。林乐昌从关学的内在结构所表现出的"时间、空间、学传"三维特征透视关学概念⑤，对关学的定义提供了一种新的诠释角度，值得参考。

除上述观点外，关学还存在部分细节问题的讨论，包括关学发展到清代，人物下限是李颙还是刘古愚⑥；关学在宋明清时期不同阶段应如何分期⑦；关学是否有终结等。由此，就关学概念而言，主要存在的问题就是它的内容范围和存在时间的争议。可以肯定的是关学是由北宋张载创立并发展于关中的学派，而且多数学者认为关学就是理学创始之初的一个学派；至于关学存在的时间，目前学界的共识是关学并非终结于北宋末年，而是一直发展至明清时期。关学由来已久，学界对关学的讨论也在不断推

---

① 张岱年：《张载哲学思想及关学学派·序言》，人民出版社1986年版，第1页。
② 陈俊民：《关学源流辨析》，载《中国哲学》第9辑，生活·读书·新知三联书店1983年版，第191页。
③ 赵吉惠：《关中三李与关学精神》，《西安交通大学学报》（社科版）2001年第3期。
④ 刘学智：《关学及二十世纪大陆关学研究的辨析与前瞻》，《中国哲学史》2005年第4期。
⑤ 林乐昌：《论"关学"概念的结构特征与方法意义》，《中国哲学史》2013年第1期。
⑥ 刘学智：《关学及二十世纪大陆关学研究的辨析与前瞻》，《中国哲学史》2005年第4期。
⑦ 林乐昌：《论"关学"概念的结构特征与方法意义》，《中国哲学史》2013年第1期。

进，20世纪80年代出现关学讨论的一次高峰期，当今，新一轮关学研究热再次掀起，研究的范围更加宽阔、研究的内容更加深入、研究的方法更加多元。

(一) 20世纪之前的关学研究

关学自张载创立初期，还仅是地域思想兴起的代表之一。据史料记载，最早提及"关学"一词的，应当是宋儒吕本中①（1084—1145）。到南宋时期，经由朱熹等人的发展，关学被认为是北宋理学形成的一个重要组成部分。随后逐渐形成与濂学、洛学并立的一个重要学派。明代关中理学家冯从吾撰写《关学编》，又一次鲜明竖起关学旗帜，他指出："我关中自古称理学之邦，文、武、周公不可尚已，有宋横渠张先生崛起眉邑，昌明斯学，皋比永撤，圣道中天。"② "题曰'关学编'聊以识吾关中理学之大略云。"③ 这表明关学及关学史的研究在明代已经开始，冯从吾的《关学编》对关学史的研究开了先河。此后，关学这一概念牢固扎根于理学思想的研究之中。另外，清代关中学者王心敬依托《关学编》的体例，撰写了《关学续编》。晚清关中学者李元春、贺瑞麟又对该书进行了增补，将关学的范围延展至清末。

在清代兴起的学案体学术研究中，如黄宗羲原著，全祖望补修的《宋元学案》、黄宗羲的《明儒学案》、孙奇逢的《理学宗传》、徐世昌的《清儒学案》、唐鉴的《清学案小识》等，他们都在不同程度上对宋、元、明、清时期历代关学人物及其著述有所论及，但毕竟都是在理学思想的整体中简略介绍，而且著者又都有各自的理学态度和立场，导致所看到的关学人物及思想比较零散，只见部分，不见全貌。民国初期，张骥鉴于"关学之式微久矣！"④ 的认识，为重振关学之风，他编撰《关学宗传》五十六卷，共收录宋、元、明、清关中理学人物近二百五十人。此时，

---

① （清）黄宗羲原著，全祖望补修，陈金生、梁运华点校：《宋元学案》卷六《士刘诸儒学案》，中华书局1986年版，第261页。全祖望按语：吕舍人本中曰："关学未兴，申颜先生盖亦安定、泰山之俦，未几而张氏兄弟大之。"

② （明）冯从吾撰：《关学编·自序》，中华书局1987年标点本，第1页。

③ 同上书，第2页。

④ （民国）张骥撰：《关学宗传》，载王美凤编校《关学史文献辑校》，西北大学出版社2015年整理本，第145页。

宋、元、明、清以来的关学人物才更加清晰地浮现在读者面前。这些学案体的关学史及关学人物的研究，使我们对不同学派人物的师承、思想、交游及著述等有总括性的了解，认识到不同学派的主要思想和特征。但学案体的研究对具体学派的起承渊源论述较少，对关学人物主要思想分析有限。

（二）20世纪以来关学研究

20世纪早期，关学研究的专门性论著较少，对关学的研究成果基本都散见在哲学史或思想史著作中。如范寿康的《中国哲学史通论》（1937）、冯友兰的《中国哲学史》（1947）、张岱年的《中国哲学大纲》（1958）等，大多是在论及宋代濂、洛、关、闽之学时对张载的思想加以论述，对关学以及关学史则未加明显的关注。侯外庐、赵纪彬等主编的《中国思想通史》（1959）首次设专章"关学学风与张载的哲学思想"，对关学进行了系统的论述。由此逐渐引起了学界对张载思想及其关学学派的关注与重视。张岱年的《张载——十一世纪中国唯物主义哲学家》（1956）、侯外庐、邱汉生、张岂之主编的《宋明理学史》（1997）、姜国柱的《张载的哲学思想》（1982）和《张载关学》（2001）、陈俊民的《张载哲学及其关学学派》（1986）、程宜山的《张载哲学的系统分析》（1989）、龚杰的《张载评传》（1996）、丁为祥的《虚气相即——张载的哲学体系及其定位》（2000）、方光华的《关学及其著述》（2003）等，这些著作对张载的思想进行了多角度的考察和研究，张载的思想和关学思想在学界引起了前所未有的大讨论。不难看出，20世纪前期，"关学研究处于既受传统理学的束缚但又力求走出理学的窠臼的时期"[①]。关学尚未成为独立的研究对象，一般都是作为理学的组成部分在研究，研究的人物也主要集中在张载身上，对元、明、清时期的关学思想及人物研究较少。20世纪后期至21世纪初期，陈俊民对关学的系统研究在许多方面具有开创性。对关学学派的源流进行了清晰翔实的梳理。龚杰的《张载评传》也设有专章介绍关学，还涉及关学与洛学、关学与闽学、关学与反理学的关系等问题。随着研究的不断深入，方光华的《关学及其著述》对关学

[①] 刘学智：《关学及二十世纪大陆关学研究的辨析与前瞻》，《中国哲学史》2005年第4期。

人物及著述进行了系统的梳理和介绍。关学的研究对象和内容逐渐由宋、元、明时期延伸至清代。由刘学智、方光华主编的《关学文库》（2015，"十二五"国家重点图书出版规划项目）对宋、元、明、清时期关学史上的主要文献进行了搜集与整理；对关学主要人物进行了个案研究；还对关学的主要精神及学术思想的演变等进行了研究，这代表着目前关学研究的新进展。此外，台湾学者对关学及关学人物的关注主要还是集中在宋明时期，对清代关学人物的研究以李二曲为主。代表有许鹤龄的《李二曲"体用全学"之研究》（2004）和林继平的《李二曲研究》（2006）。这些成果为后继者研究关学及关学史提供了可资借鉴的丰富资源。

从期刊论文看，针对关学的总体发展趋势、特征、地位等内容的研究主要有：刘学智的《关学及二十世纪大陆关学研究的辨析与前瞻》（《中国哲学史》2005年第4期）一文对关学由来作了系统的历史勾勒，就20世纪大陆的关学研究方法进行了回顾和总结，对未来关学研究的前景作了前瞻性思考。文中对关学的界定、关学的思想渊源和特征、关学史研究以及关学和关学史研究的难点、热点等都作了思考和分析。这为关学文献的搜集、整理以及未来关学研究的进一步深化打开了局面。赵馥洁的《论关学的基本精神》[《西北大学学报》（哲社版）2005年第6期]一文就关学的精神作了明确的阐释。关学自创立起，历时700余年的发展，尽管学术观点各有侧重，但关学的使命意识、创新精神、学术主旨、求实作风、人格追求和治学态度呈现了大体的前后一贯性。这一高屋建瓴的概括为后来学者对明清关学研究提供了整体的参考方向。林乐昌的《论"关学"概念的结构特征与方法意义》（《中国哲学史》2013年第1期）一文从时间、空间、学传三维角度分析关学，对学术界争议的焦点有独到的分析。刘永青的《论关学的精神特质》（《理论月刊》2008年第12期）一文概括出了关学五大精神："经世致用，笃行践履"的务实精神；"天人合一，民胞物与"的和合精神；"学古力行，笃志好礼"的道德实践精神；"关注生民，以天下为念"的爱国精神；"刚毅不屈，不畏艰苦"的进取精神。张亲霞的《关学的历史地位与作用》（《长安大学学报》2008年第2期）强调关学在将儒家教化由官方推向民间，在宗族乡里组织中推行礼教，具有重要的开创性。简言之，关学作为地域性学派的研究，尚未引起学界广泛的关注，但值得肯定的是，关学及关学史的研究不仅没有中断，而且研究的层面也逐渐趋于多元化。

(三) 清代关学及关学史研究

清代学术史的研究离不开梁启超、钱穆两位国学大师。两位均著有《中国近三百年学术史》。钱穆在《中国近三百年学术史》中没有明确提及清代关学人物及思想，但是在他的另一部著作《清儒学案》中对关学是有系统认识的。遗憾的是抗战时期，书稿在由中央国立编译馆转移中不幸沉入长江，葬身鱼腹，只留下《清儒学案序目》。该文曾在《四川省立图书馆图书集刊》1942年第3期上刊载，从中可以管窥到，钱穆已经关注到关学在清代的一席之地，他不但提及学界公认的清初大儒李二曲的思想，而且发掘出与李二曲思想对峙的崇奉程朱理学阵营中的一些关学人物，如王建常、张秉直、贺瑞麟等人。对清代关学人物思想的前后渊源有一定的梳理，分别设有《二曲学案》《萝谷学案》《古愚学案》。他对关学的关注已经不只局限于清初。梁启超的《中国近三百年学术史》涉及关学人物思想的也仅有李二曲，而且李二曲是作为阳明学派之余波提及，认为孙奇逢、李二曲都是北方极结实的王学家。"他们的创造力虽不及梨洲、亭林，却给当时学风以一种严肃的鞭辟。说他们是王学后劲，可以当之无愧。"① 此外，梁启超在《近代学风之地理的分布》一文中对陕西的学术也作了介绍，还特别提出了为何在清初河南、陕西的学者极多，清中叶以后则寂然无声。他认为清初关中内地有关中三李，关外有顾炎武、李塨呼应，关学之光较大，乾嘉之后，"戛然不复有闻焉"②。清季又有咸阳刘古愚，"以宋明理学自律，治经通大义，明天算，以当时所谓新学者倡于其乡。其门人同县李孟符（岳瑞）以比之习斋，关学稍稍复苏矣"③。

此外，当代学者在清代理学史研究中也有对关学的研究。龚书铎主编，张绍军、李帆、史革新著的《清代理学史》（2007）以理学发展的时间为分期，对清代各时期的文化政策、学术格局及走向分析为背景，梳理了清代理学发展、演变、衰落的脉络，既突出了官方主倡的理学思想，又兼顾了活跃于当时各地区的理学人物及思想，将中央与地方理学思想进行

---

① 梁启超：《中国近三百年学术史》，天津古籍出版社2003年版，第48页。
② 梁启超：《文集》之四十一《近代学风之地理的分布》，《饮冰室合集》，中华书局1936年版，第56页。
③ 同上书，第57页。

了有机结合。这其中就提及晚清关中比较活跃的理学人物如李元春、路德、贺瑞麟等。值得一提的是，该书还专门设一节论述贺瑞麟的理学思想，详细论述了他辟陆王、斥佛老、批俗学等思想。该书的不足在于，地方理学家对当时地方社会的秩序重建发挥怎样的作用未能明确定位。汤一介、李中华主编，汪学群著的《中国儒学史》（清代卷）（2011）就历史上主要精英思想家进行分析，突出儒学的价值意蕴。该著作对当时地方理学思想关注不明显，导致对"普遍价值"的判断缺乏普遍意义的论证。史革新的《晚清理学研究》的写作风格与《清代理学史》相似，以问题切入为主，反映出理学兴衰和政治环境有密切的关系。他认为晚清理学对政治的影响已经是强弩之末。此书对关学有一定程度的关注，他认为贺瑞麟属于晚清理学的"主敬派"，但具体论述很有限。一是著作中没能就贺瑞麟理学思想中"主敬"的特点进行深入分析；二是对贺瑞麟思想中"经世"的一面缺乏论述，这一定程度上影响了对贺瑞麟理学思想的全面认识。

通过相关文献检索，20世纪90年代至今，硕博论文关于清代关学研究主要集中于个案人物研究（见表0-1），如李二曲、李柏、王心敬、贺瑞麟、牛兆濂等，且人物涉及比较集中。研究成果中，硕士论文相对博士论文要多一些，仅有的博士研究成果也主要集中在李二曲、李柏两位清初关学人物的研究上。此外就是关中理学群体、书院、刊刻等内容的研究。对贺瑞麟的研究有两篇硕士论文研究成果。介于此，作者认为晚清关学研究还可以有较大探索空间。

表0-1　　　　　　　硕博论文关于清代关学研究

作　者	名　　称	学　校	年份	类别
史革新	《晚清理学研究》	北京师范大学	1992	博士
贺红霞	《王心敬哲学思想研究》	陕西师范大学	2002	硕士
原彦平	《清初关中儒学群体与南北学术交流》	西北师范大学	2005	硕士
车冬梅	《晚清理学学术研究》	西北大学	2005	博士
房秀丽	《李二曲理学思想研究》	山东大学	2006	博士
高　馨	《王弘撰思想初探》	河北师范大学	2006	硕士
刘晓喆	《清代陕西书院研究》	西北大学	2008	博士
常　新	《李柏思想研究》	陕西师范大学	2008	博士

续表

作　者	名　　　称	学　校	年份	类别
陈　娟	《贺瑞麟与晚清关学的兴衰》	北京师范大学	2009	硕士
陈张林	《李二曲思想研究》	陕西师范大学	2010	博士
马伊笑	《李柏与〈太白山人槲叶集〉研究》	西北大学	2011	硕士
陈花艳	《贺瑞麟理学思想研究》	陕西师范大学	2012	硕士
杨　静	《明清时期关中书院在陕西的地位与影响》	陕西师范大学	2012	硕士
包国慧	《王建常理学思想研究》	陕西师范大学	2012	硕士
王　翰	《牛兆濂其人及其于关学所做之贡献》	西北大学	2014	硕士
宋献科	《晚清陕西刻书研究——兼论关中学术思想的演变》	陕西师范大学	2015	硕士

(四) 贺瑞麟研究

针对晚清关学人物贺瑞麟的研究专著和论文都比较少，研究的问题也相对单一。主要有以下几方面。

1. 贺瑞麟传记研究。主要以贺瑞麟弟子为其所写的年谱、传、行状为主。具体有张元勋的《清麓年谱》、孙乃琨的《贺清麓先生年谱》、马鉴源的《贺复斋先生行状》。他们均为贺瑞麟的弟子所作，撰述翔实，内容完整，使后人在研究贺瑞麟思想时能通观其一生思想轨迹，并将其思想和主要践履活动有机联系。此外，还有王钟翰点校的《清史列传》卷六十七之《儒林传上二·贺瑞麟传》、徐世昌的《清儒学案》第十分册《诸儒学案十二·贺先生瑞麟》、张骥的《关学宗传》卷五十四《贺复斋先生》。徐世昌的《贺先生瑞麟传》主要是参照王钟翰点校本，因此主要内容相当。他们主要从贺瑞麟的生平、师承、从游、为学旨趣、讲学尚礼、刊著立说等方面介绍。

2. 贺瑞麟理学思想研究。张岂之主编的《陕西通史·思想卷》中第八章"从李颙到刘光蕡"，贺瑞麟作为晚清尊崇程朱理学的代表，提倡为学要"路脉真，工夫密"，严格门户。该书认为贺瑞麟用程朱理学思想作为正脉的唯一标准是失当的，实践中很难行得通。陈娟的硕士论文《贺瑞麟与晚清关学的兴衰》重在突出贺瑞麟伴随晚清关学的兴与衰所作的努力，围绕阐发关学、整理文献、教育兴学这样的主线进行论述，这些点是贺瑞麟人生经历中重要的内容，但他的经历又远比这些丰富，文中对他推行古礼的内容涉及较少，这点恰恰是关学的重要内容之一，因此有待后学者继续研究。陈花艳的硕士论文《贺瑞麟理学思想研究》对贺瑞麟的理学思想进行了初步的梳理，分别从理气关系、理欲观、心性论、工夫论等几方面予以论述，较为系统但尚未进行深入分析。贺瑞麟作为晚清关学代表人物之一，分析其理学思想很必要，但仅仅从义理方面来揭示这一人物的思想还不够，因为贺瑞麟在理学思想的发展创新中所做有限，而他在维护理学正统，发挥理学"形而下"作用方面恰恰需要我们更多的关注，这也是清代关学特征之一。该论文对贺瑞麟谈及较多的工夫论、书院教育、礼教风俗、理学著作刊刻等思想关注还不够，而这些方面与贺瑞麟所面对的现实密切相关，这些方面同样是他为改变社会现状作出的努力，需要进一步研究。

3. 贺瑞麟教育思想研究。其一，对贺瑞麟教育思想的研究主要有：长安学丛书中张熊飞主编的《教育卷》，其中收有一篇康万武写的《理学后秀，晚清名儒——贺瑞麟》，古都西安丛书中刘新科、刘兰香主编的《西安教育史》中提及晚清教育家贺瑞麟，对贺瑞麟的教育立场、宗旨、教育内容、方法等予以介绍。其二，对贺瑞麟女学教育的研究有：蔡晓飞的硕士论文《清代女教书研究》，该文系统研究了贺瑞麟编著的《妇女一说晓》《女儿经》《训女三字文》《女学七种》等女学内容，肯定了他对晚清女子在家庭中的伦理角色和应尽的义务的论述，也指出其中不可避免的封建糟粕思想；但该文对贺瑞麟女学思想中应遵循的"礼"的思想缺少分析，"礼"是贺瑞麟思想中一个重要的概念。章艳超的硕士论文《中国古代女教文献考略》、李辉的硕士论文《中国古代女训中的女性道德教育研究》、孙顺华的《唐宋以后女教读物的普及化及原因探析》、鞠春彦的《从女训看伦理与生存选择》等多是从文献学角度梳理贺瑞麟的女教思想内容，对其为何会产生这种女教思想的论述不多。其三，对贺瑞麟刊刻思想的研究有杨远征的硕士学位论文《陕西古代书院研究》，主要是从文献角度对贺瑞麟刊刻的程朱学丛书和蒙养学丛书进行说明，从中反映出贺瑞麟在清同治、光绪时期传播理学所发挥的作用。

综上所述，从已有研究成果看，关学人物贺瑞麟的整体研究还不够，研究基本处于初步发掘阶段，研究的具体内容比较单一，方法上多是从文献学、教育学等方法进行介绍，有关贺瑞麟的原始文献搜集不够，导致对贺瑞麟整体思想的把握很有限。

从具体研究内容看，对贺瑞麟理学思想深入研究的论文较少，贺瑞麟作为晚清关中大儒的思想特征尚未凸显；研究贺瑞麟思想与理学、汉学和西学等之间的关系较少；研究贺瑞麟的师承、从游、践履等相对缺乏，导致对贺瑞麟的理解不够丰富。从教育学、文献学角度对贺瑞麟教育思想的研究，主要是对文献的梳理和介绍，对贺瑞麟教育思想的来源、教育的主要内容、书籍刊刻等问题的研究都有待继续。在已有的研究成果中，文献占有的不全很大程度上会影响对贺瑞麟的总体认识，研究中引用较多的是贺瑞麟的《清麓文集》及部分蒙养书籍，但是对贺瑞麟的《清麓遗语》《清麓答问》和《清麓日记》以及在他主持下所刊刻的《清麓丛书》中的内容研究较少，对贺瑞麟编撰的《三原县新志》和《三水县志》研究更少，而这两部县志中有述有论，特点鲜明，恰恰能体现出贺瑞麟"礼教"思想的主要内容。

基于此，作者认为研究晚清关学人物贺瑞麟的思想很有必要。作为晚清关学的领军者，他的思想在当时的社会环境中有多大的契合度，对关学的继承与发展起到怎样的作用，对关学在整个晚清理学中的地位有何影响等，这些都有待系统深入地探讨。

三 选题意义

研究关学在于弘扬民族精神，传承中华优秀传统文化。关学发展源远流长，人才辈出，著述丰富，历史上曾是一个影响深远的重要学术流派。它应时而变，兼容并包，至今，对关中区域文化精神传承与重建起着重要作用。

张岂之先生在《从儒学认识今人精神历史来由》中提出："从历史上看，'关学'没有中断过完整地研究，'关学'是研究中国思想史特别是宋明理学的一个重要课题。"[①] 因此，关学作为关中思想文化的代表，在

---

① 张岂之：《从儒学认识今人精神历史来由》，《人民日报》2015年1月19日第16版。

广度和深度上都有进一步研究的必要,关学自宋代张载开创以来从未中断,学界对宋、元、明时期及清初的关学研究相对比较丰富,晚清关学研究有限。以贺瑞麟作为晚清关学个案进行研究的成果较少。因此,作者希望通过此研究,在晚清关学研究的内容上有所探索。

贺瑞麟是晚清关学的关键人物之一,他重在维持学术的传播与传承。程朱理学能在晚清关中绵延,离不开贺瑞麟的倡导和传播,贺瑞麟面对晚清关中社会动荡、西学传入、风俗破坏等社会问题,他始终秉持"为往圣继绝学"的精神,"为生民立命"的决心,积极地对现实做出回应。通过地方思想文化的挖掘,树立文化自信,汇聚文化力量,继承先辈耕读不辍的思想,发扬关中地区重传统文化、重礼教、重实践的精神。

四 研究思路

本书以特定的时间、空间、人物、思想等维度展开研究,揭示晚清关中地区所面临的社会问题,分析贺瑞麟对社会现状所作出的回应。基本思路如下。

首先,分析晚清的社会背景和学术背景,以便了解贺瑞麟所处的时代背景。其次,对贺瑞麟的生平事迹、学思历程、思想渊源等进行考察,通过对贺瑞麟生平的了解,全面把握其人其事,为后续对他的思想分析提供研究基础。再次,对贺瑞麟思想展开全面的分析研究。理学思想是他一切思想和活动的基点。他恪守程朱理学,辨别门户,建立了集本体、工夫、伦理于一体的理学思想。同时他注重社会践履,通过经世济民、以礼化俗的传统教化方式重建乡间社会秩序,这是内圣外王、由体达用的具体实践。通过他的理学思想引申出其教育思想,这是他将理学思想和礼教实践二者的充分结合,从中阐明他教育思想的主要内容和特点,突出教化在正人心、变风俗中所起的作用。最后,以贺瑞麟和刘古愚作为晚清关学两大代表,比较他们思想的异同,分析其中的原因,客观评价贺瑞麟在关学史和思想史上的地位及影响。

五 研究方法

历史文献分析法。通过对贺瑞麟文本文献的研读,了解其行迹与思想的概况,作为研究其思想的基础。考察并研究与贺瑞麟相关的史料,以明确其生存的时代背景,再辅助以相关的历史文献作为交叉互补性分析,对晚清关中的程朱理学、陆王心学、考据学等学术互动宏观把握,以便能在整体时代背景下,深刻论述贺瑞麟的思想特征及其意义。

思想史与社会史相结合研究法。贺瑞麟思想的产生受晚清政治、经济、文化、社会的影响,由此塑造了他恪守程朱理学,躬行礼教的特征。文章通过论述他在赈济乡民、推行古礼、敦化民俗、清丈土地、讲学乡间等方面的不懈努力,以此探究他对现实社会的回应。面对社会学术的多元,有理学内部的程朱、陆王学派的纷争,又有考据学、西学的影响,贺瑞麟毅然坚守程朱理学作为道学正统。他既是一名程朱理学的守卫者,也是这一思想的忠实践行者。

思想史与学术史相结合研究法。贺瑞麟的学术思想主要以他的理学思想为主。《清麓丛书》的刊刻是他学术思想的集中体现。同时,他的学术思想又是其一生主要思想及活动的基点。

比较研究法。贺瑞麟与刘古愚是晚清关学的两位重要代表,然而他们的思想差异却比较大,文章通过比较二者,认识他们思想的异同,分析思想差异的原因,客观评价贺瑞麟的思想。

第一章 贺瑞麟的学思历程和思想渊源

本章旨在探究贺瑞麟的学思历程和思想渊源。思想的产生必然与时代环境有密切的关系，探究贺瑞麟的思想，作者打算围绕以下三个方面展开。首先，从宏观的晚清时代背景环境着手，作为其思想产生的外在条件，折射出贺瑞麟所处的生存环境，即相关的政治、经济、文化、社会等状态。其次，从微观角度观察他的成长、生活遭遇的变迁以及求学、拜师、交友、教化、讲学等经历，对其人生经历作以陈述，从中把握其思想产生、转折和形成的过程。最后，就贺瑞麟思想产生渊源予以说明，从而廓清其思想所汲取的相关因素和所承载的丰富资源。

第一节 晚清关中的时代背景

晚清时期，整个社会危机四伏，内忧外患，中国固有的社会性质、阶级结构和政治生态正在发生前所未有的剧烈变动。伴随着中国封建社会逐渐走向解体，传统社会下的文化也陷入了空前的困境。尽管清政府采取种种挽救措施，士阶层也从传统的儒学中寻找救世良方，力求摆脱困境，但就整体社会发展趋势而言，并未能阻止以程朱理学为核心的儒家学说走向衰落。晚清的关中，除了具备时代的总体特征外，还遭遇了西北地区特有的灾乱。道光朝以降，晚清关中生产落后、经济萧条、战乱频繁、矛盾迭起、危机重重。

一 晚清关中的社会背景

其一，政治层面阶级矛盾和民族矛盾突出，破坏了稳定的社会环境。历史进入封建王朝的晚期，统治者的王朝美梦已经走向尽头，社会矛盾日趋严重。道光时期,阶级矛盾空前激化,声势浩大的太平天国起义、捻军起义横扫大半个中国,贫困的下层民众纷纷揭竿而起,目标是推翻清王朝的统治。一波未平一波又起,同治初年,又掀起了陕西回民起义。陕西回民是一支力量较大的少数民族,他们自唐代迁入关中以来,历代都与当地汉族人民平稳相处,直到清晚期,由于汉族地主对回民的排斥与压迫加剧,触犯了他们的民族信仰,危及其生存,这使得回民不得不起义反抗,且规模也不断扩大。清政府对回民的民族压迫和宗教歧视,导致他们不分阶层、身份和地域,整户、整村、整个地区集体参加起义,除少数首领外,大部分起义军首领是宗教首领。这些斗争造成陕西地区社会秩序混乱,扰乱了百姓稳定的生活生产。经济萧条、民不聊生,百姓从物质到精神都处于极度匮乏状态,给社会发展带来了重创。

柳诒徵对清代社会制度曾有描述:"清之制度,一切皆沿朱明之旧,其异者,特因事立制,久而相沿,随时补敝救偏,无大规模之建设也。就中特异之点,莫甚于杂用满、蒙之人而定其额。其不定额者,亦时时用满人为之。其人多不学无术,骄奢淫佚,又时与汉官争权,其能延国祚至数百年,亦云幸矣。"① 社会制度没有较大创新,其中又夹杂有满、汉、蒙各统治阶层之间的钩心斗角和相互排挤。此时的清朝统治者重心已经不在如何治国理政,而是疲于应对内部底层民众的反抗、外部帝国的侵犯。地方上更是官吏腐败、差役繁重、赋税繁多等乱象丛生的现象。

其二,经济层面灾害频繁、列强入侵导致自然经济遭到严重破坏。

晚清关中自然灾害频繁,从道光二十二年(1842)至光绪五年(1879),在这近40年中,共计发生灾害10余次,相当于平均每四年发生一次。从灾害的种类看,虫灾、旱灾、雪灾、地震、瘟疫等自然灾害频频发生,尤其天气干旱是关中较为突出的现象,光绪三年(1877)陕西省遭遇历史上百年不遇的干旱,这给当时的农业生产和百姓生活带来相当大的破坏。(见表1-1)

---

① 柳诒徵:《中国文化史》,岳麓书社2010年版,第851页。

表 1-1　　　　道光至光绪年间陕西境内主要自然灾害及其影响

时间	地点	灾害	结果及影响
道光二十二年（1842）	三原	大旱	禾苗枯死，饿殍遍野
道光二十六年（1846）	三原等地	干旱	大量饥民
咸丰八年（1858）	渭南	蝗灾	庄稼歉收
咸丰九年（1859）	安康	瘟疫	许多百姓病死
咸丰十一年（1861）	岐山	蝗灾	田间收成锐减
咸丰十一年（1861）冬	陕西	异常寒冷	冻死许多百姓和家畜
同治三年（1864）	三原	鼠兔啃食庄稼	禾苗糟蹋殆尽
同治四年（1865）正月	三原	大风雪	庄稼冻坏，百姓冻死
光绪三四年（1877—1878）	晋、豫、秦	严重干旱	百姓饿死，粮价上涨
光绪五年（1879）五月	三原	地震、鼠疫	庄稼无收成，百姓遭殃

注：主要参考贺瑞麟编撰的《三原县新志》和陈国庆等编的《陕西近代史稿》。

这些灾害造成的影响主要有：灾害导致庄稼收成锐减，农业生产停滞；百姓食不果腹、生计困难；灾情过后产生疫情严重，百姓饿死、病死不计其数，关中人口数量急剧下降。（见表 1-2、表 1-3）

表 1-2　　　　　　　　晚清陕西人口数表

时间	人口数（万人）
道光三十年（1850）	1210.7
咸丰十一年（1861）	1197.0
光绪十年（1884）	809.4
光绪十九年（1893）	843.1

注：陕西省地情网 http://www.sxsdq.cn/dqzlk/sxsz/rkjhsyz/数据来自清故宫《户部清册》实录。

表1-3　　　　　　　　　晚清三原县人口数表

时间	人口数（人）
道光七年（1827）	163000余
咸丰十一年（1861）	163000余
同治三年（1864）	73000余
光绪五年（1879）	40000余

注：数据主要参考贺瑞麟编纂的《三原县新志》。

表1-2、表1-3分别呈现了晚清陕西和三原县的人口变化情况。道光年间，无论从陕西全省还是三原县而言，人口基数相对比较大。从咸丰到光绪年间，陕西全省人口明显减少，这其中主要原因就在于太平军、捻军起义以及回民起义的接连发生和自然灾害频繁发生。咸丰十一年至同治三年（1861—1864），这短短3年中，三原县人口骤减9万余人。直到战乱结束，由于自然灾害仍然时有发生致使人口数量回升较慢。传统农耕社会主要依靠天气、人力两大因素，恰恰是这两者严重制约了晚清关中农业生产的发展。随后产生的消极影响也波及当时的小手工业、商业的发展。

自然灾害的频繁发生已使关中地区民不聊生，鸦片流毒对土地和民众身心的亵渎随之而来。道光十一年（1831），清朝文书中就有关于陕西"多有私贩片"和"吸食鸦片"的记载。当时陕西省的鸦片主要来源于两大渠道：一是陕西商人去天津等沿海城市销货时"转贩烟土回籍"[①]；二是"外来奸商偷运贩卖"[②]。随着鸦片市场的打开，当地百姓开始种植罂粟。贺瑞麟在《三水县志》中也提及鸦片种植的流毒，破坏生产，毒食百姓。

> 桑麻周茴旧业也，岂宜于昔不宜于今，欤毋亦安逸，欲而忘蚕绩也。古人拔茶植桑，今鸦片妖草毒遍天下，岳一山震川兴安，志谓安康之民不种烟草则俗之善也，鸦片又非烟草，比当事屡有厉禁，而种者如故。三水僻邑无此果，有之亟宜拔除，易以桑棉非斯民之厚利

[①] 孙志亮、马林安、陈国庆主编：《陕西近代史稿》，西北大学出版社1992年版，第8页。
[②] 同上。

哉，然非实心爱人之君子未易此言，呜呼，鸦片之害可为长太息者矣。①

晚清关学的另一位领军人物刘古愚也指出："自海禁大开之后，罂粟毒卉，大妨谷土，陕人沉迷洋烟，耗产失业，或贪种植之利，流毒弥广……"②鸦片的种植、买卖、吸食已经在关中环环相扣，严重破坏了地方的农业生产，麻痹了民众的心志。

其三，文化层面的制度、学术和礼俗等也发生着巨大变化。

晚清时期，文化层面的破坏力主要体现在科举制度开始动摇，在社会的大变局中经历一千多年的科举制度逐渐暴露出各种弊端。"人心惯于泰侈，风俗习于游荡。"③吏治腐败，作为四民之首的士人阶层，不少人已不顾伦常道德，见利忘义、荒废功业、不知礼义廉耻为何物，如此发展，士人难以担当起维护封建道统的重任，一些开明儒士开始反思。他们认为正人心是根本。"人心者，世俗之本也。世俗者，王运之本也。人心亡，则世俗坏；世俗坏，则王运中易。王者欲自为计，盍为人心世俗计矣。"④而且，欲正人心、变风俗，人才培养是关键。早期开眼看世界的一批士人强调较多，"我劝天公重抖擞，不拘一格降人才"⑤代表了当时的呼声。然而清政府又不断实施思想文化的钳制政策。康熙帝以程朱理学为指导，制定《圣谕》十六条，作为教化人心的准则，雍正帝执政后，将《圣谕》十六条扩充为《圣谕广训》，洋洋万言，要求州、府、县逐层宣讲，以求统治民心。直到晚清这一文化措施依然执行，然而已是强弩之末。由于西方列强的进入，他们不但带来践踏中国领土的坚船利炮，随后还带来器物、制度、法律、科技、思想等冲击中国的文化，以封建传统的礼教纲常对抗西方先进的思想文化，我们再次陷入被动。这些儒士没有认识到政治腐朽、道德衰微、学术不振的社会经济根源，依然力求通过儒学的道德教

---

① （清）贺瑞麟：《三水县志》卷三《田赋》。清光绪八年（1882）刻本。
② 孙志亮、马林安、陈国庆主编：《陕西近代史稿》，第149页。
③ （清）龚自珍：《龚自珍全集》第一辑《西域置行省议》，上海人民出版社1975年版，第106页。
④ （清）龚自珍：《龚自珍全集》第一辑《平均篇》，第78页。
⑤ （清）龚自珍：《龚自珍全集》第十辑《乙亥杂诗》，第521页。

化重建社会秩序。

日本近代学者福泽谕吉曾指出："半开化的国家在汲取外国文明时，当然要取舍适宜，但是文明有两个方面，即外在的事物和内在的精神。外在的文明易取，内在的文明难求。谋求一国的文明，应该先攻其难而后取其易，随着攻取者的程度，仔细估量其深浅，然后适当地采取易以适应其深浅的程度。假如把次序颠倒过来，在未得到难者之前先取其易，不但不起作用，往往反而有害。"[①] 晚清社会的大转折中，恰恰印证了福泽谕吉的观点，清政府与当时的士阶层没有先借鉴西方文明内在的精神，而是急于学习西方的器物、技术、制度等外在的内容，导致晚清政府所实施的变革，最终没有建设起新的独立的文化，没有真正找到国家发展的出路。

二 晚清关中的学术背景

晚清时期，社会的巨大变革引起传统学术格局发生变化。程朱理学作为官方哲学和意识形态依然处于主流。咸同年间至光绪初年，程朱理学出现复兴局面。一方面清政府制定相应的学术文化政策不断强化并提高程朱理学地位；另一方面此时社会上出现了较为活跃和集中的理学学术群体。尤其是陕西、河南、湖南、安徽等地[②]。根据张绍军在《清代理学史》中的记载，以光绪二十年（1894）作为节点，前后对比可见，前期南方有朱次琦（1807—1881）、李元度（1821—1887）、朱一新（1846—1894）等；北方有贺瑞麟（1824—1893）、杨树椿（1819—1874）、薛于瑛（1806—1878）等，由于上接"咸同中兴"时期理学短暂的复兴，受其余绪波及，此时在全国范围内，程朱理学发展尚有一定规模，且南方理学思想影响又略胜于北方。到光绪二十年（1894）之后，这些人已所剩无几。后期又出现了甲午战争，清朝统治四面受敌，民族危机突出，传统儒学前所未有地需要面对新学和西学的挑战，程朱理学的走势已是强弩之末，甚

---

① ［日］福泽谕吉：《文明论概略》，北京编译社译，商务印书馆1982年版，第12页。

② 注：这几个主要区域尊奉程朱理学的名士较为集中，关中地区自宋以来，张载创立讲求理学，躬行礼教的学术传统，晚清有朝邑的李元春、杨树椿，周至的路德，三原的贺瑞麟，笃守程朱理学。河南地区尊奉理学的学者主要有刘廷诏、李棠阶、王检心等。湖南的理学阵营庞大，如贺长龄、贺熙龄、唐鉴、罗泽南、曾国藩、左宗棠、胡林翼等，都是理学名士。安徽地区以桐城派为代表，主要有方东树、姚莹、方宗诚等。

至已经被当时的激进派唾弃批判。后期理学家奉行者更是寥若晨星，比较知名的有廖寿丰、万斛泉、黄嗣东、牛兆濂等。此外，作为官方思想的程朱理学，晚清时期在民间还是有一定社会基础的。以科举为指挥棒的"学而优则仕"的选拔模式，对于民间普通儒生仍然有很大诱惑，而科举考试是以朱熹《四书章句集注》为大纲，尊奉程朱理学为根本宗旨，所以地方儒生无论能否入仕，对程朱理学都将起到不同程度的宣传和传播功效。

汉学在晚清也呈衰落趋势，乾嘉时的鼎盛局面已不复存在。一方面，这是由汉学自身的弊端导致，汉学末流注重训诂考据，脱离现实，对于当世呈现的诸多社会问题，提不出有效的解决方案；另一方面，程朱理学、今文经学的兴起对汉学也是一种排挤，而且西学传入后影响也逐渐扩大，由此种种导致汉学发展延缓。道光以后，今文经学也掀起了一阵小高潮，如宋翔凤、龚自珍、魏源、邵懿辰、皮锡瑞、康有为等。

晚清之前西学早有传入，但大规模的传入应该是在第一次鸦片战争之后，而且这之后的传入不是以文明的方式进来。据统计，从道光二十三年（1843）至咸丰十年（1860），在福州、厦门、宁波、上海、广州以及香港这些通商口岸中，共出版西学书籍434种，这个数量相当于此前200年间所译西学的总和，这其中宗教类的书籍有329种[①]，占绝大比例。此时，尽管已经出现了引领风气之先的一批士大夫，如林则徐、魏源、徐继畬等，他们开始开眼看世界，提出"师夷长技以制夷"的观点，主动了解西方、学习西方。但是比较而言，坚守传统程朱理学的士大夫阶层势力依然占据主导。直到甲午战争后，民族危机空前严重，西学在中国传播的速度、广度、深度才明显超过了之前任何时代。

以上先就晚清全国的学术发展趋势做了简要的陈述，再回到晚清关中地区的学术环境来看。晚清关学的发展离不开全国大的学术环境影响，同时也有其自身的学术发展渊源。清代关学的发展继承了关学创始人张载的思想，同时也深受明代关中思想的影响。另外，学术的发展也深受当时官方意识形态的制约。

就全国范围而言，明清时期北方的学术以及讲学活动已大不如江南地

---

① 熊月之：《西学东渐与晚清社会》，上海人民出版社1994年版，第8页。

区。但陕西作为宋明理学的核心发源地之一，还是北方学术思想相对活跃的地区。由张载开创的关学是宋代理学形成的重要组成部分，其中张载提出的许多核心命题都被后来的二程、朱熹等人吸收借鉴。张载的思想在理学家的传承和弘扬中，影响也扩展至全国范围。关中作为张载思想的发源地，对后世学者的影响也颇深。直到清代，张载所创关学的学风特征依然在清代关学学者身上有所体现。

清代关学的发展离不开明代关中思想的活跃。透过理学及关学的发展史，不难看出，明代以薛瑄、段坚、周蕙、吕柟等人为代表的河东学派，以王恕、王承裕、马理、韩邦奇、杨爵等人为代表的三原学派，以及渭南的南大吉、南逢吉兄弟的王学思想都对清代关学的薪火相传起到了重要的作用。《明儒学案》中指出："关学大概宗薛氏，三原又其别派也。其门下多以气节著，风土之厚，而又加之学问者也。"[①] 关学在明代已显示出明显的开放性与包容性。薛瑄及其弟子等人尊程朱之学，重视对经学原典的阐释，之后的南氏兄弟是典型的遵从阳明"良知"之学，而三原学派本身又带有崇尚气节，重视礼教的基因，三者在关中交汇，思想相互融合。这在明末清初的关学学者身上都有所体现。冯从吾就是一个典型的例证。冯从吾认为，每个人的学问都要由"门户"进入，才能登堂入室，关键在于"各择其门户以用功，不自护其门户以立异"[②]。他把程朱、陆王之学有机地融入他的思想之中，开创了关学新风气。清代的关学也正是在这样一种共生、融合的学术氛围中生存、发展，没有形成强烈的学术冲突。

此外，学术的发展与统治者的意识形态也密切相关。清初，统治者为稳定政局，积极重用汉族理学家，如熊赐履、李光地、汤斌、张伯行等，力倡程朱之学，以控制人们的思想。这一时期程朱学被尊为正统官学。乾嘉时期，统治者为进一步钳制民众的思想，致使考据学兴盛，理学走入低谷。士人不敢大胆阐发义理，微言大义，多专研于词章、训诂、考据之中。直到嘉道年间，理学才又开始逐渐抬头。嘉庆帝"命令侍臣在经筵

[①] （清）黄宗羲：《明儒学案》卷九《三原学案》，中华书局2008年点校本，第158页。
[②] （明）冯从吾：《少墟集》卷七，上海古籍出版社1993年点校本，第30页。

进讲的时候,增加讲授程朱理学的内容,以便做出提倡'正学'的风范"①。道光三年(1823),"道光帝采纳通政司参议卢浙的奏请,将清初理学名臣汤斌从祀文庙,排列在明儒罗钦顺之后"②。儒学的这种发展趋势,一方面是基于学术自身内在的发展,它并非仅以外在的意识形态为转移,而是受外在社会环境的变化而产生的内在诉求。此时,考据学暴露出它自身的弊端,对现实问题缺乏关注,研究内容过于琐碎,缺乏系统的义理支持等。这使得它的地位开始动摇,被压抑的一些学派纷纷再次萌动,如陆王心学、程朱理学、今文经学逐渐活跃;另一方面是基于士人的自觉意识。从嘉道年间开始,清朝的鼎盛期已过去,政治腐朽,经济萧条,社会混乱,旧的矛盾越来越凸显,新的社会矛盾又不断出现。这种社会局势促使士人阶层开始新的反思,努力寻求社会问题产生的根本原因以及解决问题的对策。理学家们普遍认为唯有理学能够正人心,敦风俗,纠正不良的社会风俗。

咸同年间,理学发展已经掀起了一个小高潮。据史革新《晚清理学研究》的考察,当时全国理学学术群体较为活跃的地区主要有陕西、安徽、河南和湖南等地③。其中,陕西地区的理学发展主要集中在关中,如李元春、路德等理学家当时影响都很大。湖南是晚清理学思想发展最为活跃的地区,此时出现了一批理学家,如罗泽南、贺长龄、唐鉴等人,他们的影响远远大于当时的北方理学家。这不仅因为他们有较深的学术渊源,而且与南方学术环境相对开放、学术交流相对广泛有很大关系。这一时期的理学家重点讨论的是性理、理气问题;理学如何认识人性善恶的问题;社会与个人关系问题;君子、士大夫、乡绅如何维护自己尊严和价值,以及怎样施展修齐治平的抱负。他们在尊德性与道问学、克己修身与经世致用中力图寻求权衡。

三 晚清关学的主要侧重点

姜广辉在《走出理学》中指出:"理学在清世虽有余波流裔,但从清

---

① 史革新:《晚清理学研究》,商务印书馆2007年版,第9页。
② 同上。
③ 同上书,第14页。

代学术界的主流而言，理学并不是'继续发展'，而是走入了它的否定性阶段。这是没有疑义的。"①这里之所以指出清代理学已经走入它的否定阶段，作者认为一定意义上可以理解为这是理学进入自我批判、整理、反思的一个阶段。理学家们一方面整理、刊刻大量理学著述，另一方面也在整理并反思理学的主要思想。受环境影响，晚清关中学者的思想不像清代之前的理学家侧重义理发明创新，他们的思想更多在重实际、重功效的经世致用中体现，如督办政务军事、赈灾济民、撰写县志、推行教化、乡礼等。

面对传统儒学，关中学者求同存异，并行不悖。清代关学受理学整体的影响，内部也存在对程朱、陆王之学的不同看法，关中学者所尊理学也有差异。清初，李二曲融合程朱、陆王之学，创"改过自新"说，在冯从吾之后力振关学学风。其弟子王心敬力辟当时尊程朱之风气，认为陆王之学经世致用，不但在事功上有所为，而且在德性之践履上为人所认可。尊崇程朱学的王建常、张秉直等人，以主敬存诚为功，穷理守道为本。儒学的发展本身就是一个批判、吸收、融合的过程，关学也如此。尽管内部存在差异，但他们都能立足地方，以孝悌为重、礼教四方，移风易俗，敦化民风。

面对西学，关中学者中也有分歧。传统理学遇到西学之后，关学也间接受到影响。在对西学的回应中，关中学者中也存在不同的观点，或完全排斥，或积极吸收，但都仍以传统儒学经典为基础。一部分学者坚守传统儒学，排斥西学，如李元春、贺瑞麟、牛兆濂等人；一部分学者开始关注西学，借鉴西方先进的科技、思想和文化，如黄彭年、刘古愚、柏景伟等人。关学内部在此问题上出现了不同的学术倾向。

面对地方事务，关中学者敢于担当、勇于践履。面对怎样应对战乱、如何处理战后善后事务、如何恢复生产、如何重振民风等具体问题，他们有各自不同的处理方式。坚守程朱理学的学者在明道中救世，他们希望通过对理学的深刻体认，达到内圣外王，立身明伦，在道德教化中实现社会秩序的重建。提倡新学、发展实业的关中学者在救世中明道。他们认为要

---

① 姜广辉：《走出理学——清代理学发展的内在理路》，辽宁教育出版社1997年版，第20页。

借鉴西方先进技术，发展生产，才能使得国富民强。他们身在其中，谁也不知道哪种方式更适合关中的发展、适合整个社会的发展，他们只是担当起士人应当有所为的使命。每一种尝试都是社会前进的试金石。

第二节 贺瑞麟生平及学思历程

上节主要陈述了贺瑞麟所处的时代背景，本节聚焦于探究他的生平及其学思历程。他历经道光、咸丰、同治、光绪四个统治时期，其间又遇上了第一次鸦片战争、第二次鸦片战争，遭遇了太平天国起义、捻军起义和回民起义。在这样的多事之秋，尽管他的家庭变故频频，但他依然笃信程朱理学，以友辅仁，讲学授徒；他躬行践履、倡行古礼，移风易俗。同治十三年（1874），时任陕西学政吴大澂因贺瑞麟讲求正学、经明行修请奏朝廷授国子监学正衔，光绪十九年（1893）赐五品衔。

一 人生转折：由为学科举至弃学科举的转变（1824—1852）

贺瑞麟生于道光四年（1824），名均，后改名瑞麟，字角生，号复斋，又号中阿山人，陕西三原人。其父贺含章，字贞堂，因家贫不能读书，不得已而经商于湖北、江浙一带。在贺瑞麟5岁时，贺含章从南方归来，决心事亲教子，不再远游。因贺含章精通医学，归来后求医者络绎不绝，他往往不索要贫困者的医药费。贺含章性情恬淡，淡泊名利，在治愈某些官员的病之后，对于额外的答谢都婉言谢绝。他为人刚正不阿，德行为乡人所敬重。贺瑞麟深受父亲影响，他在兄弟五人中排行第五，他年幼聪颖，在父亲的教导下识字读书。自幼喜欢读经书，7岁读《论语》、8岁读"四书"、9岁读《诗经》、10岁读《尚书》，父亲叮嘱他"半耕半读"，他却应对要"全受全归"。15岁时，他已经读完"四书""五经"，并开始读文史书籍。贺瑞麟17岁入邑庠学习，开始获得当时官府发放给学员的膳食津贴，乡人对此都表示祝贺。其父曰："但稍酬吾祖供吾心，为学当志远大，即科名于身心何有哉！于天下国家何有哉！"[①] 意在提醒

---

① （清）贺瑞麟：《清麓文集》卷十五《先君行略》，《贺瑞麟集》，西北大学出版社2015年整理本，第501页。

并告诫他千万不能满足于科举,学贵在为己修身,有益于国家。由此不难看出贺含章的学识修养,他已觉察到当时社会的科举所呈现的一些弊病,但此时的贺瑞麟还是很难深刻体会父亲的良苦用心,还在一心准备科举考试。总体上,贺瑞麟 16 岁之前的家庭条件相对不错,有较好的学习环境,而且他聪明好学,这为他良好的学识功底打下了基础。

道光二十年(1840),贺瑞麟 17 岁时开始在三原县孝廉王次伯先生处求学。王万适,字次伯,道光辛卯举人,博学笃行。贺瑞麟曾叙述道:"先生教士,先器识本经外,每日讲《小学》及《道学辨》一二条,先君亟是之。"[1] 可见,贺瑞麟此时的学习逐渐了解到当时社会上已存在一些不同的学术思想,对孰为道统正脉的问题有一定接触。基于这点认识,可以说王次伯先生开启了他对为学要有道统意识的认识和辨别能力。此后贺瑞麟抄录了吕柟的《四书因问》,读到了薛瑄的《读书录》,这对他日后坚定程朱理学是有一定影响的。

道光二十四年(1844),贺瑞麟 21 岁,在接下来的几年中,他经历了人生中较大的挫折,妻子杨孺人、父亲、母亲先后去世。对此,他都遵守《家礼》,为他们操办丧礼。此后兄长四人叔、圻、域、堤也都早于他离世,兄弟五人育有四子成人,伯镕、伯鑫、伯箴、伯镒,也仅有伯箴晚于他离世。而整个大家庭中,女性相对男性而言,离世更多,其中或因病而逝,或因难产而死,或逃难而死,或因夫死守节而死;子女中多半夭折。

面对长辈、同辈甚至晚辈的离世,仅仅用悲痛来形容贺瑞麟似乎已远远不够。贺瑞麟在《巡检辑臣四兄圹记》哭四兄时写道:"正月二十七日伯镒病故,不二十日而兄至于斯。伯镒年仅四十有二,无子,呜呼,何其酷也!"[2] "是吾兄之酷有涯,而弟之酷为无穷也!"[3] 不出一个月四兄与其子均离世,这不能不说残酷。对于儿子铭照七岁就早夭,他哭道:"吾五旬而丧子,汝七岁而弃父。有者忽无,无者又安必其复有耶!""将殓,吾见汝笑容可怜,吾不知汝有何喜?而吾之悲正无穷矣!"[4] 在哭女儿肃

---

[1] (清)贺瑞麟:《清麓文集》卷十五《先君行略》,《贺瑞麟集》,第 501 页。
[2] (清)贺瑞麟:《清麓文集》卷十五《巡检辑臣四兄圹记》,《贺瑞麟集》,第 504 页。
[3] (清)贺瑞麟:《清麓文集》卷十五《哭仲兄维甸文》,《贺瑞麟集》,第 506 页。
[4] (清)贺瑞麟:《清麓文集》卷十五《哭儿铭照文》,《贺瑞麟集》,第 508—509 页。

时，他写道："吾老穷独，止一女，天夺速。"① "汝死吾殓，我死谁哭！视茫茫发苍苍，吾之悲汝者亦会有穷期矣！呜呼痛哉！"② 终其一生，贺瑞麟在成年后的每个阶段都会面对周围亲人的离开，这对他人生的打击很难用语言形容，然而这一切不仅没有击垮他，反而使他为学意志更加坚定。

从悲恸到自责，从"天夺速"到"何其酷"，从亲人之酷的有限到自己之酷的无穷，从有到无这样的人生经历，这一切让他更加深刻地反思自我。"然吾实不德，隐微幽独必有苟焉自欺者，学荒行怠，疚恶日积，不孝不慈，致天降罚祸及汝身，皆我之咎，汝有何辜？修身以俟，吾敢以夭寿二其心哉？自今以往，吾惟益加警惕省愆改过，反己务实，以谨天命以尽余年，如是而已。"③ "仆老无子，姪辈亦无可继者，读书种子正恐难望，一身之外别无长物，惟有数千卷书欲以传之后人，公之斯世。而环顾吾党，尚难其托，只为此事无可处置，未免耿耿。"④ 晚年膝下无子，这也是他的隐痛，他认为这一切是自己修德不够，才招致了上天的惩罚，唯有反身修德，反己务实才是不二选择。外在环境给他的磨炼很多，每一次的坎都没能击倒他，没有让他离群索居，消极避世，他没有流露出任何生不逢时的感慨，而是依然继续与师友、生徒切磋讲学、为百姓谋生立命中寻找存在的意义和价值。

贺瑞麟早年走的是科举之路。道光二十二年（1842），他肄业宏道书院⑤，其间，路德（1785—1851）曾于书院讲学，路德博学能文，在融合汉宋诸儒学说的基础上，以训诂经传为宗，而且擅长讲科举时文，但贺瑞麟与其观点并不合。次年，贺瑞麟取科试一等一名，补廪膳生，秋季乡试未中。道光二十七年（1847），贺瑞麟24岁，受学于李元春门下。李元

---

① （清）贺瑞麟：《清麓文集》卷十五《女肃埋铭》，《贺瑞麟集》，第504页。
② （清）贺瑞麟：《清麓文集》卷十五《哭女肃文》，《贺瑞麟集》，第510页。
③ （清）贺瑞麟：《清麓文集》卷十五《哭儿铭照文》，《贺瑞麟集》，第509页。
④ （清）贺瑞麟：《清麓文集》卷十《与刘东初书》，《贺瑞麟集》，第341页。
⑤ 宏道书院是明代三原人王承裕创办，曾是陕西省关中明、清四大书院之一。现位于三原县北城。至今，书院内仍是花木葱郁，建筑浑厚坚固、雕刻细腻。明代理学家马理、吕柟等都曾学于此。道光十年（1830），这里作为当时陕、甘两省学士深造的重镇，陕西省督学周之桢重建书院。光绪二十八年（1902），宏道书院改名为"宏道高等学堂"，成为当时陕西境内传播新学的最高学府之一。于右任、吴宓、张季鸾等人都曾在此求学。

春（1769—1854）主程朱理学、对心学多有批评。此时的贺瑞麟在老师的引导下逐渐领略到圣贤学问的大概，但还不能知晓从何而入。他广泛地阅读宋、元以来的理学著述，观察到明代以来日渐出现门户之见，但穷究异同，还是心无主宰。直到他读到《小学》和《近思录》，开始意识到程朱一脉是真正的门户所在，于是，贺瑞麟抛弃其他各类学说，心无旁骛地转向程朱之学。

贺瑞麟师从李元春之后，虽说逐渐认识到圣学需在程朱理学中寻得，但他并没有放弃参加科举入仕之路。毕竟程朱理学还是当时的官方哲学，而且科举考试也是以朱熹的《四书章句集注》为纲要。道光二十九年（1849），是年4月他参加拔萃科，8月参加秋闱考试，均未考中。在当时乡人眼中认为他应该是志在必得，结果令他们很不解。贺瑞麟解释："拔萃科所重文与字耳，久不习文而秃其笔，以此往试，其不得当也。何疑焉？"[①] 此时，他认为多次考试的失利，主要原因在于考试注重文辞、训诂，而他的兴趣在研习程朱义理之学。所以就科举考试的内容而言，他的备考重心偏了。此后，他曾到华山游览，在到达宋陈抟石洞前，他题诗于洞壁"人爱先生醒，我爱先生睡。世上多少人，醒时不如寐"。此时他尚有怀才不遇之感，而且对于考试的失败也没有释怀。

时隔一年，他再次赴秋闱考试，未中。之后的一年，他不断地与好友切磋学问。一次，在同友人杨树椿（损斋）、杨梅友（秀芝）、薛于瑛（仁斋）切磋时，谈及科举，薛于瑛认为参与科举终不免一个"求"字，与其求人，求人害义，反不如为己。至此，贺瑞麟大悟，决然立志于求道，舍去了多年孜孜以求的科举之途，逐步转向为己之学。对此转变，贺瑞麟在《答原坦斋太守书》中讲道："麟之始学亦尝不废举业，而心辄厌之。知学求为己，乃泛滥诸讲学之书，卒不得其门而入。中间闻师友之绪论，退而求之《小学》《近思录》，始稍有以窥程朱之学，真得孔孟以来相传之心法，其所以致力则必以居敬穷理为纲要，于是屏去世俗之陋习，而一惟程、朱是守，不敢有他途之趋。"[②] 至此，贺瑞麟放弃举业，全身心转入程朱之学的探究中。时年贺瑞麟28岁。

---

① （清）张元勋：《清麓年谱》，载《贺瑞麟集》，第1088页。
② （清）贺瑞麟：《清麓文集》卷八《答原坦斋太守书》，《贺瑞麟集》，第251页。

二 求道明志：尊程朱，习古礼（1853—1864）

痛定思痛，贺瑞麟最终选择了穷程朱之理，以辨学术之宗。他与当时陕西巡抚刘蓉的书信来往中提及他的为学转变。

> 年二十四，始登桐阁先生之门，得闻圣学之大略。窃有意焉，而未知所入。既泛滥于有明以来诸讲学之书，书愈多讲愈烦而心愈无主。乃取《小学》、《近思录》稍稍读之，始微窥其门庭户牖之所在。诸家之说遂屏不事。然尚未离乎科举之业也，至是乃厌弃之。兄弟亲戚大不以为然，朋友书来又多见攻心。又窃疑前辈讲学亦有应举者，此或未害为学，终身穷饿都不计，恐学稍涉偏僻。痛思此理，经七昼夜知学断当为己，无他计较。闻朋友中如此者，辄往正之。又反复程朱说科举处，而志乃毅然不可易。
>
> 然年且二十八矣，十余年来但谨守程、朱主敬穷理之训。主敬则以常提醒此心不令昏放，穷理则首以辨明学术为主①。

回顾他的求学历程，24 岁拜师桐阁门下，对圣学开始有所领略，但仍不知该从何处着手，直到对《小学》《近思录》的不断研习中，才发现圣学门径所在，在经过师友的开导和自己艰难地体认，最终认识到为学在己。咸丰三年（1853），他在当地南李村筑起茅庐（此地距贺瑞麟父母墓地雁陂阡不远），名曰"有怀草堂"，意在取《诗经·小雅·小苑》中的"发明""有怀"② 二义，贺瑞麟开始在此读书明志。

贺瑞麟在丁父艰满三年后，续娶了张孺人，贺瑞麟好古礼，夫妻相敬如宾，每当他外出，夫妇都行揖拜之礼，对此，乡人都不能理解，张孺人起初也很为难。贺瑞麟告之曰："此礼也，古人相敬如宾，果何谓哉！若盖恐人笑耳，一笑之、再笑之、三笑之而止矣。夫始笑者溺于俗也，终不笑者礼所当然，久而不怪也，假而吾与若相戏侮，不且贻人终身笑耶！"③

---

① （清）贺瑞麟：《清麓文集》卷七《上刘霞仙中丞书》，《贺瑞麟集》，第 219 页。
② 注：《诗经·小雅·小苑》中有："宛彼鸣鸠，翰飞戾天。我心忧伤，念昔先人。明发不寐，有怀二人。"
③ （清）贺瑞麟：《清麓文集》卷十五《妻张孺人述略》，《贺瑞麟集》，第 502 页。

妻子大悟，此后依礼而为。每当双亲忌日，他都会着素服吃素食，不接待宾客。妻子见他悲伤，自己也是愀然不乐。当他还在备战科举考试时，周围人都认为他可以显达于世，唯独他的妻子淡然处之，当屡试不中，罢归回乡时，人人都认为很可惜，唯独他的妻子平静如常，没有任何惋惜和抱怨。就在贺瑞麟放弃科举俗学，谢绝一切聘他为私塾的请求，准备开启为己之学时，乡人哗然，认为如此下去，生计将至穷困潦倒。唯独他的妻子支持他。她让贺瑞麟的兄长将自己的双钏换购成织布机，借此以维持生计，安贫乐道，甘愿以此终其一生。当他想买元代大儒许衡的《许鲁斋集》，然而囊中羞涩，妻子知道后，不假思索地取下发簪和耳饰交给他。如此种种不胜枚举。他的妻子崇尚素朴、节俭，反对奢华、浪费，从不为世俗佛事所惑，不吸食烟草、鸦片。贺瑞麟深感妻子时刻都在促进自己修己笃友、孝亲敬长、读书明志。他曾感慨，幸好乡人看到夫妇之间当有揖拜之礼，如果没看到，很难相信夫妻间还有这种礼仪。尽管他看到了古礼很难推行，而妻子给予他的配合和支持，可以说更加激发和延续了贺瑞麟的好古之志。夫妻四年后，得女儿小兰，贺瑞麟对女儿疼爱有加。算是一个比较完整的小家庭，这也是在贺瑞麟绝意科举之后，让他欣慰的一件事。

然而人生的不幸再次降临，咸丰四年（1854）张孺人去世。"呜呼！吾与孺人岂独世俗夫妇之情而已哉！"[①] "吾悲孺人实悲吾，吾悲吾吾益悲孺人。"[②] 妻子的离世，让他感到万分悲痛，她的尽孝、懂礼、明理、品性就这样定格在了24岁，他更为自己感到悲伤，因为他失去了至爱，失去了懂他、理解他、支持他的知己。他为妻子操办丧事，一切遵循古礼。为了建立完整的家庭，咸丰六年（1856），贺瑞麟娶林孺人，行亲迎礼，不用乐，一时又引起了众人哗然。因为当时用乐的习俗在三原县已经很普遍，不但婚礼用乐，丧礼也用乐，他毅然我行我素。乡间冠婚丧祭一切皆依古礼。他认为总需让世人首先知道有这些礼仪，才可能慢慢让他们遵循这些礼仪。

在贺瑞麟妻子张孺人去世的同年年底，先师李桐阁先生去世，前有

[①] （清）贺瑞麟：《清麓文集》卷十五《妻张孺人述略》，《贺瑞麟集》，第502页。

[②] 同上。

朝夕相处的结发妻子陪伴不到七年离他而去；后有传道、受业、解惑的恩师醍醐灌顶七年有余先他而去，对他人生有着重要意义的两位亲人同年内相继离去，先师帮他立稳了脚跟，指明了为学方向；爱妻大义所为，坚定了他的好古之志。世人的嘲笑让他更加坚定地认识到古礼需要在社会中重新恢复。为了扭转当时的社会风气，改变人们的看法，他曾就丧礼一事着手，作了《妻服答问》一文，（后文有详细论述）以正风俗。

咸丰年间，陕西境内自然灾害时有发生，庄稼颗粒无收，百姓的劳作顷刻被毁。此时又有规模空前的太平军起义已经波及陕西境内。统治者把灾难向下层百姓转移，陕西的差役是当时最繁重的地区之一，田赋、课税、差役、徭役繁重，民脂民膏被榨得一干二净。同治元年（1862），回民起义、捻军起义相继出现，对百姓的生产、生活造成不同程度的破坏，致使百姓生活无一日安宁，冲突迭起。清政府的驻军给百姓的生活同样带来危险。战乱开始，难民骤增，不仅有本地难民，此时还有甘肃等地的难民流入，三原县及其周围的邻县成了回民起义的主战场。"笃信好学，守死善道，危邦不入，乱邦不居。"① 贺瑞麟认为这样待下去，无益于任何问题的解决，于是决定避乱山西绛县。

同年，朝廷下令推举各省都州县举孝廉方正，当时县令余庚阳力荐贺瑞麟，三原县刘映菁等八十余名乡绅也合力推举他为孝廉方正，而贺瑞麟婉言谢绝。"麟闻之惶恐，罔知所措，伏念此盖朝廷重典，必得真能副其名者，方可当之无愧。麟之愚劣，无论其他，即孝之一字已难自问。年逾弱冠，连遭大故，除服后，以双亲属望，尚事科举，既思不可必得，即得亦禄不逮养，遂绝意进取，但欲读书修身，以无贻亲羞而已。"② 子欲孝，而亲不在，所以仅就"孝"字而言，他自认为已经不符合条件，他只求读书修身，不让双亲为他感到羞耻。

避乱期间，贺瑞麟与好友杨树椿共同在丽泽精舍讲学，对《小学》和《近思录》进行句读校对。儒生刘季昭听闻贺瑞麟在此避难，专程来拜师。刘季昭性情敦朴，家境殷实，而且很重仁义，此后的赈灾过程

---

① 《论语·泰伯》。
② （清）贺瑞麟：《清麓文集》卷六《上邑宰辞孝廉方正书》，《贺瑞麟集》，第191页。

中，他曾协助贺瑞麟设立推惠仓并捐有大量粮食。而且他对贺瑞麟日后的书籍刊刻也做了大量工作。他刊刻的书籍主要有《蒙养书》《四忠集》《复斋录》《朱子纲目》等，遗憾的是，刘季昭命短早逝，这令贺瑞麟很伤心。

由于县令余庚阳急于召见贺瑞麟返乡商讨抚恤事宜，同治三年（1864），贺瑞麟起身返乡。沿途中，他看见到处是流民背井离乡，凄凉满目。"民吾同胞，物吾与也。大君者，吾父母宗子；其大臣，宗子之家相也。尊高年，所以长其长，慈孤弱，所以幼（其）幼。圣其合德，贤其秀也。凡天下疲癃残疾、惸独鳏寡，皆吾兄弟之颠连而无告者也。"[①] 他诵读《西铭》，不禁潸然泪下。回到三原后，他马上和县令商议相关赈灾举措，他认为首要任务是恢复百姓的生产生活，于是采取了分批给百姓分发耕牛、种子，规整土地、开垦荒地等措施。而且他还积极上奏官府陈述三原县实情，据此朝廷下令豁免关中重灾区的多项税收。

同年，县令余庚阳又请贺瑞麟编纂县志，以正本清源，力求能从战乱中走出，但因尚处战乱，书籍匮乏，涉及县志中的历代内容无从考证，所以这次的编纂工作进行得并不顺利，贺瑞麟仅勾画出县志初稿，随后被搁浅。直到光绪四年（1878）此项工作才再次被提上日程。

三　经世务实，讲学传道（1865—1893）

贺瑞麟从山西返回三原县后，他开始马不停蹄地投入地方事务的工作中。他一方面为恢复地方生产献计献策；另一方面也亲力亲为，赈灾济民、创办书院、推行教化。他虽处草野，但并未隐世，"位卑未敢忘忧国"，时刻牵挂百姓生计。上至巡抚大臣、布政使、学政，下至太守、县令，在这些不同官方阶层、主管不同事务的官吏中，贺瑞麟不停地就地方的社会矛盾、民族冲突、灾后重建、社会教化等各种事务奔走呼吁，希望借官府之力推动重建地方秩序。

[①] （宋）张载：《正蒙·乾称篇十七》，《张载集》，中华书局1978年整理本，第62页。

同治五年至光绪六年（1866—1880），左宗棠①任陕甘总督，剿灭捻军，平定了回民起义，对陕西、甘肃两省的重建采取了积极的举措。左宗棠曾就回民安置问题征求意见，当时朝野意见不统一，贺瑞麟就平乱后回民的安插以及屯田等问题上书言及自己的看法，主张在招抚的陕西回民中，采取民族同化政策，从根本上解决问题。在《拟上三大宪论时事书》中提出："其上策则莫若使之遵王章、弃异教、明学校、严保伍。盖彼既投诚求生，正可定约，以示一道同风之治，不宜仍安异类，自外生成。"②左宗棠认同了他的主张，认为应当借鉴历史上的羁縻和怀柔政策，以解决战后的民族问题。同治十年（1871）左宗棠将招抚的陕西回民安插在甘肃偏远地区，将他们与当地居民的耕种分离开，以免发生冲突。左宗棠唯才是用，曾邀请贺瑞麟到甘肃兰山书院主讲，贺瑞麟因故推辞，他在两次《上左季高爵相书》③均有说明。此外左宗棠在同治十一年（1872）下令禁止种植罂粟，恢复农业生产。同治十三年（1874），左宗棠下令刊印《种棉十要》下发至陕西各州县，鼓励种植。贺瑞麟正是看到总督左宗棠在陕甘地区的敢作敢为，所以也多次上书言呈关中境内的实况，希求得到总督大人对地方实情的关注。

贺瑞麟接触的另一位朝廷大官是陕西巡抚刘蓉，同治二年（1863），刘蓉受命督办陕南军务，随后出任陕西巡抚，他和左宗棠交往颇多。在陕期间，他常与左宗棠书信联系，当时左宗棠尚在福州马尾港建造船厂。在西北人才匮乏问题上，二人曾有共识。左宗棠认为："秦陇所急者，饷事；所乏者，人才。饷尚可代谋，而人必须自为别择。"④刘蓉认为治理三秦

---

① 注：左宗棠（1812—1885）字季高，湖南湘阴人。晚清重臣。早年屡试不第。曾读于城南书院，师从贺长龄、贺熙龄学习，与湘乡罗泽南、丁叙忠为友，砥砺学行，尊奉经世之学。一生历经平定太平天国运动、倡导洋务运动、平叛陕甘回捻之乱、收复新疆等大事。他对农学、兵学、洋务皆通。后人整理有《左文襄公全集》。左宗棠1867年调任陕甘总督，其间贺瑞麟曾多次上书左宗棠。（参见王云五主编，罗正钧纂《清左文襄公宗棠年谱》，台湾商务印书馆1982年版。）

② （清）贺瑞麟：《清麓文集》卷六《拟上三大宪论时事书》，《贺瑞麟集》，第211页。

③ （清）贺瑞麟：《清麓文集》卷八、卷九《上左季高爵相书》，《贺瑞麟集》，第285、303页。

④ （清）左宗棠：《书信一·与陕抚刘霞仙中丞》，《左宗棠全集》第10册，岳麓书社2009年整理本，第657页。

之地根本要在敦士行、明学术两件事上有所举措。"呜呼！民生之困至今日而极矣！其患由于吏治之敝，吏治之敝由于士行之不修，士行之不修由于学术之不正。数者之患相因造端于士。而害乃及于吾民。故言治于今日非明学术以敦士行，末由拯斯民之困也。"① 他们对当时陕甘地区人才缺乏的情况十分担忧。同治五年（1866）左宗棠调任陕甘总督后，对西北地区的教育设施建设如鼓励兴办或创建书院、义学、刊刻书籍等都做了积极贡献。

刘蓉曾多次荐举贺瑞麟参与孝廉方正选拔，但均被贺瑞麟谢辞。他曾这样评价贺瑞麟："三原有士曰贺瑞麟角生者，笃学力行致严于去就取舍之辨。其学以程朱氏为宗，精思熟讲、务反躬而实践，盖秦士之魁杰。"② 他认为贺瑞麟不务虚名，笃实力行，正是关中有识之士的杰出代表。贺瑞麟敢于直言，且与刘蓉的学术旨趣十分相投，因此二人交流融洽。刘蓉倡导程朱理学，注重经世致用。"学固所以实用，然必其体立而后用行。自非义精理得，动中伦类，而欲以泛然无主之胸，试诸万变纷纭之会，未有不丧其所守者。"③ 贺瑞麟就自身的治学路径与刘蓉也多有交流。贺瑞麟对陕西大难初平后的重建有一些建议，如振兴地方文教、创办书院等。他在《上刘霞仙中丞书》中言辞恳切地陈述了自己的看法。

> 方今陕西大难初平，哀鸿满野，凋残穷困之状真有目不忍见，耳不忍闻，口不忍言者矣。劳来安集，正须亟为之所，而需饷孔殷，催科难缓。乃朝廷恻悯元元，屡下蠲征之诏。独其正额之外，官吏向有无名巧取亦日耗羡，相沿为累，未能裁减，是以剥肤椎髓之余为持禄保位之术。草野相聚言曰："国贫民贫，惟官富耳。"其实辗转馈遗，官亦未必独富，而徒为欺君虐民，以自贻祸已矣。果为之整顿约束而严教之，激发其天良，讲明其事理而申饬其国宪，则此风亦当稍变宽一分，民受一分之赐。若谓举世皆然，宜行恕道，窃恐看坏恕字。治

---

① （清）刘蓉：《养晦堂文集》卷二《赠贺角生徵士序》，第7页，载《清代诗文集汇编》（第663册），国家清史编纂委员会文献丛刊，上海古籍出版社2010年版，第511页。

② 同上。

③ （清）刘蓉：《养晦堂文集》卷二《书陈懿叔赠言后》，第25页，载《清代诗文集汇编》第663册，第520页。

教所当及者，一以姑息待之，不相训诲，不相禁戒，即使自破常例不随流俗亦将以不肖待天下之人。而使沦胥以陷，非推己及人之义也。况近有奏请裁节通省浮费者，何彼之易为，而此之难为乎？若谓积习已久，恐一旦改易遂滋诋毁。夫事当论是非不计利害，朱子曰："古之君子居大臣之位者，其于天下之事知之不惑，任之有余，则汲汲乎及其时而勇为之。知有未明力有不足，咨访讲求以进其知，扳援汲引以求其助。上不敢愚其君以为不足与言仁义，下不敢鄙其民以为不足以兴教化，中不敢薄其士大夫以为不足以共成事功。一日立乎其位则一日业乎其官。一日不得乎其官则不敢一日立乎其位。有所恋而不肯为者私也，有所畏而不敢为者亦私也。屹然中立，无一毫私情之累，而惟知为其职之所当为。"夫如是，是以志足以行道，道足以济时，而于大臣之责可以无愧。然则大人所以行道济时，必有远者大者，顾麟之愚不足以知之，而此亦或不可不加之意也。①

在贺瑞麟的陈述中，能够看到他对当时的社会现状十分担忧，认为必须对官吏队伍进行整改。官吏为了持官保禄，巧立名目，剥削百姓，对此当及时教育治理，否则积习难改。他认为在其位谋其职，做一天官，就当尽一天的职责；一日不在官位，则不敢妄求一日的官职。知其当为而为，这样才能不为私情所累。贺瑞麟虽不为官，但他认为为官如同为学，为学要立志于道，为官亦如此。以道术治天下，则国家兴盛，人民富裕。

吴大澂也是与贺瑞麟书信交往颇多的一位官员，同治六年（1867），吴大澂出任陕甘学政。由于早在康熙年间，陕甘学政驻地由西安迁往三原②，这对三原县的士风、学风颇有影响。因此贺瑞麟与来陕的学政交往相对比较频繁。其间，贺瑞麟多次与学政吴大澂就地方的兴风化俗、整厉学校、倡横渠之关学等问题陈述自己的想法。"古大儒所至无不以兴学校为急务。况督学为大人专职，潜心圣道，讲明正学，如大人者其将振厉作

---

① （清）贺瑞麟：《清麓文集》卷七《上刘霞仙中丞书》，《贺瑞麟集》，第219页。
② 注：清康熙六十一年（1722），陕甘总督年羹尧奏请朝廷获准将陕甘学政衙署提督学院由西安迁至三原。随后三原成为当时西北地区的教育中心。

兴，以幸三秦必矣！……乡约盖欲各相勉励与人为善之意，今一举行，人知学宪亦且留心，信从必众。"① 吴大澂在陕期间多次邀请贺瑞麟到宏道书院、学古书院讲学、习礼。吴大澂对贺瑞麟以及芮城的薛于瑛、朝邑的杨树椿三位的学问颇有赏识。曾在同治十三年（1874），奏请朝廷授三人国子监学正衔。这在地方的儒生中可谓一件大事、幸事。由此足见，贺瑞麟的理学思想及其践履躬行也的确获得了认可。

贺瑞麟所结识的地方官员还有李用清②、黄嗣东③等，他们志趣相投，恪守正学。李用清素有"天下俭"的美称，光绪十一年（1885），李用清任陕西省布政使，力行禁烟，曾疏通三原县龙渠，灌溉农田千余亩，福泽地方百姓。黄嗣东曾任陕西候补道、陕安兵备道。同年他捐资创建鲁斋书院，在此讲学授徒，延请贺瑞麟行乡饮酒礼，以传承关中礼教之风。贺瑞麟与他们多有书信交往，互相以正学为砥砺。

同治、光绪年间，尽管天灾人祸不断，但幸运的是，朝廷在陕西任用的官员中无论总督、巡抚还是布政使、学政中有大量有为之士，他们或崇尚理学，或经世致用，在陕西的灾后重建、恢复生产、土地分配、重视人才、改善文风教化等方面都采取了积极有效的举措。

此外，贺瑞麟与地方官员交往更加频繁。他与县令余庚阳、赵孚民、焦雨田等交往颇多。他们多是商议地方重建的具体措施，清丈土地、设立义仓、义学，发展农业生产；兴办学校教育，建清麓精舍，创办正谊，倡导书院讲学，在乡间由县令组织参与，邀贺瑞麟主持乡饮酒礼、士相见礼等礼仪，力求改善民风民俗。贺瑞麟常讲："然窃意不好名而避名，不如不避名而务实，避其名必将怠其实。"④ 这是他的真实写照。

---

① （清）贺瑞麟：《清麓文集》卷八《上吴清卿书》，《贺瑞麟集》，第281页。
② 李用清（1829—1898）号菊圃，山西平定人。晚清名臣。同治四年（1865）进士，大学士倭仁门徒。宗程朱理，主敬存诚。一生安贫厉节，素有"天下俭"的美称。他与薛于瑛的交往也甚密。"尝曰，吾于朝得使倭文端公，于野得友薛仁斋先生，余一生之大幸。"可参看李玉玺编著《清李菊圃先生用清年谱》，新编中国名人年谱集成第十九辑，台湾商务印书馆，1985年版，第10页。
③ 黄嗣东（1846—1910）字小鲁，号鲁斋，湖北汉阳人，同治十二年（1873）拔贡生，官至刑部郎中，曾任陕西候补道等职。曾在当时长安县设鲁斋书院。著有《道学渊源录》和《濂学编》。
④ （清）贺瑞麟：《清麓文集》卷六《与刘致斋知县书》，《贺瑞麟集》，第188页。

同治四年（1865），贺瑞麟主讲于学古书院①。在这里，他强调不开帖括八比课程，反对八股时弊，力倡恢复为学的本来面目。他重新拟定了书院章程，主要内容为，一经费宜通筹也；一职事宜专责也；一院长宜礼请也；一士子宜廪资也；一试课宜变通也；一教道宜切实也②。从这六大方面，我们可以看到，关于学院行政、人事聘用、教学管理、学生管理、教学内容、方法等都有具体的涉及，系统地规划了书院未来的建设。他还在原有章程的基础上做了较大的修改完善：在院长的工资上，新的章程缩减为原来的一半。"旧规，院长束脩二百四十金，火食六十金，膳夫十二金。今拟束脩一百二十金，火食三十金，膳夫十二金，共一百六十二金，似为得体，不必复旧。"③他把结余出的一部分用于学生的经费。在学生的膏火问题上他也作了适当的倾斜，他认为只有把学生的生活问题妥善解决，才能使他们没有后顾之忧，潜心学习。所以对于学生的资助，他本着"贫而贤者可给，富而愚者则不可给"④的原则执行。此外对聘请院长及教师的条件也提出了具体要求，同时明确提出对教学先生当以礼相待等具体措施，总之，他认为师者应尽其责、学生当尽其力，其他教学中的管理及师生的待遇都将尽可能地满足需求。

此外，在学古书院他还提出了"学约六条"，即"一曰审途以严义利之辨；二曰立志以大明新之规；三曰居敬以审存察之功夫；四曰穷理以究是非之极；五曰反身以致克服之实；六曰明统以争道学之宗"⑤。他为在此求学的儒生立下了求学的基本目标。他在书院内还修建了立雪亭，督促儒生笃实求学之志，方可有所作为。为使书院儒生有书可读，他购买经史

---

① 学古书院创建于元延祐七年（1320），由当时邑人李之敬出资建成，现位于县城西北隅即书院门街北端。明弘治元年（1488），王恕（1416—1508）号石渠，三原学派的创始人，时任吏部尚书力主重建书院，清乾隆二十九年（1764），县令张象魏又劝捐建书斋10余间。清道光年间，学古书院成为陕甘两省士人肄业的有名学府。同治七年（1868）三原贺瑞麟任书院主讲，建藏书阁和立雪亭，采购书籍七百余卷充实书阁。书院历来以正心诚意为本，文章功业为辅。民国四年（1915），学古书院改为三原高等小学堂。
② （清）贺瑞麟：《清麓文集》卷十六《新拟书院章程六条》，《贺瑞麟集》，第521—524页。
③ 同上书，第521页。
④ 同上书，第522页。
⑤ （清）贺瑞麟：《清麓文集》卷十六《传心堂学要》，《贺瑞麟集》，第526—527页。

子集千余卷,当然都是正学之编,希望后生能够博览群书,昌明圣学,发扬儒道之光。

五年后,他辞去了书院讲席,修建了清麓精舍,广纳四方学子。此时三原县富绅刘映菁、刘昇之给予他很大资助。刘昇之曾拜师于贺瑞麟,他还帮助老师在清麓精舍内创设传经堂,并组织刊刻由贺瑞麟校对和编著的理学丛书。此间,当时的督学许振祎请贺瑞麟到泾阳县的味经书院讲学,由于该书院开设有科举科目,贺瑞麟推辞不就。

光绪四年(1878),三原县县令焦雨田上任,与贺瑞麟一见如故,对他的学问和人品十分敬重。光绪七年(1881),为振兴地方士风、学风,焦雨田带头捐白金五十两,县里富绅相继捐数千两,在清麓精舍的基础上创设了正谊书院。书院位于县城北鲁桥镇北峪口山麓,它以"正其谊不谋其利,明其道不计其功"为办学宗旨。此外,县里还建讲学处数十所,同时建有学舍窑洞多处,开辟一窑设为印刷局,依崖修成藏书洞三座,与清凉寺遥遥相对。贺瑞麟在此主讲近20年,精研程朱之学,体用并蓄,并在多方的支持下刊印完成《清麓丛书》,藏书洞藏书约有万余卷。此后贺瑞麟弟子牛兆濂、孙乃琨也都在此讲学传道。

光绪八年(1882),贺瑞麟写下《共学私说》一文,这篇文章从本体、工夫、知行等几个方面较全面地展示了关中理学的内涵,这也标志着他理学思想的建立。基本内容可分为"天性本原、圣学标的、涵养要法、格致实功、身伦交修、出处合道"[①] 六个方面。贺瑞麟理学思想奠定的另一个有力佐证从他后期的弟子可以看出,他的几位主要弟子都在他学术体系较为完整之后陆续登门拜师。光绪十三年(1887)兴平张元勋执弟子礼;光绪十六年(1890)经焦雨田介绍,山东淄川县孙乃琨在贺瑞麟门下受业;光绪十九年(1893)蓝田牛兆濂受业。他们在学理、修养、品行、践履等方面都比较完整地继承了贺瑞麟的思想。

贺瑞麟从备战科举到放弃科举、从求人到为己、从泛观诸家学说到精研程朱理学并恪守程朱理学、从倡行古礼到教化乡里,最终到他晚年才逐步确立了他的理学思想体系。贺瑞麟也在适时地宣传关中儒学的正统代表。光绪八年(1882)清国史馆编纂各列传,学政吴大澂要求地方州县

[①] (清)贺瑞麟:《清麓文集》卷十四《共学私说》,《贺瑞麟集》,第462—465页。

征集各地名人的相关传记。贺瑞麟尽其所能地搜集整理关中当地的名人传记以及他们的相关著述。他辑有"儒林"5人、"文苑"6人、"循吏"2人，合计13人的列传①。这是关中学术对外展示的契机，对关学在清代学术中应有的一席之地也是有力的证明。贺瑞麟此举已经不是局限于自身的体认与践履，而是要使程朱理学的正统地位得到更广泛的认可，使得清廷以及后人知晓关学在坚持程朱理学传统中无论是在时间还是在空间上都不容忽视。

在贺瑞麟的理学思想形成之后，他还对冯从吾的《关学编》进行了续编，把生平中敬仰的7位学者录入其中，即蒲城刘伯容、泾阳王逊功、澄城张萝谷、华阴史复斋、朝邑李桐阁、凤翔郑冶亭、朝邑杨树椿。为了进一步明辨学术是非，传承儒学正脉，他不容正学有一丝的浸染和杂糅。他重新刻印了明代程敏政、程曈辑《闲辟录》、明代陈建撰《学蔀通辨》、清代张烈撰《王学质疑》、清代陈法撰《明辨录》等学辨著述，他一生堪称维护正学的斗士。

晚年的贺瑞麟深刻认识到社会的失序根本上源于道德的丧失和伦常的破坏，如果要改变这种现状，还需从整顿伦常秩序入手。光绪六年（1880），贺瑞麟编纂完成《三原县新志》，其间因战乱搁浅，时隔十余年终于出炉。体例虽还依旧志，但在崇尚正学、关闭佛寺、罢黜异端的主导思想下，立意鲜明；力求弘扬关中实学之风、尚礼之风。之后，他又受三水县（今旬邑县）知县冯朝祯的委托编纂了《三水县志》。通过两部县志可以看出，贺瑞麟客观翔实地呈现了县域在当时所暴露的各种社会现实问题，鸦片种植泛滥、水利灌溉设施被毁、流民增多等，对比历史上县域社会稳定有序，百姓风俗淳朴的景象，他述论结合，认为这些问题能否解决关乎县域的整体发展。

他一生都致力于改善地方的礼俗，在日常的冠婚丧祭礼俗中，只要他置身其中，都尽可能地依古礼而行，目的在于要让世人看到遵守这些古礼，就是遵循基本伦常秩序，日用伦常中蕴涵着深刻的含义。冠礼是

---

① 注：具体可参见《清麓文集》卷十《上冯展云中丞书》，《贺瑞麟集》第316—317页。其中所辑"儒林传"有：朝邑王建常、澄城张秉直、武功孙景烈、朝邑杨树椿，后又赠朝邑李桐阁；"文苑传"有：华阴王弘撰、三原刘绍攽、洋县岳震川、安康董诏、邠阳康乃心和康无疾；"循吏传"有：临潼王巡泰、邠阳张松。

对男子成人的标志，是男子追求志向、有所为的开始；婚礼意味着夫妻双方建构新家庭，在相敬相爱中夫妻成为连接孝敬长辈与爱护子女的纽带；丧祭礼代表着慎终追远，以此激励生者好好地活。有人类就有社会、有男女、有婚姻、有夫妻、有长幼、有生死，对礼的遵循就是人之真情、常情的恰到好处地表达。此外，他还在乡间提倡推行乡约、乡饮酒礼、士相见礼，希望在家庭、家族之外也能建立起乡间公共的伦常秩序。"老吾老以及人之老，幼吾幼以及人之幼"，如果人人都能自觉地尊长敬贤、惩善除恶、礼俗相交、德业相劝，社会风俗自然会有转变。对于社会礼俗的改变，贺瑞麟认为根本在于端正士人的学术风气。学术的好坏决定了士人的心术、治术的好坏。做学术如能从为己出发，反身以诚，不受外界异端思想的诱惑，那么推己及人，社会治理自然也能合道而行。

纵观贺瑞麟所处的时代，称为乱世并不过分。其中"乱"的原因之一就是西方列强的入侵。对于西方的态度，他的著述中没有直接的内容，但从他对程朱理学正统的坚守中不难看出他的基本立场。这点他与同时代的关中大儒刘古愚有所不同。贺瑞麟对西方的认识尚处于早期阶段，面对西方列强以强势姿态打开中国大门，贺瑞麟能够间接感受到的首先是被动的军事欺凌，以及随后鸦片对中国官员及百姓的毒食；在情感上，他的直接反应是恨、是排斥。但随着列强的持续入侵，士人阶层对西方的认知逐渐加深，他们开始反思为什么会这样。在这个过程中，刘古愚接触到了较多洋务派、维新派的新思想，而且也不断被西方的先进科技吸引，对西方先进的文化、教育等思想也有了更多的认识。在对待西学态度上，他与贺瑞麟有很大的不同，而这些对于已近暮年的贺瑞麟来说，都已是渐行渐远。

第三节　贺瑞麟的思想渊源

贺瑞麟作为晚清关学代表，《清麓丛书》可以透视他思想的斑斑点点。当然，他的思想主要还是体现在《清麓文集》《清麓日记》《清麓遗语》《三原县志》中。他的这些著述中或引用"四书""五经"，或引宋、元、明、清时期诸儒语录著作为思想依据，由此也反映出贺瑞麟思想的主要渊源。因此，厘清他所引证的主要经典，是理解其思想渊源的路径。其思想有源自孔孟之学、有源自程朱之学、有源自关学、有源自师友之学。本节着重从这几方面了解他的思想渊源。

一　张载关学对贺瑞麟思想的影响

贺瑞麟在续《关学编》中写道："关中之地，土厚水深，其人厚重质直，而其士风亦多尚气节而励廉耻，故有志圣贤之学者，大率以是为根本。……宋兴，明公张子崛起横渠，绍孔孟之传，与周、程、朱子主盟斯道。"[①] 关中自北宋张载兴起，所创关学上承孔孟之道，自宋又同濂、洛、闽学共同昌明圣学之道。贺瑞麟主持完成刊刻《张子全书》后，门生请他作序，他十分感慨：

> 余曰：余始知学即读是书。今老矣，卒无所得，抚衷自省，事亲事天之诚有如《西铭》所云乎！慎言慎动之切有如《东铭》所云乎！其立志有如"为天地立心，为生民立道，为去圣继绝学，为万世开太平"者乎！其居敬有如"言有教，动有法，昼有为，宵有得，息有养，瞬有存"者乎！穷理能精义入神乎！反身能正己感人乎！出而仕，果有为，治必法三代之意乎！处而教，果有使之知礼成性，变化气质，学必如圣人而后已乎！任道之力，守礼之严，辨学之精，服善之决，以至穷神化之奥，达性天之微，有能一一自信于己者乎！愧何如也！[②]

尽管贺瑞麟惭愧与张载相比相去甚远，但从他所提炼的张载的主要思想精髓可以看出，他毕生都在追求出而仕、处而教、出处合道的为己、做人和处世的目标。居敬穷理以明事物之精义、反身修己而能推己及人。他继承关学的另一个重要内容即躬行礼教。"孔门教人博文约礼并重。而颜子问仁，独曰'克己复礼'。曾子问礼，特详《戴记》。横渠张子教学者

[①] （明）冯从吾：《关学编》（附续编），中华书局1987年标点本，第125页。
[②] （清）贺瑞麟：《清麓文集》卷二《〈张子全书〉序》，《贺瑞麟集》，第61—62页。文中标点略有改动。

以礼为先，使有所据守。此又吾关学当奉以为法者也。"①

二　程朱之学对贺瑞麟思想的影响

贺瑞麟认为程朱之学源于洙泗之学，守此道统，学问方有长进。

> 尧传舜，舜传禹，禹传汤，汤传文、武、周公，文、武、周公传之孔子，孔子传之孟子。孟子时杨、墨交作，圣人之道不明，孟子惧焉，息邪距诐，大声疾呼，辞而辟之。向使世无孟子，几何而不为禽兽也？自是以后，火于秦，黄老于汉，佛于魏、晋、隋、唐，则所谓弥近理而大乱真者又甚。周、张、二程子出，而异说顿息，厥功伟矣。然高者流虚无，下者溺卑陋，顿悟功利之习浸淫于人心者，犹未有以摧陷而廓清之也。子朱子挺生南服，卓然以先知先觉之资为孔、孟、周、程之嫡嗣，阐圣学之门庭，立后儒之目标。道统之传，真不啻拨云雾而见青天，虽百世守之可也。②

张履祥、陆陇其是清初尊崇程朱理学的两位大儒，清初诸儒中，贺瑞麟首推这两位大儒，他认为如果探求孔孟之道须从程朱开始；如果探求程朱之道，则须从这两位开始。

张履祥（1611—1674）讳履祥，字考夫，别号念芝，浙江桐乡县人。世居清风镇杨园村，故学者又称杨园先生。年少时，读阳明、龙溪（王畿）等人的书，有志于学成。中年之后，师从刘宗周，刘氏讲学以"慎独""主静"为宗旨，至此，他对程朱学刻苦钻研，终有所体悟，逐渐走上阳明学的反面。他尝评王阳明《传习录》，认为读其书，使人孤傲文过，轻浮而后无所得。而且认为明末社会风气的变差也是由于阳明学末流的空疏狂傲。他与平湖陆陇其同时，以圣道自任，倡为己之学，笃信朱子致知力行，服膺于朱子的《小学》和《近思录》，力辨王学之非。在他去世后，陆陇其得其所著《备忘录》，感慨此书笃实正大，足砭俗学之弊。

---

① （清）贺瑞麟：《清麓文集》卷五《守礼书堂跋》，《贺瑞麟集》，第148页。文中标点略有改动。
② （清）贺瑞麟：《清麓文集》卷二《重刻〈三鱼堂文集〉序》，《贺瑞麟集》，第58页。

张履祥晚年避世，所教授皆是童蒙之学，有以举业试图请教者，他都不予接纳。主要著述有《言行见闻录》《经正录》《补农书》《备忘录》《初学备忘》等。后人辑有《杨园先生全集》。

陆陇其（1630—1692）字稼书，浙江平湖人，康熙九年（1670）进士，曾出任河北灵寿知县，官及四川道试监察御史。陆陇其尊崇朱子学，践履笃实。诚如张伯行所言："陆稼书先生之为学也，主敬以立其本，穷理以致其知，反躬以践其实，一以朱子为准绳。"① 为政"守约持俭，务以德化民"，政声卓著。确称得上醇儒、循吏、直臣。去世后，追谥"清献"，赠内阁学士兼礼部侍郎，成为清代以来第一个从祀孔庙的理学名臣。著有《三鱼堂文集》《松阳讲义》《问学录》《三鱼堂日记》等，《清麓丛书》中刻有《三鱼堂文集》《松阳讲义》《松阳钞存》。

张履祥和陆陇其可谓是明末清初复兴程朱学、批判王学的开风气的领军人物。正因为此，他们被清代后期宋学复兴运动中的人物所特别推崇，贺瑞麟正是晚清关中复兴程朱之学的代表，他对这两位理学家的思想十分推崇。透过贺瑞麟本人的著述以及他对二人著述的刊刻，不难看出二人思想对贺瑞麟的影响较大，贺瑞麟对他们也是十分崇敬。

贺瑞麟强调为学第一要义是严守学术是非之辨。这点他受陆陇其影响较大。陆陇其认为辨别学术是非，是学者当前急务所在。陆陇其在《学术辨》中从历史发展的角度论证了学术是非之辨与社会演进的辩证关系。从历史中得出结论："故愚以为明之天下，不亡于寇盗，不亡于朋党，而亡于学术。学术之坏，所以酿成寇盗朋党之祸也。"② 他还指出："夫天下有立教之弊，有末学之弊。末学之弊，如清源而流浊也，立教之弊，如源浊而流亦浊也。学程朱而偏执固滞，是末学之弊也。若夫阳明之所以为教，则其源先已病矣，是岂可徒咎末学哉。"③ 陆陇其比较深入地分析了阳明心学，并且指出为何会有学者乐于趋于阳明之学。他认为阳明之学是托于儒而实为禅学，知晓禅的实质也就知道了阳明学的实质。禅的实质是心性之辨。"程子曰'性即理也。'邵子曰'心者性之郭郭。'朱子曰

---

① （清）陆陇其：《陆稼书先生文集》原序，商务印书馆1936年版，第1页。
② （清）陆陇其：《陆稼书先生文集》卷之一《学术辨上》，第10页。
③ 同上书，第12页。

'灵处是心不是性，是心也者，性之所寓，而非即性也。性也者，寓于心而非心也'先儒辨之亦至明矣。若夫禅者，则以知觉为性，而以直觉之发动者为心，故彼之所谓性，则吾之所谓心也，彼之所谓心，则吾之所谓意也。其所以灭彝伦，离仁义，张皇诡怪，而自放于准绳之外者，皆由其不知性，而以知觉当之耳。"① 贺瑞麟认同陆陇其的观点，他批判阳明学是错把"心"当"性"，圣贤之学并非把心当仁义之本，心是统领性情的寓所，仁义之本在性，性与天道相统一。否则孟子不会讲"求放心"。

贺瑞麟认为求学者之所以会一时趋于阳明学，一则是因为求学者不愿受程朱之学中具体规矩准绳的限制，如此便可恣意纵肆；一则是求学者专以知觉为主，知觉之下无生死，使得不为现实生死所限，产生一定幻觉，乐在其中。由此导致了学术和风俗产生了诸多弊病。贺瑞麟认为学术、心术、治术和道术始终是相互联系、相互制约的，道术呈现弊端，必然是学术变坏所引起，学术坏，则心术和治术自然随之变坏。道德纯一，则风俗自然淳厚，学者自应当守其门户，不应当另辟门户。士人放弃规矩，私心用用，必然导致学术变坏。

贺瑞麟主张为学必先立志，这点也受张履祥、陆陇其两位的影响。张履祥讲："大凡为学，先须立志，志大而大，志小而小。有有志而不遂者矣，未有无志而有成者也。"② 陆陇其也讲："古人论学必先立志，果能将志放在正学上，一切世味自然牵扯他不住；一切学问思辨、笃行之事，自然不容已；一切鄙倍虚浮之言，自然不敢出诸口……据德依仁、游艺工夫，皆从志于道起。"③ 立志是为学的第一等事，志不立，为学就无方向可言，有了方向和目标才能够一步登堂入室，有求正学的志向，才可能穷究义理，探求正学之本。

张履祥、陆陇其在读书方法上，主张应当首先从朱子的《小学》《近思录》着手，贺瑞麟也坚信《小学》《近思录》是读书之根基，不由此入，则相当于入户不由门，就无法理解圣贤之学。读书在精读，欲速则不达，朱子教人读书之法"熟读精思，循序渐进"，不仅在陆陇其、张履祥

---

① （清）陆陇其：《陆稼书先生文集》卷之一《学术辨上》，第12页。
② （清）张履祥：《张杨园先生全集》卷三十六《初学备忘上》，中华书局2002年版，第990页。
③ （清）陆陇其：《松阳讲义——陆陇其讲〈四书〉》，华夏出版社2013年版，第137页。

看来受用，贺瑞麟同样尊崇备至。认为读书和做人一样，不是分开来做，而是要将所读之书句句体贴到自己身上，圣贤之学不但贵在知，而且贵在能身体力行，这样方可称得上是读书人。他们能在读书方法路径上观点相近，这点也恰好证明他们认为读书很重要，为何强调读书的重要性，这正是对阳明学的有力回击，阳明心学注重"不学""不虑"，不求具体的格致之学，只求在禅的体悟中求得良知，这显然是程朱理学不容接受的。

张履祥、陆陇其两位对科举时文持批判态度。贺瑞麟同样对科举也持批判态度，但他表现得更极端。陆陇其认为读经和读古文是根本工夫，能够读懂经和古文，时文自然也就会明白，就会有长进，不可急于走捷径，而流于浮华时文。这既是对科举俗学的批判，也是对为己之学与为人之学辨别的体现，为己之学在求圣贤之道，而科举时文之学，则在追求功名利禄，其学皆是为人，而非为己。千古圣贤学脉，都是"正其谊不谋其利，明其道不计其功"，一旦涉及利禄，便不是为己之正学。这些也都成为日后贺瑞麟思想中不可分割的组成部分。

此外，在经世、处理地方事务、重视丧葬礼仪等方面，二人对贺瑞麟也有一定影响。陆陇其《时务条陈六款》[①] 缓征赋税、劝农垦荒、兴修水利、广集谷粮等方面的建议也给贺瑞麟以启示。

总体而言，他们二人对贺瑞麟思想的影响集中体现在对程朱理学的坚持和对其他学术思想的批判。上述内容中提到他们所处时代的背景，即明末清初与清季两个时期掀起了相似的复兴宋学的浪潮，具体表现就是对阳明心学、科举俗学等进行有力地抨击，这使得贺瑞麟从他们身上吸收到了很多批判的能量，从而在"破"中求得"立"，引导求学者能够正确认识程朱之学，维护学术的正脉。

三　师友之学对贺瑞麟思想的影响

李元春（1769—1854）字时斋，号桐阁，陕西朝邑人。嘉庆戊午举人，曾任知县、大理寺评事。年幼时，得薛瑄《读书录》，探求性命之学，之后遍求程朱文集，生平设院讲学，曾主讲潼川、华原等书院。主述程朱，精研性理之学。他严辨学术是非，以朱子学为正学，批驳八股俗

[①] （清）陆陇其：《陆稼书先生文集》卷之二《时务条陈六款》，第40—45页。

学。他重视振兴关学，编辑《关中道脉四种书》，增补冯从吾编的《关学编》，沿承关学学术的发展。经世方面，尝率所居十六村联成一社，推行保甲法，维护民风。捐赈屯民，推行救荒政策；主持正经界，恢复生产。其著述主要有《张子释要》《关中诗文钞》《青照堂丛书》《诸经绪说》《经传摭余》《闲居镜语》《诸子杂断》《学荟性理论》《春秋三传注疏说》等。

李元春对贺瑞麟的一生影响很大。他一生恪守程朱，笃信躬行；不喜欢做官，但他又极为关注世务，辟邪说、正学术，倡道关中。贺瑞麟对李元春在重振关学中的作用曾给予很高的评价，"桐阁先生之于关中，犹朱子之于宋，陆稼书之于国朝。宋以前诸贤之文章事迹，至朱子是一结局；国朝以前之文章道脉，至稼书是一结局。在关中前明时，冯少墟是一结局，本朝至桐阁先生又是一结局。其闻见之博，著述之富，真是不易得"①。

李元春的学术立场在其《学术是非论》中讲得很清楚："乃吾儒之学亦且分党而角立，指其名则有记诵之学，有词章之学，有良知之学，今日又有考据之学，而皆不可语于圣贤义理之学之精。汉儒，记诵之学也；六朝及唐，词章之学也；良知之学，窃圣贤之学而失之过者也；考据之学，袭汉儒之学而流于凿者也。独宋程朱诸子，倡明正学而得其精。近世顾横诋之，亦大可惑矣。"②

贺瑞麟与李元春的分歧在于对学术门户的认识略有差异。李元春认为："性善、良知皆自孟子标出，朱子宗性善，阳明宗良知，一也。特性善言其本，为旨较撤，良知言其发，为说易见耳。今人疑性善故门外之见，即斥良知者亦未免耳食，至守良知之说者反以是抵朱子，则又吠声吠影矣。"③无论朱子之学还是陆王心学都源自孔孟之学，因此做学问不应过于纠结门户之见，更应当看到学问源头与共同之处，对于任何一方的排斥都是缺乏根据的，只见其流，不见其源。学问求真，不是因为守此就必须非彼，学问也不一定根本对立，相互取长补短、求同存异才是客观的态

---

① （清）贺瑞麟：《清麓遗语》卷三《经说二》，《贺瑞麟集》，第958页。
② （清）李元春：《桐阁先生文钞》卷一《学术是非论》，《李元春集》，西北大学出版社2015年整理本，第11—12页。
③ （清）李元春：《病床日劄》，《李元春集》，第755页。

度。贺瑞麟却走到了门户之见的极端。他认为不辨门户无法知晓学问的真命脉，做学问不应当有骑墙之见。

李元春对于儒学之内的分流认为要批判地借鉴；对程朱之外的其他思想要严格拒斥。曰："杨、墨、佛、老吾斥之，记诵、词章、考据吾为之，而且一以朱子明其理而履其事为宗，又不入于良知之家，庶几乎与圣学相近矣。"①另外，他对陆王学说中注重事功和践履的思想十分认可。"讲良知者尊阳明、象山而谓本于孟子，不知孟子之旨在以学问反其良知。金谿、姚江专主乎此，则流于空虚，势必与佛老之教等。然陆王学偏而行谊事功犹有可取，近世高明之士窃此而阴与朱子为敌，其实荡检踰闲，默默有不可问者，则真所谓伪学也。"②"予尝以为心学、良知皆不误，宗朱子者辟象山、阳明，亦大过。"③儒学内部，不能非此即彼，"朱子岂不知考据者哉？但不如今人考据之凿耳"④。对于考据学，他也并非彻底否认。因为考据之学的严谨求实精神、训诂之学的考证精神，也都是关学所具备的。这从关中学者大部分都编纂地方县志，对县志中的历代地理、建置、教化等方面的精细考证可以得到证明。但关学不是一味地穿凿考证，还要本着这种实事求是的精神考究义理，追求治世之道。

师生二人对待科举的态度也有一定差异。李元春不像贺瑞麟那样绝对地排斥科举，"科举用时文，人皆非之，予不以为然。用时文则人知讲四子书，圣贤传道之言有踰于四子书者乎？试观自明以来，以时文传者率皆不愧圣贤，其劣者不过数人而已"⑤。科举借助时文传播圣贤之道，士人也由此贯通儒家经典。这是一条重要的学习途径，不能因为有少数不求甚解的儒士存在，而否定时文的价值。不同学术派别之间应当有吸收、有批判，不是一味地使门户之见占据上风。李元春对陆王学说中的注重事功践履持认可态度，关学同样注重为学与治世相统一，这点关学和陆王心学并不矛盾。贺瑞麟对陆王学说在事功方面的成绩不置可否，他强烈批判的是阳明心学对读书为学的忽视。

---

① （清）李元春：《桐阁先生文钞》卷一《学术是非论》，《李元春集》，第12页。
② 同上。
③ （清）李元春：《桐阁先生文钞》卷四《四书心解序》，《李元春集》，第120页。
④ （清）李元春：《桐阁先生文钞》卷一《学术是非论》，《李元春集》，第12页。
⑤ （清）李元春：《授徒闲笔》，《李元春集》，第845页。

总体而言，贺瑞麟对李元春的思想还是以继承为主。他遵从儒学经典，传承理学，续写关学史，重视以文化俗；他时刻不忘教化关中百姓，教人以礼，践行书院教学、交游讲学；他重视经世致用，对救荒、社仓、屯田等事务多亲力亲为；同样他也重视儒学典籍的整理与传播。由于清代的关中地域相对闭塞，交通不畅，经济落后，与外界交流匮乏，普通学子基本无书可读。李元春的《青照堂丛书》、贺瑞麟的《清麓丛书》等儒家著述的刊刻，一定程度上满足了学子求学的渴望，避免了大量游民无事生非，对社会风气的养成也有着积极意义。

"以友辅仁"是贺瑞麟学术生命中重要的组成部分。他十分重视师友之间的学问切磋。他与薛于瑛、杨树椿之间可谓亦师亦友，彼此交往密切。薛于瑛（1806—1878）字贵之，号仁斋，山西芮城人。少年时，立志为己之学，绝意科举，没有明显的师承，以自学为主。他明辨义利之学，严守出处之道。文章皆以阐明程朱之学为主，大至天地民物之关怀，推而至家乡治理教化的规约，切至身心性情的修养，周密备至。《清麓丛书》刊刻有《薛仁斋文集》八卷，《小学浅解》六卷。同治十三年（1874）陕甘提督学政吴大澂以其学行醇厚奏请朝廷，加国子监学正衔。

杨树椿（1819—1874）字仁甫，号损斋，朝邑人。师从李元春，志于程、朱之学。潜心攻读濂、洛、关、闽等相关书籍，常论为学之要曰："无'朝闻道夕死'之志，无求为圣贤之志、无以天下为己任之志，工夫所以常悠悠"。晚年讲学于友仁书院。有诗文集十五卷，外集一卷，语录三卷等。贺瑞麟《清麓丛书》续编中刊刻有《杨损斋文钞》十五卷，外集一卷，《杨损斋遗书》三十卷。同治十三年（1874）陕甘提督学政吴大澂以其学行醇厚奏请朝廷，加国子监学正衔。

薛于瑛、杨树椿和贺瑞麟处于大致相同的时期，薛于瑛年龄稍长一些。他们所面对的社会问题也大致相同，贺瑞麟和杨树椿还同求学于李元春门下，二人受李元春思想的影响较大。最重要的是，这三人志趣相投，都不热衷官宦仕场，但对当时的社会现实都十分关切，积极献计献策；在绝意科场之后，都转入对程朱理学的研究。他们重视古礼的推行，作为乡间儒士，他们常常被邀请主持乡饮酒礼。为改善民风，他们还积极推行乡约。他们都以书院讲学为主业，认为学术振兴是转变时风、世风的根本，学术正，治术和道术才能正。此外，他们彼此又有交叉的生徒、好友，这在他们切磋讲学中也起到一定的纽带作用。

他们彼此都特别注重"以友辅仁"。通过他们著述中保存的大量书信、游记、杂文等可以看到他们交流十分频繁。他们经常切磋学问，讨论时弊，建言献策。他们对学术、治术和道术三者的论述有一定共识。他们特别强调为学之道，认为为学根本即在为己之学，尤其是薛于瑛和贺瑞麟在此方面的论述较多。

他们在维护正学的前提下，辨别正学、俗学和异学之间的差异。很显然，在当时的学术环境中，各种学问、思想充斥着士人和社会，如何引导士人走向儒学正统，正是他们首先面对的问题。但在具体的论述中，三人又各有侧重。贺瑞麟和杨树椿在学术是非辨别上，论述比较多，但又略有差异。杨树椿强调尊崇程朱学，但对阳明学的评价相对贺瑞麟要客观一些，他并不赞成盲目批评陆王之学，"然吾观金溪、姚江以来为学者，皆高明之资，特卓之行"，而"程朱之学者，或乃悠忽俗冗，出彼之下，而反以彼为不足道，其能免于门户之诮乎？"① 他认为阳明学也有值得肯定的地方，而且对程朱末学中的一些弊端并不避讳。值得一提的是，杨树椿还十分注重为学的"大规模"，认为治学不能只注重门派，而是要有足够的识量和气量。贺瑞麟在门户观念上很绝对，基本就是肯定程朱，否定陆王，门户界限十分清晰。相对他们二人而言，薛于瑛对正学与他学的差异有区分，但并没有过多地停留在是非辨别上，而是更注重分析正学本身。

因为战乱波及，他们聚在一块儿切磋讲学的机会自然并不多，但通过他们频繁的书信交往可以看到，贺瑞麟认为，与两人的交往能够使他们相互鼓励，砥砺前行，而且是志同道合。这也让贺瑞麟在个人生活的多难中感受到一种生机与力量。然而，他们的交往也并不长久，同治十三年（1874）、光绪四年（1878），朝邑杨树椿、芮城薛于瑛先后去世，丧友之痛，尤其使他感到学问日孤，学贵在日新，少了志同道合的师友，学问之志举步维艰。其间，贺瑞麟遭遇丧子之痛，加之身体多有疾病，还时刻面对死亡、灾乱以及社会上礼乐教化逐渐沦丧等现象，导致他身心俱痛，却丝毫没有退缩。屹立在社会转型的前夜，在汲取前人思想的基础之上，他义不容辞地扛起了振兴关学的大旗，以程朱理学为宗，守护儒学道统。

---

① （清）杨树椿：《损斋文钞》卷六《偶记》，柏经正堂清光绪十九年（1893）刻本。

本章小结

本章主要从贺瑞麟生活的时代背景、贺瑞麟的生平、学思历程以及他的思想渊源三大方面作了论述。通过了解晚清关中的社会背景和学术背景，进一步认识晚清关中突出的阶级矛盾、民族矛盾和频繁的自然灾害，以及由此产生社会失序的现象。随之出现关中人口锐减、土地荒芜、农业生产停滞、工商业破产，社会经济发展处于瘫痪状态。由于晚清关中学术相对保守、信息相对闭塞，学术阵营已大不如南方活跃。

从贺瑞麟的学思历程可以观察到，由于生活在战乱和灾害频繁的年代，他对现实的关怀十分明显。早年弃举业从道学，中年倡礼教变风俗、赈灾济民，晚年讲学书院、砥砺后生。生活和家庭的惨淡没有阻碍他的为学之志，师友的切磋、乡绅的协助、官员的认可，这使他始终保持积极入世的态度，力求改善地方社会失序的局面。

从贺瑞麟的思想渊源可以看出，自张载开创关学宗风以来，关学思想自始至终滋养着关中大地，贺瑞麟生于斯、长于斯，沐浴着关学继圣学、系民生、重教化的古风，勇于担当起了继续传承关学的使命。程朱理学对贺瑞麟的影响很大，《小学》和《近思录》开启了他的治学门径，而且他认为由此为进学阶梯，才可能对"四书""五经"以及儒家经典触类旁通。清初大儒张履祥、陆陇其，力排阳明末学对社会的消极影响，举起程朱理学的旗帜，他们的思想深深地触动了贺瑞麟，他们坚持为学第一要义就是要辨明学术。如果说清初两位大儒对贺瑞麟思想的影响在"破"的方面起到了作用，那么师友对他思想的影响在"立"的方面是比较突出的。贺瑞麟在辨明学术的同时，也在积极地维护儒家的正统道学。在与师友的切磋交流中，他逐渐形成比较系统的理学思想，而且为理学思想的传承和传播不遗余力地躬身践履。

第二章 基点：贺瑞麟的理学思想

本章主要论述贺瑞麟的理学思想。理学思想是他整个思想的基点，也是他一切社会践行的指导与归宿。作者将从三方面展开对其理学思想的探究。首先，阐述其理学思想的主要内容，即：天性本原的本体论、格致实功、居敬穷理的工夫论、立身明伦的修养论和出处合道的境界论。其次，阐释他对陆王心学、考据学、俗学和异学的批判。最后，分析其理学思想的主要特色。

第一节 贺瑞麟理学思想的主要内容

贺瑞麟的理学思想以程朱理学为基础。其核心内容可归纳为：天性本原、圣学标的、涵养要法、格致实功、身伦交修、出处合道。他的理学思想体现了学术、心术、道术的有机统一，在正人心、化风俗、兴教化等方面起到了积极作用。

一 天性本原

贺瑞麟的本体论思想基本上继承了程朱理学思想，以理作为万事万物的本体。他认为理存在于一切事物之中，只有遵循理的根本规律，事物的运行变化才能有条不紊。

1. 理气关系

就理气关系而言，贺瑞麟认为理是气的统领，它主宰着气的流行变化。

> 气如卒徒，理如元帅。天地之间，只这一气莽莽荡荡，若不是理

做主宰，安得不胡乱起来。然理即在气中，初非别为一物，所谓一而二，二而一者也。①

贺瑞麟对朱熹所说的"理气不相离"和"理气不相杂"之说尤为赞同。理与气不相离，"天地间无一物无气，即无一物无理；无一物无阴阳，即无一物无太极"②。就物而言，万事万物皆由气构成，是气的具体形态，万事万物又皆有自身存在之理，理是事物存在的根本规律，万事万物能够存在是因为理在气中。所谓理气不相杂，主要指气与理并非两种事物，事物存在和发展都有所以然之根据，这个根据就是理，它是事物存在的本体。从理气不相离的命题扩展开来，贺瑞麟就事与理不相离也作了论述："事理不相离，下学人事自然上达天理。人事外无天理，下学无上达，然非才一下学而便能上达也。但实做下学功夫自知耳。"③ 万物就整个世界而言，万事就整个社会而言。人在社会中处于主导地位，人将万事万物联系在一起，人与物、人与事、人与人之间都有一定的规律存在，遵循这些关系中的理，社会的发展才可能有序进行，否则社会就会混乱。人只有在不断的认知中才能逐渐达到对人、事、物和理的认知。

贺瑞麟对张载的"太虚即气"命题提出了他的看法。针对张载的论点："太虚不能不聚而为万物，万物不能不散而为太虚，"④ 他指出："盖聚则生不聚则尽，物理之自然。岂又散去为太虚，太虚亦不待万物散而为也。而形溃反原之说，程子早不取焉。"⑤ 首先，贺瑞麟没有继承张载的气本论，他没有把张载所论之气看作是抽象的本体，只把它看作是事物的具体形态，因此他难以理解"太虚即气"的命题。张载的气本论体现了世界本源的实在性，而且指出了世界是如何存在的。其次，因为没有把气定位准确，所以他认为张载的论述有形溃反原之嫌，认为这种翻转轮回不符合事物发展的必然规律。贺瑞麟已完全接受了理为本体的观点，他当然地认为气只是理的具体形态。贺瑞麟还对"理一分殊"的观点作了具体

---

① （清）贺瑞麟：《清麓遗语》卷一《席末纪闻》，《贺瑞麟集》，第885页。
② （清）贺瑞麟：《清麓日记》卷三，《贺瑞麟集》，第1030页。
③ （清）贺瑞麟：《清麓遗语》卷一，《贺瑞麟集》，第896页。
④ （宋）张载：《正蒙·太和篇第一》，《张载集》，第7页。
⑤ （清）贺瑞麟：《清麓文集》卷六《答林宗洛书》，《贺瑞麟集》，第186页。

阐释。

> 知理一而不知分殊，则所谓理一者，亦只见得笼统含混，非真知也。朱子所谓"必析之极其精而不乱，然后合之尽其大而无余"。曾子所以随事精察而力行，然后闻"一贯"之传也。
> 仁是理一，义是分殊；忠是理一，恕是分殊。①

理一分殊不可只笼统地看待，只知理一不能算真知，理一只有贯穿在分殊之中，才能证明理存在的本原性；透过世间万物的分殊而能回归到理一的根本，才是领略事物存在的真理。如同"仁"是一个根本的道理，具有唯一性。"义"代表事物的多样性，千差万别的表现最终都复归一个根本的"仁"。如果以"中""和"来论，理一就代表中的概念，分殊就代表和的概念。

2. 性与理

贺瑞麟认为性要受到气禀的影响，气禀之全就是天地之性，即仁义礼智；气禀之偏就是气质之性。对于性与理的关系，他认为性与理相统一，"理者何？在天为元亨利贞，在人为仁义礼智。自天言之则曰'理'，自人言之则曰'性'，其实一而已矣"②。"'天下之言性也'，这'性'字是天命之性。'则故而已'，这'故'字便是率性之道。性者何？仁义礼智之谓。性之发为情，是故恻隐、羞恶、辞让、是非之类。"③ 对于天而言，理就是元亨利贞；对于人而言，理就是性，即仁义礼智。这一观点可以看作是对朱熹"性即理也"命题的继承与发展。天下无无理之物，亦无无性之人。万物的存在有其所当然、有其所以然。具体来说，万物具体而多样是由于气的变化流行，而万物之所以能够存在是因为理，理是万物的本原。

人性的本原在性善。而善就是性的恰到好处，无过与无不及。贺瑞麟在批评告子的性无善无恶说中论证了这一点。

---

① （清）贺瑞麟：《清麓日记》卷三，《贺瑞麟集》，第1035—1036页。
② （清）贺瑞麟：《清麓文集》卷十四《共学私说》，《贺瑞麟集》，第462页。
③ （清）贺瑞麟：《清麓遗语》卷四《经说三》，《贺瑞麟集》，第968页。

明道亦说生之谓性，与告子自不同。告子是专以气言性，明道是以不离乎气言性。孔子说"性相近也"，是兼气质说。孟子说"性善"是就不杂乎气质说。程子说"善固性也"，以本原之性言。然恶亦不可不谓之性也，以气质之性言。善即性之恰好处，恶亦不定是大恶，只是刚柔过与不及之间。①

他认为告子的性无善无恶说是从气质角度阐释，并非从性的本原方面阐释。所以然之性就是天性，也是天理，它不夹杂气；而世间呈现的万物则是兼有气质之性，对性与气的关系，不可一概而论，层面不同，所指不同。

3. 心统性情

"心统性情。性真而静，情感而动，静处是心，动处亦是心。然心既载性，则性亦不是死的静。"② 贺瑞麟认为，心是万理之汇总，是万理之安放处，"心非理而为理之总会，心亦气而为气之精英"③。而性与情又皆统于心，"性是心之理，而情是性之用"④。性之未发即中，即理。中就是性之德；性之已发即情，情之和就是心之本然。"情之未发是性，性之已动是情，性之作用是才，而性、情、才总之皆统于心。性不可见，因情以见，情善即可知性之善。性可为善即是才，无不善心之不善，以其为外物所陷溺耳。其实人心同是善，不是有善有不善，推而至于圣人，与我同类，即与我同心。"⑤ 贺瑞麟肯定人心皆善，之所以有不善的存在，那是因为外物诱惑情感而产生，求真求善就是要达到与圣人同心同德。

此外，对于天理与人情的关系，贺瑞麟的门生曾问他："为人要和平，所以异乎，乡愿同流合污？"他答曰："顺乎天理，酌乎人情是也。乡愿同流合污，全不睹天理人情之正，一味苟且循人。焉得谓之和平？"⑥ 可见，他对情之所发有着客观、中和的认识，观点比较温和，能够兼顾理

---

① （清）贺瑞麟：《清麓遗语》卷四《经说三》，《贺瑞麟集》，第961页。
② （清）贺瑞麟：《清麓文集》卷六《与杨仁甫书》，《贺瑞麟集》，第181页。
③ （清）贺瑞麟：《清麓日记》卷三，《贺瑞麟集》，第1037页。
④ 同上。
⑤ （清）贺瑞麟：《清麓遗语》卷三《经说二》，《贺瑞麟集》，第950页。
⑥ （清）贺瑞麟：《清麓答问》卷二《答党清之》，《贺瑞麟集》，第805页。

与情，并没有走向"存天理，灭人欲"的极端方向。

心是理的安放处，存心就是存天理，而心之理就是性，不仅要知性，还要尽性；不仅要明理，还要循着理去做。但世间有太多的人泯灭本性，昧于天理，以至对于异端邪僻不能看破，反而更加痴迷。这就容易导致人心不古、学术不振，如果学术败坏，治术和道术也会混乱。因此，只有克己复礼、反身以诚才能存心尽性，学术和治术才可能一以贯之。

由此可见，至善是事理的当然之极，而当然之极的事理又源于天命之性，因此尊崇天性本原是儒家正脉的前提。天理与天性是等同的，它们具有本原的性质，一是天理、天性不依据任何其他事物而存在，本身就是依据；二是作为万物的总则与根本规律所在，世间万物依它而存在；三是世间人情万物都蕴含在天理、天性之中，但因事物气禀不同，万事万物就呈现出多样性的特点。

二 格致实功，涵养要法

（一）格致实功

格致实功是贺瑞麟在认识论层面所做的分析。他认为，要想达到对本体的把握，格致穷理是必经的过程，格致根本还在于穷理，只有不断地穷究事物之理、人伦之理，才可能逐渐认识到性之所在、理之所在。

1. 知言

> 《论语》开卷便说，"人不知而不愠"。首篇终又说，"不患人之不己知，患不知人也"。到卷终又说，"不知言，无以知人也"。皆是圣人教学者反己自修之深意，这便是为己为人分界处，记者于此再三著意，其旨切矣。[①]

贺瑞麟透过孔子所言，认为知言最为紧要。然知言并非易事，不能穷究义理之学问，不能察理明义，也就很难明白言语的真实含义。圣人之所以圣，亦是知言工夫透，千古学术靠此作主。[②] 知言是知人的前提。贺瑞

---

① （清）贺瑞麟：《清麓遗语》卷二《经说一》，《贺瑞麟集》，第923页。
② （清）贺瑞麟：《清麓遗语》卷四《经说三》，《贺瑞麟集》，第965页。

麟借孔子的话来说明知言是格致之功的首要步骤，如果不能从知言做起，要通晓义理就很难。知言不单要了解圣人言语、著述的表层含义，更需对其中深奥的义理有通透的认知。只有如此，学术才可做得精、义理才可认得准。

2. 读书

知言可以有多种途径，如读书、应事、接物都是知言的体验。其中，读书又是一条必要的路子。读书首先要立志。"学者立志是入手事，亦是终身事，工夫才放松便是此志倒了。"① 学者不从立志入手，读书终究是隔膜一层，不会读透读懂。立志非空谈玄论，而是要在实处做工夫，"做实地工夫为要。辨先儒异同，须自有所见，方可须实有必为圣贤之志。实做圣贤切记工夫，方知异端俗学不可不辨"②。学者需先立得圣人志，而后方可朝着圣人的工夫去做。

如何读书才能体会人情物理，贺瑞麟指出了读书的基本方法，一要循序渐进。"若夫读之之法又必循序，而又常致一而不懈，熟读精思切己实体，庶乎无用不周，无施不利。"③ 读书不可只求速度，读书速度越快，忘却得越快，不会有深刻理解，而是要渐推渐进，持之以恒。二要沉潜反复。读书要如切如磋，不可只流于表面词章，而要深入理会，慎研推敲。三是读不同的书，方法也因书而异，或熟读、或冷读。"昔人云《孟子》要熟读，《论语》要冷读。《论语》多短章零句，须是平心易气细细玩味，方是读法。"④ "读《论语》与《孟子》不同，《孟子》须趁文气使血脉贯通，缓读不得；《论语》却要静吟密咏，不可急读，须就圣人气象性情辞气上用心，方有进气象。"⑤ 可见，阅读不同的典籍或缓读、或速读、或熟读、或冷读，方法各有不同。所以，掌握读书方法是深入理解经典内容的有效途径。

3. 知行统一

知行论历来是理学家关注的问题之一，关于知行，朱熹说："致知、

---

① （清）贺瑞麟：《清麓日记》卷三，《贺瑞麟集》，第1033页。
② （清）贺瑞麟：《清麓日记》卷四，《贺瑞麟集》，第1046页。
③ （清）贺瑞麟：《清麓文集》卷十四《共学私说》，《贺瑞麟集》，第464页。
④ （清）贺瑞麟：《清麓遗语》卷三《经说二》，《贺瑞麟集》，第943页。
⑤ 同上。

力行，用功不可偏废。偏过一边，则一边受病。……但只要分先后轻重，论先后，当以致知为先，论轻重，当以力行为重。"① 朱熹讲得很清楚，知与行二者不可偏废。如果必须对二者作以区分，则论先后，知为先；论轻重，行为重。贺瑞麟没有特别纠结在孰先孰后的探究上，但在被弟子问及知行关系时，他勉强回答："知本不轻，但知亦为行，较行稍轻耳，正不可误看。"② 他还说："天下事须先知而后行，或即知即行犹可。未有以知为行，以行为知，而为'合一'之说者。"③ 他主要强调的是知行不可偏废，但并不能误认为这是认同阳明学所讲的"知行合一"论，他总体还是肯定了知先、行重。怎样才能知行不偏？他认为：一是言行不怠，"易于言，必怠于行。"④ 言行没有孰轻孰重、孰易孰难，能够通晓言、践于行都不简单，轻易认为言有所知，实际的践行不一定能跟得上，也就无法做到"言必行，行必果"。二是明白知为先，守为要的道理。"知及之仁不能守之，虽得之必失之。"⑤ "凡事识最先，守最要。若不能守，虽识何益。"⑥ 只求知道而不能实践坚守，既不能对天理有真实的认识，又不能深刻地认知社会，这样在应事接物中自然也就很难取中庸之道。三是在知行问题上，学者贵在能责己、克己。责己在于能够吾日三省吾身；克己在于不被外物、情欲诱惑而丧失方向。

（二）涵养要法

贺瑞麟对持敬涵养的工夫论有较多论述。尽管他在很大程度上是对程朱的"涵养须用敬"命题的阐释，但在具体的论述中又更加精微细致。

1. 敬统动静

贺瑞麟对敬有独特的认识。敬统动静是他的一个基本观点。贺瑞麟与他的好友杨树椿就动静问题曾有专门的讨论。他认为朱熹所讲"主静即是主敬"有其深刻的道理，但容易产生认识的偏差，二程只讲"敬"，这

---

① （宋）朱熹：《朱子语类》卷九《论知行》，《朱子全书》第14册，安徽教育出版社、上海古籍出版社2010年版，第299页。
② （清）贺瑞麟：《清麓问答》卷三《答柏厚甫》，《贺瑞麟集》，第822页。
③ （清）贺瑞麟：《清麓答问》卷三《答严干卿》，《贺瑞麟集》，第841页
④ （清）贺瑞麟：《清麓日记》卷一，《贺瑞麟集》，第1000页。
⑤ 同上书，第1004页。
⑥ 同上书，第1010页。

第二章 基点：贺瑞麟的理学思想

避免了误解，却难以体现"静"的本源性。介于此，他提出："敬贯动静，静又动之根。不可逐动而忘静，亦不可恶动而贪静。"① 追本溯源，人生而静，天性本静，所以静是一切动的根本，但是性不能不发而为情，发而为情即是动。情之所发也要有所中节，中节即复归为初始的静。所以能守中节处，就是敬。敬要内外交修，动静交养。

> 寂然无事时，提醒此心不令放逸，便是静中之敬。应事接物时，省察此心使皆合理，便是动中之敬。外而正衣冠，尊瞻视，嚬笑不苟，是敬周于外。内而壹心志，整思虑，湛然纯一，是敬存于中。②

从动静角度看，无论动还是静，敬处于其中，便有存养工夫。静中之敬，能使心保持常惺惺，体认天理；动时应事接物，能敬则举手投足游刃有余，心志处世纯然合一。敬就是要使心常保清醒不松弛，不使心放逐。另外，居敬还要敬与义兼修，"敬以直内便能扩然大公，义以方外便能物来顺应"③。敬是对内心的要求，义是对应接事物适宜的要求；致中便是敬，致和就是义。在此，敬义之修把内外、中和、动静有机统一，只有如此，持敬工夫才做得深，敬才能成为心之主宰。

但有两种可能会阻碍持敬工夫实现：一是心不细就无法做到敬以直内。如果能够坚持时时练习便是能够敬，否则一有间断，便是非敬。"如果能够时习便是敬，不时习便有间断，非敬也。"④ 二是死敬则无法实现中和。"圣贤以心为根本工夫，心一不敬则昏杂，何以致知？放慢，何以力行？故敬贯乎知行之中。若谓一敬便了，更不用致知力行，则又是死敬，近于异氏之寂守矣。"⑤ 所以持敬对这二者要有区分。

居敬与穷理不可偏废。"居敬而不穷理，则敬为死敬，此心板滞不灵，如拘谨一流不济得事。穷理而不居敬，则此心泛滥纷营，所穷之理亦

---

① （清）贺瑞麟：《清麓文集》卷六《与杨仁甫书》，《贺瑞麟集》，第181页。
② （清）贺瑞麟：《清麓遗语》卷一《清麓答记》，《贺瑞麟集》，第907页。
③ （清）贺瑞麟：《清麓日记》卷一，《贺瑞麟集》，第1009页。
④ （清）贺瑞麟：《清麓日记》卷三，《贺瑞麟集》，第1033页。
⑤ 同上书，第1042页。

无归著处。"① 居敬是涵养的根本之法，在敬中需穷得万物之理，方能守敬；穷尽万物之理仍需居敬，理无居敬之心的守护，便是无着落处。但居敬不是拘泥不化，在性之未发之前，居敬是能守中；在性之已发之后，能敬就是已发之和。

总之，敬贯穿于动静之中。其一，在动静关系中，静是性的原初状态，是根本，性发于情，便由静而动，人不可因情之动而随波逐流，忘记人之初的静。始终守静，没有动中的体验、检验，便没有做工夫可言。其二，对于静而言，要与佛教的死静区分，人不役于物并不是与物隔绝，死静难以达到对事物的真认知，难以达到圣人的真性情。其三，能够在动静中游刃有余，根本在敬，"敬贯动静"不可因动而忘静，也不可恶动而贪图求敬。敬在"慎言、慎行"中实现。

2. 存养省察

贺瑞麟认为，做工夫就是在做心的工夫，它不外存养与省察两个方面，二者不可偏废。存养属静，省察属动，但还需明白，静时也要有省察的工夫，动时也当有存养之心，也可以说，每时每刻都要有存养和省察的工夫在其中。

戒惧慎独即是存养。"学者工夫要绵密，戒慎恐惧之心不可顷刻不存。"② 贺瑞麟认为慎独的核心是慎言、慎思，其中"慎言是涵养性情之最要"③。他对慎思之慎的理解是，一不过思，二不远思。"勿远思不可泛而不切，勿过思不可穿凿太深。"④ 过思可能导致牵强穿凿，过度解读，背离事物的本义；远思可能导致对主体事物认识不清，而流于宽泛的表面认知，胡子眉毛一把抓，无法深刻认识事物的本质。与此相应，贺瑞麟对"近思"提出了进一步的认识。"明道云'学要鞭辟近里'，故'切问而近思，则仁在其中'，是以思之不远乎己为近。伊川云：'近思以类而推'，是以思之有序为近。不远之意固得本旨，若专务收敛将有遗弃事物之弊；类推之意能充拓得开，若不思反约，亦恐有从事高远之失。二说相

---

① （清）贺瑞麟：《清麓遗语》卷一《清麓语录》，《贺瑞麟集》，第902页。
② （清）贺瑞麟：《清麓遗语》卷四《经说三》，《贺瑞麟集》，第964页。
③ （清）贺瑞麟：《清麓日记》卷一，《贺瑞麟集》，第1010页。
④ （清）贺瑞麟：《清麓遗语》卷三《经说二》，《贺瑞麟集》，第955页。

待如体用本末，不可偏废，故必并用为得。"① 当然这里也需把握度的问题，思之不远为近为佳，思之过近也会有考虑不周之弊。所以，"近思以类推"，以类推开，逻辑有序，且能反约本旨，最终达到慎思的可能。这里从正反两方面分析，反面讲强调了慎的必要性，正面讲又强调了慎的可行性。

存养省察与持敬二者紧密联系。"未发涵养，已发省察，一皆以敬为主，而不可有一时之间。"② 敬是心之主宰，时时刻刻能持敬守心不放，就是存心；事事物物求合本然之理，便是养性。存心即是养性，不可有一时的间断。贺瑞麟将涵养要法归结为四句："存之于隐微幽独之间，谨之于衣冠言动之域，审之于念虑应接之际，持之于齐庄静一之中。"③ 即在存、谨、审、持之中把握涵养修身之真工夫。一方面，内外交养，动静无为，持敬中，心愈虚，骄矜之气自然泯灭；另一方面，存心养性，克己向善，志之所向日益明朗。再者，为人应事接物不欺诈、不傲慢、不愧心，诚心尽义，则万物之理皆备于心，慎言、慎思、慎行，终无所违。

三 身伦交修，出处合道

（一）身伦交修

"学以为行也"④，学问要付诸践履。在人伦社会关系中，至内要敬身，即明明德；及外则要明伦，即孝弟忠恕。贺瑞麟认为，兼顾这二者，身伦交养就可统一起来。朱熹在《小学·内篇》的题辞中提到孔子曰："君子无不敬也，敬身为大。身也者，亲之枝也，敢不敬与？不能敬其身，是伤其亲；是伤其本；伤其本，枝从而亡。"⑤ 贺瑞麟一生，在为学、读书、修身等各个方面无不推崇朱熹的《小学》，时刻要求为学、读书要从《小学》开始。其中，修身，作为孝悌的开端，首先在于养身。对父母来说，自己的身体是枝叶，父母的身体是根本，伤枝就会伤本。敬身就是爱亲，身体发肤受之父母，爱父母首要从爱自身做起。

---

① （清）贺瑞麟：《清麓遗语》卷三《经说二》，《贺瑞麟集》，第938页。
② （清）贺瑞麟：《清麓日记》卷三，《贺瑞麟集》，第1043页。
③ （清）贺瑞麟：《清麓文集》卷十四《共学私说》，《贺瑞麟集》，第463—464页。
④ 同上书，第464页。
⑤ （宋）朱熹：《小学·内篇》，《朱子全书》第13册，第395页。

修身是构建良好人伦关系的基础。"《大学》条目皆本修身。格致不本于修身，便是记诵词章；诚正不本于修身，便是虚无寂灭；齐治平不本于修身，便是权谋术数功利杂霸。"① 了解《大学》的通篇，就能知晓一切都本于修身，格物、致知、正心、诚意、修身、齐家、治国、平天下，从格物到诚意是从内做修身的工夫，而明明德就是敬身之极；治国平天下则是对修身的检验和提升，新民就是明伦之尽。事实上，诚意、正心、修身、齐家、治国、平天下囊括了敬身和明伦的全部。

修身又是连接教家和教国的中间纽带。"要知教家乃教国之本，而修身又是教家之本。"② 所谓教家，不外乎孝悌慈，核心在于仁与让。仁者爱人，和蔼有恩、以爱相处便是仁；井然有序以礼相处便是让。人伦之基莫不在于孝悌，从仁与让中推至人伦社会的忠恕。明德即是忠，新民便是恕。夫妇之别、父子之亲、长幼之序、朋友之交、君臣之义，从个体到家庭再到社会，如果"喜怒哀乐必求中节，视听言动必求合礼，子臣弟友必求尽分"③。无私意生于其中，则每一个环节都可以和谐相处。

另外，"礼"在贺瑞麟身伦交修的论述中有重要地位。时代的现实问题赋予了他对礼的重视与反思。人心浮动、私欲横行、风俗败坏、教化缺失，这些都是他所处时代环境的客观现状，为了抑制时弊的蔓延，他认为还是要从正人心、化风俗、兴教化做起。而身伦交修是实践的第一步，否则德不可以修，己不可以克，道则难以实现。因此，他提出立心制行，以礼兴教来扭转社会风化，这是势在必行的。

（二）出处合道

贺瑞麟并非仅停留于阐发儒家经典义理，他同样对经世之世务有着深刻的关注。这也是致知、力行在他治学与处世中的体现。

在社会伦常中，人们所处的社会角色不同，所要践行的出处之道也就略有差异。"为辅弼之臣，必以格君非，恤民隐、举真才、求直言为之主。为疆圻之臣，必以宣德意，正人心，整吏治，变仕风为之主。为守令之臣，必以除盗贼，薄税敛，厉风俗为之主。"④ 不愚君不欺民，为所当

---

① （清）贺瑞麟：《清麓遗语》卷四《经说三》，《贺瑞麟集》，第962页。
② 同上。
③ （清）贺瑞麟：《清麓文集》卷十四《共学私说》，《贺瑞麟集》，第465页。
④ 同上。

为之为，不杂有世俗的富贵利达之念，不为私欲所迷乱，这是当时社会尤为缺乏的。贺瑞麟在忧患中憧憬着实现有序的社会秩序。

他认为，士人在摆正社会角色的同时，也要能够认清场合不同，作为也不同。在一家之中，应当正伦理、笃恩义、知孝悌，崇尚勤俭之风，练就琴棋书画。在一乡之中，能够担当起像《吕氏乡约》所讲的，德业相劝、过失相规、礼俗相交、患难相恤等职责。在教化兴学之中，能够教之以洒扫、应对、进退之节、礼乐射御书数之文，以端正社会蒙养之教；能教之以穷理、正心、修身、治人之道，使其修德处道。世道的衰微没有使贺瑞麟消极避世，而是激发了他"为天地立心，为生民立命，为往圣继绝学，为万世开太平"的精神，由此不难看出，他的成己成物、有体有用的经世之精神。

第二节　贺瑞麟对其他学术的批判

贺瑞麟坚持认为孔孟之学的嫡传是程朱理学，为了维护学术发展的正脉，更好地传承正学，他不遗余力地力辟程朱之外的其他学术，以此来正本清源。本节将从以下四个方面展开论述：一揭示贺瑞麟所指的圣学内涵以及圣学的渊源；二是阐述贺瑞麟对陆王心学的批判；三是阐述贺瑞麟对俗学（科举）的批判；四是阐述贺瑞麟对汉学、佛道等学术的批判。

一　圣学内涵及渊源

圣学，就是圣贤之学。圣贤之学的实质就是复初人的本性、天性。"《小学》题辞之'人性之纲，乃复其初'；《大学》序之：'知其性之所有而全之'……皆是一个道理。推之《易》《礼》《春秋》无不皆然。"[1]贺瑞麟在肯定了"人之初，性本善"的前提之下，强调圣人之学问就是为了复归人之本性，使人向善、成善。他认为天下所有的道理，根本上就是一个"性"字贯穿始终，只有对"性"有了全面的认识和把握，才能真正理解圣贤学问的要义。

贺瑞麟把"复性"作为圣学标靶，主要是基于以下三方面的考虑：

---

[1] （清）贺瑞麟：《清麓日记》卷一，《贺瑞麟集》，第1001页。

一是学术的根本就在于明善求道。"千古学术只是明善复初"①，圣人追求学问终极的目标就是克己、为己从而达到复初本原的善性。二是从"复性"的反面看，正是因为"性"在现实中有所偏、有所失才需要矫枉过正，复性就是要正人心。贺瑞麟处在晚清社会的动荡期，他历经道光、咸丰、同治、光绪四朝统治的更迭，有感于当时社会民生萧条、风俗败坏、礼仪丧失、人心不古等现状，而这与他理想中的三代社会相差甚远。他认为："学术之坏渐浸淫于人心，士习民风焉得不恶？此其兆乱，盖亦理势之必然，然便谓汉学家为之，亦恐非其事实。自道光末以至今日，祸端非一。究其源，多起于官吏不能思患预防，且激之成变，岂尽为汉学者。抑以孔孟、程朱之学不明于世，人心之坏至今已极，汉学亦因此而盛。归其咎，不得谓不得罪于学术，而必谓粤寇由此而致，则彼且有辞矣。"② 三是复性之说能够在尊崇和坚守儒学正统的同时，排斥正统之外的旁门左道，如空谈心性的王学末流、追求名利的科举俗学等。

  尧传舜，舜传禹，禹传汤，汤传文、武、周公，文、武、周公传之孔子，孔子传之孟子。孟子时杨、墨交作，圣人之道不明，孟子惧焉，息邪距诐，大声疾呼，辞而辟之。向使世无孟子，几何而不为禽兽也？自是以后，火于秦，黄老于汉，佛于魏、晋、隋、唐，则所谓弥近理而大乱真者又甚。周、张、二程子出，而异说顿息，厥功伟矣。然高者流虚无，下者溺卑陋，顿悟功利之习浸淫于人心者，犹未有以摧陷而廓清之也。子朱子挺生南服，卓然以先知先觉之资为孔、孟、周、程之嫡嗣，阐圣学之门庭，立后儒之目标。道统之传，真不啻拨云雾而见青天，虽百世守之可也。乃明中叶，阳明王氏复创为良知之说，簧鼓天下，阳儒而阴释。一时学者靡然从风，荡弃礼法，蔑视伦常，诐淫邪遁，变幻百出，学术坏而国运随之，其为害道可胜言哉。天运循环，无往不复，国朝理学昌明，大儒继起，有稼书陆先生者传朱子之道，以传尧、舜、禹、汤、文、武、孔、孟、周、程之道者也。……窃尝谓学者欲求尧、舜、孔、孟以来相传之道，必自朱子

---

① （清）贺瑞麟：《清麓日记》卷三，《贺瑞麟集》，第1038页。
② 同上书，第1040页。

始。欲求朱子之道，必自先生始。①

贺瑞麟反复强调圣学道统，他认为学术道统在三代以上有孔孟相传，三代以下又有周、张、二程、朱子相承。而薛瑄、胡居仁、吕柟等又是传承自程朱，至清代，张履祥、陆陇其，关中有王建常等都是孔孟嫡传。回顾历史，贺瑞麟认为道学不明的时期，恰恰是异学、杂学盛行之时，孟子时代的杨、墨之学；汉唐的佛、道之学；明代的阳明之学，这些学术又往往是导致学不正、道不明的原因所在。因此要昌明正学，必须扫清路障，廓清正学之脉。

他在澄清道学渊源之后，开始肃清学术是非。他坚持学术要正门户、辨是非。虽然世间有儒士认为为学不必有门户之说，但在当世，他认为严守门户之辨很有必要。

> 吾人为学以辨别是非为第一义。麟亦尝怪前辈立身行己，卓有可观，其学亦自谓守程、朱之正脉，而往往于陆、王之徒犹为恕词，不能峻拒力辟，树吾道之干城。是或虚怀谦衷，务为反经以自胜，而真是真非又岂容一毫之假借。在我虽有不足，天下公理非可以私意而加损之也。②

其一，孔孟之学已确立了门户正统，学者只需沿此门户钻研学术便不会走错。若是认为此门户可有可无，以一己私意对正学随意增删，或混谈老、佛、儒、墨等思想，则会出现学术杂乱的现象，如此治术和道术也将出现混乱，这样社会就容易产生人心浮动、蔑视伦常、奇谈怪论等种种怪现象。学术之正无从谈起，天下公理也无从彰显。其二，维护学术的正统地位需要有学术斗士的传承和坚守。"孟子一生闲邪距诐，人称好辩，亦是为门户起见。缘当时杨子'为我'是一门户，墨氏'兼爱'是一门户，子莫是一门户，告子是一门户。若非孟子极力争辩，先圣真正门户何由得

---

① （清）贺瑞麟：《清麓文集》卷二《重〈三鱼堂文集〉序》，《贺瑞麟集》，第58页。
② （清）贺瑞麟：《清麓文集》卷六《答林宗洛书》，《贺瑞麟集》，第184页。

明。"① "程朱一派逼真孔孟家法，程朱门户便是孔孟底门户。稼书云：学者但患其不明，不患其不行，但当求入其堂奥，不当另自辟门户。"② 如果没有孟子的好辩，儒学正脉则难以得到传承；如果没有程朱对孔孟的继承与发展，后世对儒学的真面貌则知之甚少，也就不可能获得儒学的真知识，甚至会导致儒学流于偏颇。

贺瑞麟意识到了辨门户和不辨门户产生的后果。如果不辨门户，学术难免会陷入包罗和会之嫌，既是此又是彼，导致学术观点莫衷一是。从学术的真理性来看，学术不容一毫的私意假借，这是学术所最忌讳的。

> 虽然学莫先于辨别路途，程、朱、陆、王先儒论之详矣，其不可混而一之也，亦明矣。若谓先儒论之已详，今只当以程、朱为法不必重述斥驳陆、王之言，以陷于有意轻议古人之失则可。若谓程、朱、陆、王同一孔、孟之徒，程、朱可师，陆、王亦可师，此亦恐失之包罗和会，将来陆、王之意多而程、朱之意少，匪惟不见程、朱真渊源，亦自未识陆、王的宗派矣。学术一毫假借不得，毫厘之差千里之谬，苟不辨明则工夫入手一差，终身莫救。③

如果辨别门户，"为学存门户之见，固易起攻击之风。然门户正，不可不分，不但程朱、陆王显然各有门户，不可相混，即近世汉学、宋学亦自分门别派。后人乃欲以不存门户为宽大，是适见其所守不正，而为调停之说也"④。这样可能会引起学术的相互攻击之风，不利于学术的正常发展。在这种两难的选择中，贺瑞麟选择了后者，因为他清楚，他的辨别门户主要目的是为了纠正当世学术之偏，维护学术的正脉，而不是为了攻击其他任何学术以求标新立异或破坏正常的学术生态。他的这种略显固执的作风，尽管与许多关中的理学家能够兼收包容的学术立场有鲜明的差异，但在盲目地给他贴上顽固、保守的标签之前，不妨考虑一下他对传统儒学正统矢志不渝的那种坚守，值得我们每位做学术研究的学人深刻反思。

---

① （清）贺瑞麟：《清麓遗语》卷四《经说三》，《贺瑞麟集》，第967页。
② 同上。
③ （清）贺瑞麟：《清麓文集》卷八《答原坦斋太守书》，《贺瑞麟集》，第251—252页。
④ （清）贺瑞麟：《清麓日记》卷四，《贺瑞麟集》，第1051页。

二 贺瑞麟对陆王心学的批判

贺瑞麟对王阳明心学的批判多数情况下是对心学产生的社会影响的批判，他真正触及心学实质的批判体现在他对王阳明《朱子晚年定论》的批判。

> 阳明信古本《大学》，认为"致知"为"致良知"。因辑《朱子晚年定论》以见其与己说合，而谓朱子亦尝有自诳诳人之语，盖破朱子格致之意。……大抵阳明但欲迁就己意，于朱子一生学问甘苦未尝深究，又信古本《大学》所谓紧要处已不同耳，则其诬朱子也。①

古本《大学》中对三纲领八条目有逐条分析，朱熹发现没有对"格物致知"的分析，他认为是由于漏简所造成的，所以他在《大学章句》中补充了"格物致知"传。对此，王阳明并不认同。王阳明认为："《大学》古本乃孔门相传旧本耳。朱子疑其有所脱误，而改正补缉之。在某则谓其本无脱误，悉从其旧而已矣。"② 王阳明忠信古本《大学》，他认定《大学》中的"致知"正是他思想中"致良知"概念的源头。贺瑞麟认为这是在偷换概念。贺瑞麟指出："良知不待致，既曰致知，则正谓其良未可恃。姚江牵和《大学》《孟子》，自以为得，而不自知其不通也。此处既错认致知，便不信格物，且将格物亦认错了。"③ 王阳明的"良知"有待"致知"才能实现，不是一种无待的自在存在，所以他对"格物致知"也就出现了错判。同时，贺瑞麟认为作为学术史上的公案，不能不为朱熹正名，朱熹在四十多岁完成《大学章句》，而王阳明拿朱熹的中年之作品认作其"晚年定论"似乎过于牵强。因为此后朱熹毕生都在不断地推敲，六十岁又完成了《大学或问》。

> 方今道无统一，学术淆杂，功利词章之习盈天下，江河滔滔，几

---

① （清）贺瑞麟：《清麓文集》卷八《答余葵阶太守书》，《贺瑞麟集》，第254页。
② （明）王守仁：《传习录》卷二《答罗整庵少宰》，《王阳明全集》，上海古籍出版社2011年版，第85页。
③ （清）贺瑞麟：《清麓答问》卷二，《贺瑞麟集》，第812页。

不可反。无论已稍知学者，其高仍惑于阳儒阴释之说，信心自用、大言狂狷，而卒于不学。其次则矜奇炫博、考据为能，往往穿凿附会，即至无理不通而亦不之恤。学术之误，始中于心术而终为治术之害。①

从这里可以看到，贺瑞麟对阳明心学的批判主要是就其产生的社会影响而论。他认为阳明心学阳儒阴释、以假乱真，言辞狂狷，只讲心性，不能从为学根本做起。而且这样的学术流行于世，蔑视名教，荡弃礼法，破坏了社会伦常道德，动摇了维护稳定社会秩序的根本依据，必然给社会带来各种危害。事实上，贺瑞麟批判的很大部分是阳明末学，依据王阳明的传世文献可以看到，王阳明本人对待古代的教化、礼法还是很尊重的，他已经察觉当世的教化多已流于记诵词章，不复是礼义廉耻，对此，王阳明也很堪忧。

古之教者，教以人伦。后世记诵词章之习起，而先王之教亡。今教童子，惟当以孝、忠、信、礼、义、廉、耻为专务。其栽培涵养之方，则宜诱之歌诗以发其志意，导之习礼以肃其威仪，讽之读书以开其知觉。今人往往以歌诗习礼为不切时务，此皆末俗庸鄙之见，乌足以知古人立教之意哉！②

贺瑞麟尤其反对持调和程朱、陆王的论调。他认为正道无两立，程朱、陆王之学是不可调和的。"近世论学，例以不分门户为说，揽金银铜铁为一器，是程朱亦是陆王，而实阴主陆王，且或并不知陆王也。世道人心之尤，何时而已乎？"③ 他看到了现实社会中往往有学者将二者调和，这令他很是担忧。他对清初关中大儒李二曲就持批判态度。

西郡近闻颇有好学之士，然多不能脱此气习，终身便只在二曲脚

---

① （清）贺瑞麟：《清麓文集》卷十一《答王敬安书》，《贺瑞麟集》，第368—369页。引文标点有变动。
② （明）王守仁：《传习录》卷二《训蒙大意示教读刘伯颂等》，《王阳明全集》，第99页。
③ （清）贺瑞麟：《清麓文集》卷二《书〈晋儒备考〉后》，《贺瑞麟集》，第57页。

下盘旋，更不数程朱，即以乡里之学亦更不数横渠。李榕村谓："以二曲之人而学术不免有差，则以当时关学派断故也。"麟最服膺其言，然则学之有派，固断断不可错认也。①

由于李二曲主心学，又对程朱、陆王多有会通之处，所以贺瑞麟认为他是阳儒阴释，论学术之纯不免在与他同期的关学大儒王建常之下。而且贺瑞麟认为，正是受李二曲等人的心学影响导致关中儒生不懂程朱之学，甚至不懂横渠之学，使关学出现断层。这一点也恰恰说明，在明清时代，关学出现多元化和融会程朱、陆王的特点，而贺瑞麟却是其中一个特例。需要说明的是，在学术之外，贺瑞麟对李二曲本人还是十分钦佩的，尤其是李二曲被称为关中大孝子，他认为值得敬重。

事实上，清代关学大儒中虽然有宗程朱理学，有宗陆王心学，但更多情况下，对程朱、陆王之学会通的儒士也是不可忽视的力量。他们持有自己的学术立场，同时也借鉴其他学术的内容，他们对当时社会产生的影响力甚至超过了独守某一种学术所能产生的影响。曾在关中书院讲学的黄彭年②对贺瑞麟批判陆王的观点就持否定态度。黄彭年曾给贺瑞麟写信表达他的观点。

> 阁下辟陆王、斥管晏以明圣道，所以持之者甚严。彭年则有所不能。不独陆之辨义理，王之斥佛不能不服，习其训，即管子之功亦尝反复考证，而求其所以至此。而见许于圣人未敢概以功利两字薄之。窃以为圣道至大，即管晏未尝不在道中，而陆王更不待言。③

由此可看出，黄彭年对道统的理解与贺瑞麟不同，他认为贺瑞麟的道统观念还是有些狭窄，不但管仲、晏婴的思想在道统之内，陆王思想亦在

---

① （清）贺瑞麟：《清麓文集》卷六《答杨仁甫书》，《贺瑞麟集》，第183页。
② 注：黄彭年（1824—1890）字子寿，号陶楼。举道光二十五年（1845）会试，逾两年，改庶吉士，授编修。官至湖北布政使。曾讲学关中书院、莲池书院。他著有《陶楼文钞》。可参见王钟翰点校本《清史列传·循吏传·黄辅辰》卷七十六，第6287页。
③ （清）黄彭年：《陶楼文钞》，《近代中国史料丛刊》第36辑，文海出版社1973年版，第945页。

道统之内。程朱与陆王之辨、汉学与宋学之辨其实都是道统范围内的争辩。黄彭年看到真正为学之士日趋减少,他希望不必在道统之内再树立门户。做学问要有鲜明的态度和立场,但这不应当成为学术之间的隔阂,学术一旦失去参照和比较的对象,持久的发展就会成为问题。真理越辩越明,学术也是愈辩愈清晰。这也带给后学者以启迪。

三 贺瑞麟对汉学的批判

贺瑞麟对汉学的批判也很明显。"乾隆、嘉庆间,汉学之风复炽,皆立攻程朱,此又圣学一厄。"① 他把乾嘉汉学看作圣学的又一次厄运。他认为乾嘉时期汉学家为矫正士人不重视读书所产生的弊端,于是转向认真专研名物、训诂等内容。而且汉学家认为程朱理学只是空疏义理之学。

> 然当时一二钜公惩明季"心学"之弊,崇尚经术相习之久,至乾嘉间益以训诂考据为能,名曰"汉学"。甚至掊击程朱言理为非,妒惑诋诬,颠倒是非,生心害政,风俗波靡,而祸卒中于国家。②

贺瑞麟认为他们以程朱之理为非,实在是颠倒是非。但此时的朝廷又特别提倡汉学,"国朝尊尚汉学,远过前代,此亦惩阳明不重读书之弊。然欲以此议程朱义理则大不可。汉学虽于训诂详尽,而义理殊多未通。近世讲汉学者即以训诂当义理,此其所以蔽也"③。贺瑞麟对此也很有看法。他认为统治者以汉学之实矫正心学之虚,确有过犹不及之嫌。并且,汉学家以训诂等同于义理并不恰当。在汉学发展如火如荼的关头,学者方东树举起维护理学的旗帜,凭借他的《汉学商兑》与当时的汉学家对话,贺瑞麟对此大为称赞。他认为方东树堪称是儒学正统的捍卫者。

> 汉儒专讲训诂,更不十分照管义理,所说实事求是,亦自不错,然无朱子即物穷理工夫,又何以得其是耶?程朱亦是依训诂说经,然

---

① (清)贺瑞麟:《清麓文集》卷十一《复杨石功学博书》,《贺瑞麟集》,第373页。
② (清)贺瑞麟:《清麓文集》卷一《薛仁斋先生年谱序》,《贺瑞麟集》,第37页。
③ (清)贺瑞麟:《清麓日记》卷二,《贺瑞麟集》,第1027页。

必以义理通之，所以极为的当。至本朝考据家宗实事求是之说，何尝有差？但只讨论得许多粗迹、名物、器数，更不向义理上讲究，所以不免支离破碎，此汉学、宋学之所以异。①

从汉学的实质内容看，贺瑞麟肯定了汉学的实事求是有其一定价值，但认为汉学只做了一半工夫，汉学在实物训诂考证的基础上没有继续探究义理所在，因此很难讲是否达到对"是"的真正认识。"盖'实事求是'或未免各是其是，而于事物当然之理容有差者，若'即物穷理'则实是自在其中，亦即所以为行地也。"② 与朱熹的即物穷理相比，贺瑞麟认为实事求是充其量只能证明事物的当然之理，而即物穷理不仅能知晓事物的当然之理，而且能达到对事物所以然之理的通晓。只求事物的当然之理，很难联系起世间的万事万物，这样将使学术研究陷入各是其所是的支离破碎状态。

此外，贺瑞麟认为汉学家没有对程朱之"理"有正确的认识。"考据家不喜宋儒言理，谓理字从玉，只是玉之纹理，《六经》无言理者。不知《易》之穷理尽性至命，《孟子》理义之悦我心，理字又只作玉之纹理解乎？私意锢蔽眼前，常读之书亦竟不知，可叹也。"③ 汉学家只是从训诂角度认识理的本义及来源，并没有揭示宋儒对理的引申之义的认识，这也是汉学家陷入是其所是的思维模式所导致的。

从圣学渊源的角度看，贺瑞麟反对将汉学纳入道统。他指出："道学之辨则以周、程、张、朱诸大儒为宗，断断乎无疑矣。然谓汉唐诸儒所守所为非尽无功。尊程朱而不知汉唐诸儒，犹颂文周之盛笑公刘而侮季历，此言殆不然也。……程朱于圣人则真具体，而汉唐诸儒拟于游夏，得圣人之一体者鲜矣。"④ 在贺瑞麟看来，汉唐诸儒和周、程、张、朱诸儒所学并非一脉相承，程朱之学能得圣学的实质且体现于具体，汉唐诸儒能真正领会孔孟之学的却很少。程朱之学上承尧舜、孔孟之道，下启许（许衡）、薛（薛瑄）、胡（胡居仁）、陆（陆陇其）等人，汉唐诸儒不能纳

---

① （清）贺瑞麟：《清麓遗语》卷二《经说一》，《贺瑞麟集》，第911页。
② （清）贺瑞麟：《清麓遗语》卷一《敬义堂记闻》，《贺瑞麟集》，第897页。
③ （清）贺瑞麟：《清麓文集》卷十二《〈击剑篇〉赠刘东初》，《贺瑞麟集》，第429页。
④ （清）贺瑞麟：《清麓文集》卷七《答马伯源书》，《贺瑞麟集》，第242页。

入道统学脉之中。

四 贺瑞麟对科举的批判

科举也被称为俗学。贺瑞麟批判科举，这与他早年经历有关。他早年屡试不第，28岁时选择放弃科举，随后潜心研读程朱之学。当看到科举呈现的种种弊病时，他愈发坚定他的选择。他不主张在书院开设与科举相关的课程，并且告诫他的弟子要远离科举。

> 向者例以课取时文为事，而无复先王学校之实，陋习颓风尽以驱诱，破坏士子之聪明材质亦将何所造就？国家又安得收人才之效？麟尝惧焉！……足为千古原则，亦何尝谆谆时文为哉？且麟不为举业，非薄之也。诚以古人为己之学有不在此者。务记览、为词章、钓声名、取利禄，朱子盖尝非之。以故十余年来不以此教人。①

贺瑞麟认为当朝科举弊病的症结在于不复三代学校之根本。《孟子·滕文公上》曰："设为庠序学校以教之。庠者养也，校者教也，序者射也。夏曰校，殷曰序，周曰庠，学则三代共之。皆所以明人伦也。"② 贺瑞麟认为现实中的科举已经不能使士人沉潜学问，更谈不上明人伦和知孝悌。科举的弊端在于使大批的士人追逐记诵、辞藻、时文之表的同时，被名声、利禄所俘获，从而失去了对为己之学的回归。

贺瑞麟与王炽侯关于科举的讨论中指出："夫学，所以修己治人、明理制事、穷达一致，何谓匏瓜不食哉？学者，其道可以仕而非学仕也；教者，教其学非教其仕也。……中正之学，仕可也，不仕亦可也。八比者，今之从仕之阶，而非所以士之道也。不实求学与教之中且正，而直以八比当之，不可也。"③ 科举产生的后果就是为学者不以求道为本，而只求专注如何学仕；作为老师，只教学生如何求入仕而不能教其明经修身之本，如此便是本末倒置。贺瑞麟认为真正的为学应该能够身体力行，躬行践

---

① （清）贺瑞麟：《清麓文集》卷六《上余葵阶先生书》，《贺瑞麟集》，第209页。
② 《孟子·滕文公上》。
③ （清）贺瑞麟：《清麓文集》卷六《答王炽侯孝廉书》，《贺瑞麟集》，第178页。

履，这要从视、听、言、动做起。科举在此方面很不足。

> 视听言动皆行也，喜怒哀乐皆用也，吾所以讲学修身者，岂但为上书地乎？亦大不然矣。夫不循分相时而止，曰不畏死不畏祸，究其所就犹是粗底豪杰。自古圣贤皆从小心处做来，义所当为不敢避也，虽汤镬在前视如无物而已；义不当为不敢冀也，虽千驷万钟有去二不顾耳。不临难而苟免，岂轻身以犯患。①

贺瑞麟认为视、听、言、动皆在行中，但是行要合义而为，盲目行事、意气用事、好异求胜都是罔行，是气质私意在作怪，做事要平心静气、谨慎而行，合义而为。由此可见，他认为科举之学当由本及末，鼓励士子求为己之学，而非丢弃志向，只追求为人之学。为纠偏时弊，他提出："有补于天地曰功，有关于圣教曰名，有礼义曰福，有廉耻曰贵，无违为道，无欲为德，无鄙陋为文，无暗昧为章。"学出有名，对圣人的教诲要有深刻领悟，对真正的福、贵、道、德等要有自己切身的体认和践行。科举培养出的士人不应当是胸无大志的小儒，而应当是内外兼修的大儒。

贺瑞麟在批判科举丧失学校本质内涵的同时，他也不赞同科举所采取的八比帖括②的取士形式。他认为这种形式，使儒生不顾经典义理的考究，一味专注在记诵辞章的形式上，流于浮华表面，不能对问题有深入的认知。另外，他还反对时文等内容，他列举了宋代以来先贤对待科举的态度，朱熹劝吕东莱绝科举之学、胡居仁在白鹿洞讲学不谈科举、薛瑄不以科举教人等事实。这些从侧面也充分说明科举在宋代以来呈现的弊病越来越明显，到晚清时期已是纰漏百出、积习难除。但贺瑞麟并没有意识到，科举也即将走出历史的舞台，那就是科举仅以传统儒学为内容，已经不能

---

① （清）贺瑞麟：《清麓文集》卷六《答王弱夫书》，《贺瑞麟集》，第190页。
② 注：八比帖括：八比就是指八股文，明清考试所采用的一种特殊文体。行文固定格式为：破题、承题、起讲、入手、起股、中股、后股、束股共八部分组成。题目一律摘出自"四书""五经"。帖括，指唐代流传下来的制度，当时明经科以帖经考试儒士，即把经文粘贴出若干个字，要求应试者对答，因考生认为难记，便概括归纳编成类似考试大纲的内容，以备记诵应试。

适应晚清时局变化的需要，洋务派、维新派呼声不断，他们在呼吁科举制的改革，程朱理学作为唯一主导内容已经成为他们质疑的对象，他们认为应加入经济实用之学，如外交、理财、武器、格物、考工等学。贺瑞麟与洋务派、维新派同样看到了科举呈现的弊病，但仍有较大差异，毕竟贺瑞麟尊奉程朱理学，他不会愿意程朱理学失去作为官方意识形态的地位。

贺瑞麟批判陆王心学、乾嘉汉学以及科举俗学，可以说这些都是在传统儒学范围之内的批判。由于当时社会上还有其他异学势力对社会风俗、人心向背影响很大，这就有佛道思想，这也成为贺瑞麟批判的对象。他认为佛老之说是伪教，背弃仁义，惑世愚民。"然所谓正学者，亦不外《四书》《六经》之旨，孔、孟、程、朱之言。若外此而讲学，夹杂二氏之说，则惑世诬民充塞仁义，更有甚于杨墨。"①

> 邪说害正今为尤甚，虽贤者不免。或曰：释氏地狱之说，皆是为下根之人设此怖，令为善。明道先生曰："至诚贯天地人尚有不化，岂有立伪教而人可化乎？"今之刻《感应篇》《敬信录》皆此类，尊兄但当拒之以不信，切不可为彼动也。此种意见须与扫除净尽，若尚留一二分在胸中作梗，少间便会诱引，却不知不觉令人眼邪口歪去，甚可怕也。②

贺瑞麟抓住了佛教理论中迷惑民众的一个主要内容，即地狱说。凭此学说佛氏恐吓民众为善去恶，贺瑞麟认为这种貌似使民向善的理论实际上站不住脚。其一教化百姓的前提是开化民智，而不是愚昧民智；其二以正学教化众人，尚有愚顽不化之人，如果再以愚昧恐吓教唆众人，则民智开化更待何时！紧接着，贺瑞麟还批判了释氏的灵魂说。"虚灵不昧，只是理与气合，惟圣人能全之，故虽死而此理自在天壤。若众人气拘物蔽，早失了虚灵不昧之全体。生时枉生，死亦是枉死。近世邪教只养个虚灵之心，谓之灵魂，却说有天堂死后须归去，都是诳人语也。"③ 释氏认定人

---

① （清）贺瑞麟：《清麓文集》卷十一《答张清寰书》，《贺瑞麟集》，第378页。
② （清）贺瑞麟：《清麓文集》卷六《与寇允臣书》，《贺瑞麟集》，第188页。
③ （清）贺瑞麟：《清麓文集》卷八《答人问虚灵不昧死后归于何处》，《贺瑞麟集》，第268页。

死之后有个不死的灵魂，贺瑞麟认为这是诳人之言，这种理论有悖于正学而行于当世，如此所产生影响必然可怕。所以在当世，他主张禁断佛寺，防止其祸乱民心。

第三节　贺瑞麟理学思想的主要特征

本节旨在探究贺瑞麟理学思想的主要特征，从他对学术之弊的反思开始，得出学术、治术、道术统一的必要性。三者能够统一，关键在礼，礼是其教化中的核心，礼不仅承载贺瑞麟理学思想的主要内容，而且礼落实在实践中，又以经世致用①的方式体现，最终达到对其理学思想的检验与回归，在儒学道统的经学思维中，守卫晚清关学的发展。

一　心术、学术和治术相统一

正学术是贺瑞麟理学思想的关键点。道光年间，当时的理学家遇到了两大难题，即外敌之患和人心之患。面对社会上出现的利义颠倒、人心起伏，世间道术被破坏，贺瑞麟认为根本在于正学不能行于当世的缘故。因此，他讲："呜呼！道术之弊，学术害之也！学术坏而心术治术随之矣！自士骛俗学，天下颠冥于科举之途，务词章取利禄，虽异端虚无之教与夫阳儒阴释之说，其害道最深，而终不胜其利欲之沉溺滔滔，皆是沦肌浃髓。"② 学术不能倡行，则心术和治术随之被破坏，道术之弊也就自然呈现。因此，首要必正学术。正学术可以从正反两面做工夫。正面而言，

---

① 关于经世致用思想的阐释，参阅林乐昌《李二曲的经世观念与讲学实践》，《中国哲学史》2000年第1期。林乐昌指出：站在总结历史经验并进行现代阐释的立场上来看，"经世"的最一般含义，当指对世间亦即国家和社会一应实际事物的经略和治理。若对"经世"的内涵做更为完整的考察，似有必要将其区分为三个层面。一是制度或政治的层面，包括典章法制的沿革，政治准则的厘定，对国家、社会事务的掌管和治理；还包括对以上诸项的批评和重构等。……这一层面，直接关系着国家和社会的治乱。二是物质或经济的层面，亦即"开物成务"，诸如农工商贾、水利漕运、兵马钱粮等一应有关国计民生的实际事物都包括在内。这一层面，直接关系着国家的强弱和社会的盛衰。三是精神或文化的层面，其重心在于建构、完善和维护社会的精神文化价值系统，以范导和整合"世道人心"，它关系着社会各阶层道德水准的高低、精神气质的优劣、社会风气的好坏等。上述三个层面，体现了儒家重建儒家社会秩序的全面要求。

② （清）贺瑞麟：《清麓文集》卷二《薛仁斋先生文集序》，《贺瑞麟集》，第54页。

"人必知学而后人品端，学必知道而后学术正"①。只有明白为学之根本、道术之根本，才能对学术有真正的理解。学术的内涵即在于修为己之学，为己之学在于行明新至善之实。它的根源即在《大学》所讲："大学之道，在明明德、在亲民、在止于至善。"②反面而言，就是要辨明学术，去伪存真。一切杂学、异学、俗学对正学都构成威胁，关于这点，在贺瑞麟对正学之外的其他学术的批判中已经有一些阐述，此处不再赘述。杂学对学术的危害主要在于，"方今道无统一，学术淆杂，功利词章之习盈天下，江河滔滔，几不可反，无论已稍知学者，其高仍惑于阳儒阴释之说，信心自用，大言狂狷而卒于不学。其次则矜奇炫博，考据为能，往往穿凿附会，即至无理不通而亦不之恤学术之误。始中于心术而终为治术之害"③。对其他学术的批判，是贺瑞麟理学思想确立的重要方法，在破中求立，目的就是维护正学指导下的心术、学术和治术的相互统一。其他任何学术只能使这几者发生冲突，不利于社会的稳定发展。

学术的好坏关乎治术和心术的好坏。"学术治术一也。未有学术是而治术非者，亦未有学术非而治术是者。学术之纯驳即风俗之厚薄得失因之，三代建学与今无异，然卒不能无古今之异者。"④学术与治术相辅相成。学术纯正与否，是一方风俗厚薄得失的根本原因。学术正，治术也不会差；学术差，则治术也失去效力。"自性理之说不明，而人不求知性尽性，不求明理循理，学术坏而治术亦坏。近世以来，灭性昧理日出日多，士蔽于异端邪说，往往返诋性理为迂腐，是必使世拂其本然之性，失其自然之理而后已，尚能讲明而体行之哉！呜呼！此世道人心之大忧矣！"⑤心法、治法也是一以贯之。"克己复礼，天德在是，王道在是，心法治法一以贯之。圣门工夫虽多端，无非教人先存得此心。"⑥圣学工夫门类路径较多，但首先要知性明理，心存天理则心术正，心术正则非理勿听、非理勿动，对于世间一切异端邪说、蒙昧于天理的现象终能识破。最终实现

---

① （清）贺瑞麟：《清麓文集》卷五《王文村先生状跋》，《贺瑞麟集》，第170页。
② （宋）朱熹撰：《四书章句集注》之《大学章句》，中华书局1983年标点本，第3页。
③ （清）贺瑞麟：《清麓文集》卷十一《答王敬安书》，《贺瑞麟集》，第368—369页。
④ （清）贺瑞麟：《清麓文集》卷十六《策问·拟对朱子》，《贺瑞麟集》，第531页。
⑤ （清）贺瑞麟：《清麓文集》卷二《性理十三论序》，《贺瑞麟集》，第66页。
⑥ （清）贺瑞麟：《清麓遗语》卷四《经说三》，《贺瑞麟集》，第964页。

个体与社会的统一。

治术即学术。"三代以前上下无二道,治术即学术,故二帝三王之治皆本于精一执中之心。学术即治术,故孔子之学亦自能治国平天下。秦、汉以下歧而二之,言治者不本于学,言学者无关乎治,都不是底。"① 学治不二,三代之前;学在治中,三代之后,治本于学。三代之前,学术并没有从官制中独立出来,但是并不能说三代无学术,只是融合在治术之中;孔孟之学,往往是后世探求学术渊源的起始,且观历代儒者又无不积极投身于治国平天下的世务之中。因此学者可以不做官,但不可不通世务,世务就是学中分内之事。如果说我不想做官,便可终身不通世务,那么,读书又有何作用?读书但求能经世致用。

心术、学术和治术的统一,不但是逻辑演进的内在统一,还体现在三者中有一些共性概念的支配。一是仁的概念贯穿三者始终。仁者心之道,学术之道在有仁心,治术之至在有仁德。二是义的概念。"'义'之一字,学术治术皆有。"② 三是识量也是三者皆有。居敬之心也要有胆识,否则就会出现死敬,没有心之胆识容量,很难应对大事、难事、急事,做大事需要有识量。学术研究无识量,自是闭门造车,无法承上启下,只可能是于事无补。心术、学术和治术又皆有所弃,私意不可有,一有私意,则心失衡,学背道,社会便会出现混乱。

此外,在明学术、正人心的理学特点上,贺瑞麟与李二曲也是有些相似的,二人同是关中大儒,一为清初大儒宗陆王心学;一为晚清大儒宗程朱理学。但是他们都看到了由于社会上学术杂陈,俗学异端所产生的诸多社会弊端。于是就出现了在不同的时空中,他们却发出了同样的呼声。

> 夫天下之大根本,莫过于人心;天下之大肯綮,莫过于提醒天下之人心。然欲醒人心,惟在明学术,此在今日为匡时第一要务。
> 自教化陵夷,父兄之所督,师友之所导,当事之所鼓舞,子弟之所习尚,举不越乎词章名利,此外茫不知学校为何设,读书为何事。

---

① (清)贺瑞麟:《清麓遗语》卷二《经说一》,《贺瑞麟集》,第923页。
② (清)贺瑞麟:《清麓日记》卷五,《贺瑞麟集》,第1062页。

呜呼！学术之晦，至是而极矣；人心陷溺之深，至今日而不忍言矣。

洪水猛兽，其为害也，止于其身；学术不明，其为害也，根于其心。身害人犹易避，心害则醉生梦死，不自知觉，发政害事，为患无穷，是心害酷于身害万万也。①

要救治社会时弊，他们都认为昌明学术是第一要务，学术明才有人才的振兴，人才的振兴才有教化风俗的端正，如此才可能实现社会其乐融融的局面。

二 以"礼"贯通其思想与实践

关学上自北宋张载"学古力行，笃志好礼"②，中承明代王恕、王承裕父子教人以礼为先，下至晚清李元春、贺瑞麟推行古礼，笃实躬行。贺瑞麟作为关学的后继人，对关学的重要内容"躬行礼教"有很好的继承。他十分注重礼学和礼教。这既体现了他在学术渊源上的传承，也是他迫于时代背景做出的一种回应。社会动乱、天灾人祸导致人心不古、风俗败坏。他希望通过乡约教化、书院教育、赈灾恤贫等社会治理活动推行礼教。在贺瑞麟这里，他的理学思想和现实世界的连接点就在礼。

关于礼，贺瑞麟继承了张载的观点，即"礼所以持性，盖本出于性，持性，反本也。凡未成性，须礼以持之，能守礼已不畔道矣"③。礼不仅仅指外在可见的礼仪、规范，礼更有返本复初的内涵。而且他在实践其理学思想的过程中，也印证了张载"礼者，理也"的观点。"盖礼者理也，须是学穷理，礼则所以行其义，知理则能制礼，然则礼出于理之后。"④由对礼的重视与践行，反映了贺瑞麟经世致用的理学倾向。正如杨国荣所说："礼在儒学中于现实世界有更切近的关联，由注重礼，可以进一步引向关注经世致用。与之相涉的是重视实证之学，后者在关学的后学中体现

---

① （清）李二曲：《二曲集》卷十二《匡时要务》，中华书局1996年标点本，第104—105页。
② （清）王懋竑：《朱子年谱》卷一，商务出版社1937年标点本，第51页。
③ （宋）张载：《经学理窟·礼乐》，《张载集》，第264页。
④ （宋）张载：《张子语录》，《张载集》，第326页。

更为明显。"① 贺瑞麟对礼的义理阐释有限，但他在对礼的践履中有较多积极的尝试。尽管被当时世俗之人所嘲笑，但他仍对礼之践行执着不悔。

经世实质上就是贺瑞麟理学思想中外王的一面。在他内圣外王兼修的过程中，对礼的重视，为其治学指向了经世这样的大方向。礼不只是行为的准则，礼的践行是对其学术思想的检验，同时在经世过程中成为提升内在涵养的不二途径。

从贺瑞麟刊刻的理学丛书来看，有许多关于礼的著作，如《仪礼经传通解》《朱子小学书》《孝经刊误》《礼记大全》《小学句读记》《小学浅解》《朱子家礼》《乡饮酒礼》《丧服传》等。这从一个侧面也反映出，他认为在当时提倡民众广泛习礼有其紧迫性和必要性。只有习礼，才能懂礼、讲礼、践行礼。可见，他在极力把道德问题拉入社会秩序层面，希望以此来改善民风民俗。他没有把礼单纯放在抽象的理论层面讲，而是在人伦日用中教人们习礼。这样，人们必然从礼的何时当繁、何时当简中去体验其中的道理。所谓"尊德性而道问学"，习礼、约礼之后就是复礼，礼与理的统一，便是复性，礼并非仅是呆板的仪式制度，恰恰相反，礼原本就是真性情的自然流露，也是人们借助一定的外在形式表达个体与外在的互通。将外在之礼与内在之性相互融会贯通，便是性礼合一。这也正是贺瑞麟讲天性本原的指向所在。

三　经学思维突出

历代儒家学者在推动儒学的不断发展中，他们逐渐形成了自身独特的思维方式，经学思维就是其中一种，至今仍有一定影响。经学思维一般意义上就是指以儒学经典为标杆进行思考论证的一种思维方式。一切以经典为出发点，经典就是衡量人、事、物的标准。经学思维有其形成的历程，孔子曰："述而不作，信而好古"②，基于此，他修订"六经"，依托经典进行解释。这可以说是经学思维的滥觞。汉武帝时期，董仲舒提出罢黜百家、独尊儒术的主张，汉武帝采纳此建议后设立五经博士。至此，经学跃

---

① 杨国荣：《"关学"：在研究中延续——〈关学文库〉的意义》，《陕西师范大学学报》（哲社版）2016年第3期。

② 《论语·学而》。

出百家争鸣的学术并列局面，占据了儒家正统的学术地位。之后，历代坚持"注不破经，疏不破注"的原则，围绕"经"展开了传、注、疏、正义、集注等形式的经典著述，这些构成了经学思维的主要形式。直到晚清时期西学的进入，才有力地冲击到了传统的思维方式。

贺瑞麟始终坚持以经典思维思考着他所面临的一切问题。他认为当世缺乏人才的主要原因就是不读书，不知读何种书，不知读书为何。"所以人之为学，先要识得路头，要识得读书何为，异日得禄固要读书，不得禄也要读书。到事君时，受禄多固要敬事，即有时禄不能继，亦只是个敬其事，如此方可以为人臣。"① 贺瑞麟认为，为学根本就在复性，而要能够复性，就要以"四书""五经"为根本。《小学》《近思录》是学者入门的必由之路。他还讲："有《小学》根基，更有《大学》规模，方是学。"② 在他解经的著述中，他甚至将儒家经典的轻重缓急都一一标示，以示后学者。如他讲："《近思录》中《太极图说》《西铭》《定性书》《好学论》，此四篇文字最紧要。……学只是知行，故又要知所往，然后力行以求至此是顺说下来。《太极》是说道体，《西铭》是立志的事，《好学》《定性》是为学的事。论工夫则当先好学，能好学才能定，才是事天的工夫。"③ "《坤》六一'敬意义直内，义以方外'二语，足尽为学之要。《论语》'博文约礼'，《中庸》之'尊德性道问学'皆是此意。此程朱'居敬穷理'所以为圣学真切工夫，实一渊源。然必两极其至，不可偏重，又知交养互发，朱子所谓车两轮鸟双翼也。"④

透过他对儒家经典的重视以及他在著述中时时处处对儒家道统的强调，足见他的道统意识十分强烈。他的道统意识足以反映他对程朱理学的笃信不疑。"有与天地位终极之寿，尧、舜、周、孔是也；有数万年之寿，颜、曾、思、孟是也；有数千年之寿，周、程、张、朱、许、薛、胡、陆是也。"⑤ 为学必须考究圣学渊源，以圣贤之学的学统源流为标准，这样为己之学才可能有所成就。清代学者中，贺瑞麟特别推崇张履祥、陆

---

① （清）贺瑞麟：《清麓遗语》卷三《经说二》，《贺瑞麟集》，第946页。
② （清）贺瑞麟：《清麓日记》卷一，《贺瑞麟集》，第1007页。
③ （清）贺瑞麟：《清麓遗语》卷三《经说二》，《贺瑞麟集》，第936页。标点略有变动。
④ （清）贺瑞麟：《清麓日记》卷五，《贺瑞麟集》，第1057页。
⑤ （清）贺瑞麟：《清麓文集》卷四《刘东初四十初度序》，《贺瑞麟集》，第126页。

陇其，他在著述中多次提及这两位，并引用他们的观点印证自己的思想。而且在他主持刊印的《清麓丛书》中收集有这两位的大部分著述。尤其是后者，他指出："折衷汉、魏、六朝、唐、宋诸儒之说者，朱子也；而折衷宋、元、明、国朝诸儒说《四书》者，殆陆氏也。"[①] 他对陆陇其的认同由此可见。

不可否认，在经学思维的运用中，历代儒者也发现了经典中许多具有普世价值的内容，他们对孝悌、仁爱、诚信、和而不同等核心理念的阐发在当今仍有积极的意义和价值。经学思维超越了每位儒者个人的利害得失，如"朝闻道，夕死可矣""杀身成仁""民吾同胞，物吾与也"，更强调人之为仁，遵循天人合一的理念。经学思维指导下的实践就是经世致用，历代儒者通经致用的践履也都体现在政治、经济、文化、社会建设的诸多方面。而且，历史上经学思维对民族的融合与统一也有积极的影响。然而，经学思维是一定历史阶段下的产物，必然有其历史局限性。历代儒士长期沉浸于解经、守经、护经之中，使得他们处世教条、思想保守、心理封闭。这将导致他们难以吸收和借鉴外来事物，思想的发展必然受困。因此，近代以来经学思维面对西方科学实证思维、逻辑思维的出现，相形见绌。

本章小结

本章论述了贺瑞麟的理学思想、贺瑞麟对其他学术思想的批判以及其理学思想的特色三大问题。贺瑞麟尊崇程朱理学，力求维护儒学正统。他的理学思想对张载、二程、朱熹有较多的继承，整体而言，对他所界定的道统内先贤理论的继承多于批判。在本体论上，他坚持理在气先，理是本体，气是理的具体形态。他继承了朱熹的"理气不相离"和"理气不相杂"的观点。对张载的"太虚即气"观点提出质疑，由于他没有认识到张载所论"气"的本体性，所以他认为这一命题有形溃反原之嫌。他对张载的"心统性情"有一定继承，他认为心是理的总汇处。心可载性，性之真则静，感于情而动。他对于天理人情之辨不像二程那样的极端，他

[①] （清）贺瑞麟：《清麓文集》卷十二《赠马养之》，《贺瑞麟集》，第16页。

强调遵循天理且酌乎人情，充分体现出他不是刻板追寻一个固化的天理，对待天理，他有着较冷静、客观的态度。

在工夫论中，他的论述比较丰富且十分详细。核心在强调格致实功、居敬涵养。他的工夫论建立在他认知的基础之上，由此他讲"知言"是首要任务。圣人工夫做得透，首要在知言，知言工夫做到，则自然明晓经典中义理之所在。如何格致，则在敬，敬统动静是他的基本观点。他避开朱熹的"主静即是主敬"容易产生的误解，指出静是动之根，是性的原初状态，敬统动静，不可逐动忘静，亦不可厌动贪静。如何居敬，他认为慎言、慎思、慎行是基本。最后，他还指出知行二者相辅相成，言行不息；知为先，守为要是其实现的条件。在修养层面，他讲求立身、明伦、身伦交修、内外交养。

第二个大问题主要是贺瑞麟对陆王心学、乾嘉汉学、科举俗学以及佛老等思想的批判。晚清学术发展虽然重点突出，但社会上呈现的多元化也很明显。就全国范围而言，考据学余音未绝，汉学与宋学的对峙是学术界一大焦点；在理学内部又有不同的分支，王学末流暗流涌动，事功之学也占一席之地，程朱后学此时出现短暂的春天；就地域而言，关中关学、湖南湘学、安徽桐城学派、河南洛学等，各有不同的学理侧重。纵观学术思想的异彩纷呈，贺瑞麟对程朱理学还是情有独钟。他坚持程朱理学是道统正脉，其他思想都被看作非主流，应当被排斥。学理上，贺瑞麟指出了陆王心学、乾嘉汉学与程朱之学的部分差异，但更多还是对陆王心学及其末流和乾嘉汉学所导致的社会流弊的驳斥。贺瑞麟认为心学及其末流使社会上的儒士不愿读书，对格物致知嗤之以鼻，士人流于空谈心性、抛弃礼法、践踏伦常秩序的状态。汉学不求义理，就事论事，不求事物的联系，对社会主要问题少有关注。贺瑞麟对科举的批判也比较多，科举使士人流于追求时文、辞章的为人之学，完全不理解为己之学的本义，这样必然导致社会难以产生德明行修的大儒，而只能出现平庸的小儒，人才的缺乏令他十分担忧。此外贺瑞麟还批评了流行于当时社会的佛老思想以及列强践踏中国之后带来的西学思想。

思想的产生缘于社会环境，也是对时代的回应。贺瑞麟能够把心术、学术和治术三者有机统一，也是对当时社会秩序混乱、风俗教化颓废的一种有力回击。正民心、正学术、化风俗，力求恢复礼乐之治的醇厚之风，躬行礼教的关学特色在他这里得到继续的传承和倡导。他尤其推行古礼，这对关中地区当时的民风转变起到一定作用。但是，他强烈的门户之见，导致他对异学很排斥，对新事物的出现也很排斥。面对社会形势的每况愈下，他的思想对于现实诸多问题的解决，又显得力不从心。

第三个大问题就是对贺瑞麟理学思想特色的把握。其一，心术、学术和治术的统一。学术是基础。好的学术，才有好的治术。不存在有好的学术却没有好的治术；反之，差的学术产生好的治术也不可能。心法与治法也是一以贯之。克己复礼就是性，性即理。从而实现明学术、正人心的社会目的。其二，对礼的认识和实践是贺瑞麟思想与社会联系的一个关节点。礼具备思想性和实践性。克己复礼就是返本复初，他对张载所提出的"礼者，理也"的观点有所继承。礼的实践性体现在他的礼教过程中，他把道德层面的问题应用到了指导社会伦常秩序的恢复之中，这是他经世思想的重要体现。其三，经学思维较突出。贺瑞麟一直强调儒学道统经典的重要性，而且认为学者只需在程朱理学的框架内思考问题即可，大可不必另起炉灶。可见他对程朱理学的坚持几乎达到信仰的程度。这也正是其思想致命的不足，因为这样很难有其他任何学术思想融入他的思维模式中，致使他的思想难有创新，持久的发展必受阻碍。

简言之，"性道之本一，存养之功二，格致之方三，践履之实四。"[①]这是贺瑞麟理学思想的主要内容。贺瑞麟作为守卫关学的传承者，遵循着"述而不作"的精神，在"述"中完成对经典义理的阐释，他称得上是守护程朱理学的一名合格卫士。从本源到工夫、从内圣到外王、从尊德性到道问学、从义理到经世，他的理学思想内容较为完备。虽说他的理学思想是盘绕在程朱学说的脚跟下阐述，但对儒学典籍的系统理解也是学问本身。

---

① （清）贺瑞麟：《清麓文集》卷一《〈笃志录〉序》，《贺瑞麟集》，第15页。

第三章 重心：贺瑞麟的理学思想在经世教化中的延伸

本章尝试对贺瑞麟的社会践行进行探究。通常理学家不但讲究义理修身，而且也十分关注社会事务，由义理的抽象世界过渡到现实的具体社会，这也是儒家实现内圣外王的一贯作为。本章由三部分组成。首先，阐述贺瑞麟在重建乡间社会秩序中着手解决的几个问题，即民族、政治问题、民生经济问题和风俗教化问题。其次，论述贺瑞麟在乡间对礼教的践行及其功效。最后，借助贺瑞麟对县志的编纂，透视他在今昔对比中，力求正本清源，实现和谐稳定的社会秩序的夙愿。

第一节 重建乡间社会秩序

道光至同治年间，贺瑞麟目睹了关中地区发生的一系列灾乱，社会百废待兴。面对社会现状，在民族和政治问题上，贺瑞麟就平乱之后回民安插、流民安置、整顿吏治等事宜献计献策，投身其中；在民生经济问题上，他积极采取清丈土地、实施屯田、鼓励垦荒种植等举措恢复百姓生产生活；在风俗教化问题上，他主张敦士行、正人心，通过振兴学校、倡导乡约、规范礼俗等措施来改善世风民俗。基于这三方面的作为，突出贺瑞麟厚生利用的传统儒学思想。

一 关注民族、政治问题

（一）安插回民

同治元年（1862），陕西爆发回民起义。清政府历经多年都没有控制起义局面，同治五年（1866），清廷任命左宗棠为陕甘总督。左宗棠临危受命，至同治十二年（1873），平定了回民起义。之后，左宗棠在西北地区采取了一系列卓有成效的善后举措。他在西北地区的指导思想和具体举措对西北地方各州县战乱后的重建至关重要。正是在此背景下，贺瑞麟全身心投入到战后地方社会秩序的重建。

从战乱人口流动来看，"陕西回民在事变发生前，有七八十万。自事变发生，有的死于兵，有的死于疫，有的死于饥饿，剩下十分之一二。在这剩下的十分之一二中，只有二三万还留居西安省城，其余五六万都流亡在甘肃的宁灵和河湟等地"[①]。左宗棠发现，尽管平定捻军、回民起义之后同样都面临善后安置问题，但二者却有质的不同。流亡捻军的安顿只需解散原有组织，将其以流窜人员遣返回家。而对于流亡的陕西回民，遣散和安顿难度都很大，需要采取与捻军不同的政策。关于安置回民问题，左宗棠征求西北朝野人士的意见，众说纷纭，有主张迁移至南方各省、有主张迁至偏远之地，都被左宗棠一一驳斥回去。此时，贺瑞麟就此事上呈有《拟上三大宪论时事书》，他建议招抚有诚意归顺的回民，并对他们施以礼乐教化，采取民族同化政策。他指出：

> 其上策，则莫若使之尊王章、弃异教，明学校，严保伍，盖彼既投诚求生，正科定约，以示一道同风之治，不宜仍安异类，自外生成。是即杂处甘省州县汉民之中，亦无不可。[②]

在这次上书中，贺瑞麟回顾了这次回民起义给地方社会造成的诸多破坏，为避免回汉冲突再起、维护地方的稳定有序，他阐述了回民安置的复杂性。

> 逆回之倡乱陕西也，焚戮之惨，自古未有，毁烧我室庐，抢劫我财物，屠杀我老幼，淫掠我妻女，骨肉伤残，不共戴天，死者含冤，生者吞声。人人思饮其血而食其肉。且此物凶暴，平居无事，汉民已被凌侮，今罹毒苦，万倍前日，仇恨填膺，谁肯与之共国而处，比屋

[①] 秦翰才：《左文襄公在西北》，岳麓书社1984年版，第97页。
[②] （清）贺瑞麟：《清麓文集》卷六《拟上三大宪论时事书》，《贺瑞麟集》，第211页。

而居？方将共图报复，以快一朝之愤。即逆回自知恶极滔天，人少则怀不自安，人多则类愈亲，机愈密，生疑起衅，势无两立，万一骚动，则贻误地方，其祸更烈。云南之事，迁延十载，劳兵糜饷，胜负未决，西陲国家重地，岂可不为过虑。且奉宪谕令，有叛产诸邑，准其招种，逆回房屋，亦多自行焚毁，纵使可归，正难安插。顷者又闻先现有搜出铜器械等物，词连马百龄，包藏祸心，不可测知。逆种若归，内外勾结，事益难料。①

十多年的战乱，关中破坏的重灾区就是三原、泾阳、高陵等地，贺瑞麟目睹了战乱给当地百姓带来生产、生活的惨烈景象，他认为解决回民安插问题是战后的首要问题。他对回民安插的焦点主要聚焦在以下几点：其一，回民起义给陕西各州县造成的百姓伤亡、被凌辱，生产破坏、停滞等是致命的；其二，如果遣回入陕，则难免回汉共图报复，其祸害会更惨；其三，回民流窜后，其叛产已由官方收回，开始招来流民耕种，其房屋也早已毁于战乱，归来难以安插；其四，回民中尚存有叛乱之心者，随时都有再次起义的可能，因此回民是否诚心被招抚，也值得深思熟虑。基于此，贺瑞麟认为安插回民返陕是下下策。他请求在甘宁青地区妥善安置，以确保战后的稳定局面。

从左宗棠随后的安置回民政策来看，他采纳了贺瑞麟的这些建议。左宗棠在处理回民的问题上，秉持"只论良莠，不论汉回"②的原则，最终决定把流窜中的回民安插在当地，但对安插地方的选择，他定下了标准："乃预饬安定、会宁、平凉、隆德、静宁州各牧令，觅水草不乏、川原乡相间、荒绝无主、各地自成片段者，以便安置。"③卢凤阁在他的《左文襄公征西史略》中整理概括为三个方面："1. 须为荒绝地亩，且有水可资灌溉；2. 须自成一格片段，可使聚族而居，不与汉民杂处；3. 须为一片

---

① （清）贺瑞麟：《清麓文集》卷六《拟上三大宪论时事书》，《贺瑞麟集》，第 211 页。
② （清）左宗棠：《奏稿四·收抚回民安插耕垦片》（同治九年七月十八日），《左宗棠全集》第 4 册，第 359 页。
③ （清）左宗棠：《奏稿五·收复河州安插回众办理善后事宜折》（同治十一年六月二十五日），《左宗棠全集》第 5 册，第 261 页。

平原，缺山河险要之利，距大路远近适宜，以便管理。"① 基于此标准，在同治十年（1871）、同治十一年（1872），回民分批得到妥善安置②。与此同时，左宗棠还下令给他们每户分配有房屋窑洞，分发种子，予以播种，配给牛马等牲畜，帮助其垦荒播种。至此，回民安置工作基本解决。

尽管贺瑞麟从个人情感上讲十分痛恨这次回民起义，因为从亲人到地方黎民百姓都饱受战乱带来的创伤。他认为逆回有"豺狼之性"③，这某种程度上也反映了他的思想中隐约还存有华夷之辨思想。但他最终在回民安插问题上认为上上策还是实行民族同化政策。这样既避免了回汉再次起冲突，稳定了社会秩序；也解决了流亡回民的生计、生存难题。这点值得肯定。

（二）大儒为政，人才为重

针对当时吏治的腐败、不作为，贺瑞麟认为应当整顿吏治，推崇大儒为政的理念。

> 学与政无二道也，学而不能致用，迂疏之学耳；政而无所立本，杂霸之政耳。《论语》首言"学而"，次即继之曰"为政以德"。《大学》一书"明德、新民、止至善而已"。从来政术之得失，视学术之醇驳。学不素讲，立心制行已难自问，遑治人乎？张南轩曰："致君泽民之术不见于天下后世，皆吾儒讲学不精之故。"汉世循吏犹为近古，降至后世吏治日非计迁擢已耳，饱囊橐已耳。国计之不问，民生之不恤，如秦人视越人之肥瘠，漠然不加喜戚，于其心噎弊也久矣。如明道程子晋城之政，横渠张子云岩之政，朱子南康、漳州之政不可得而见矣。④

---

① 卢凤阁：《左文襄公征西史略》，文海出版社1972年版，第141页。
② 参阅《左宗棠全集》第5册，第259—263页，可知当时回民安插的详情。卢凤阁在《左文襄公征西史略》（第141页）中作了概述：回民分批得到妥善安置："固原之陕回数千人安插于平凉之大岔沟一带；金积堡之陕回一万余人，安插于平凉之化平川（今泾源县）一带；河州之陕回一万余人，安插于平凉、会宁、静宁及安定等处；西宁之陕回二万余人，安插于平凉、秦安及清水等处"。
③ （清）贺瑞麟：《清麓文集》卷六《拟上三大宪论时事书》，《贺瑞麟集》，第210页。
④ （清）贺瑞麟：《清麓文集》卷四《送王子方之京序》，《贺瑞麟集》，第111页。

这里贺瑞麟论述了学与政二者的关系。其一，学术是治国理政的基础，失此基，故失去治国平天下之本，本末倒置，危楼倾覆。为政是为学致用的体现，割裂二者，为学必将流于空疏无用之学。因此能否处理好这两者的关系，关系着能否实现好的吏治。讲明学术是人才出现的前提条件，就人才的重视程度而言，他与曾任陕西巡抚的刘蓉和陕甘总督左宗棠都十分相似。刘蓉曰："呜呼！民生之困至今日而极矣。其患由于吏治之敝，由于士行之不修；士行之不修，由于学术之不振。数者之困相因，造端于士，而害乃及于吾民。故言治于今日，非明学术以敦士行，未有拯斯民之困也。"① 他认为治理三秦之地根本在倡明学术，敦厚士人言行，肃清吏治之弊。左宗棠也指出："天下之乱，由于吏治不修，由于人才不出；人才不出，由于人心不正，此则学术之不讲也。"② 根本原因都归结于人才的缺乏。其二，贺瑞麟认为良好吏治的理想境界是为政以德。他十分欣赏张载、程子、朱熹做官时所呈现出的治理景象。他曾憧憬程明道在任晋城令时地方社会治理的景象。

  昔明道先生为晋城令，民以事至邑者，必告之以孝弟忠信，入所以事父兄，出所以事长上。度乡村远近为伍保，使之力役相助，患难相恤，而奸伪无所容。凡孤残疾者，责之亲戚乡党使无失所。行旅出于其途者，疾病皆有所养。诸乡皆有校，暇时亲至，召父老与之语。儿童所读书，亲为正句读，教者不善则为易置，择子弟之秀者聚而教之。乡民为社会，为立科条，旌别善恶，使有劝有耻。③

可见，大儒为政不同于俗吏为政。贺瑞麟认为自古治国理政者，大都以亲近贤人、远离不肖为根本，举直措枉则民服，举枉措直则民怨。面对君子，我们尊敬他、以礼相待，亲近他，使人明白这样的人受人尊敬是可贵的，自然可伸张正气；对于小人，不必太担心他有害于政教，轻视且排斥他，疏忽并远离他，使人人知道邪僻小人不为众人所容。但对于小人的

---

① （清）刘蓉著：《养晦堂文集》卷二《赠贺角生徵士序》，第8页，载《清代诗文集汇编》第663册，第511页。
② （清）左宗棠：《书信一·与王璞山》，《左宗棠全集》第10册，第171页。
③ （清）贺瑞麟：《清麓文集》卷九《与焦雨田邑侯书》，《贺瑞麟集》，第305页。

蛊惑人心、假公济私、奸巧行为也不可掉以轻心，应时时引以为鉴。

贺瑞麟认为当时社会士气不振、吏治腐败的根本原因是教育的匮乏。"今日无好学术，他日必无好治道。尊示所谓'吏治民风，枢纽全在学校'，真不易之言也。"① 他认为教育是解决当时社会问题的重要途径。教育可以正人心，教育促进风俗的转变，教育可以培养人才，他所指的人才非当时的科举人才，而是德才皆备之才。这点有两个明显的例子，他在同治年间被抽调赈灾局工作时，特别强调赈灾善策即是能得到适当之人才，只有如此才可能使得赈灾有实际功效，使灾民得到实惠。他在当时还积极创办公共社仓，他认为社仓的推行根本还是在人，得不到合适的司仓之人，善政也会成为弊政。治人和治法一样的重要。修养民力必须从培养人才做起，在结束战乱之后，恢复生产、安顿百姓、治理社会、安定秩序是地方的首要事务，这一切全在用人是否得当。贺瑞麟认为用人是否得当对地方社会的平稳发展起着相当大的作用。

贺瑞麟的人才观重在培养德才兼备之人。他认为，当世人才培养的症结在于由科举产生的积弊太深。缺乏内圣之人才，很难开出外王之业绩。首先，科举在当时已经成为入仕的不二法门，世人没有意识到科举只是入仕的阶梯并非入仕、处仕之道。这个台阶也不是终极台阶，入仕的目的还在能依圣贤之德，行圣贤之事。其次，科举本意使士人立志，求为学之道，而在后世随着世人认识的偏差以及具体取士中的弊端，科举反而很大程度削弱了士人为学之志，使其求道之心荒废，不求治圣人之学，只求入仕之资本。这导致社会上出现很多言多德少或无德之人，而真正能立言、立功、立德的人却寥寥无几。再者，能救世处世的人，应该做到知即知其所当行，行即行其所当知。

如何发扬大儒精神，贺瑞麟认为在地方上创建文化实体也很重要。如设立横渠书院及张载祠等都是先贤遗风对后世教化的佐证。"数百年名宦尚不乏人，而独留此阙典，俟大人为之，所以振学校、示趋向，诚旷举也。或以应运而作，又有真儒钜士为大人出。"② 此外，如朱熹恢复创建白鹿洞书院、复兴岳麓书院，后建的濂溪祠、五贤堂、忠节庙等

---

① （清）贺瑞麟：《清麓文集》卷十一《复李菊圃方伯书》，《贺瑞麟集》，第373页。
② （清）贺瑞麟：《清麓文集》卷十《上冯展云中丞书》，《贺瑞麟集》，第316页。

无不是以传承圣贤之教化，彰显圣道复性阐幽之本。因此，圣贤立天地之心，开生民之道，圣贤大儒为政，可以为后世所效法。贺瑞麟曾在张子祠题诗："近马账而船经过，砭愚订顽，百代均沾化雨；设虎皮以讲易，经明德立，群伦共被春风。"贺瑞麟的人才观即圣贤观，为圣贤之学，成圣贤之才，据圣贤之德，则可以贤人为政。当世科举制度下所培养的充其量也只能是小儒，不能称为大儒，大儒之遗风如春风化雨，泽被后世。

二 社会经济问题

（一）清丈土地

在明清之际，关中地区最繁华区域就是泾阳县与三原县一带，"地当秦陇商货孔道，富商大贾皆屯聚于泾阳一带"①。然而经历同治、光绪年间接连不断的灾乱之后，关中地方经济已是千疮百孔。百姓伤亡惨重，大量耕地荒芜，出现的"绝产"无处归置；起义回民流窜之后留下许多叛产无人耕种；其他地方的难民流入却无地可耕等，这些现象又是战后亟待解决的问题。清廷下令此事由当时出任陕西巡抚的刘蓉督办。同治五年（1866），清廷准许了刘蓉关于陈荒章程的相关条款，大致内容有：第一，要正经界。对战乱之后的"叛产""绝产"等土地财产一一丈量清查，再根据实有人口，按序编排耕种。第二，要制定规则。对于"叛产"，要求一律没收归公；对于"绝产"，三年为期，三年内无户主认领，田产归公，官田中招募的客民耕种满六年，且完成规定租税，将官田变为永业田。第三，可以缓征钱粮。水田第一年免租，旱田第一年租粮均免，第二年再缴纳。第四，额定租谷，每亩每年收取租谷，六年后免收。按规定只交正粮。

刘蓉与贺瑞麟的交往正是由战乱开始。刘蓉对程朱理学颇有研究，出任陕西巡抚期间，他也在处处物色贤达。且贺瑞麟又对地方事务十分关心，时刻找准机会上书呈事，力求能遇到励精图治、爱民如子的官员，如此地方事务的处理便有望解决。他们的相识，对战后生产、教化的发展有积极的影响。

---

① 田培栋：《明清时代陕西社会经济史》，首都师范大学出版社2000年版，第107页。

在刘蓉关于陕西恢复生产的总体规划指导下，贺瑞麟又参照圣贤所为，如孟子提倡仁政必须从正经界开始，张载亦推行正经界，由此，他认为正经界有必要落实在具体的州县。他认为古时讲正经界在确保井田制的推行，今日则在于清丈土地。核正经界，则实地实粮，不至于出现有粮无地、有地无粮的现象，不至于出现隐瞒、暴敛等现象。贺瑞麟看到正经界的必要性，但也深感一旦要做，困难也不小。"公私之利莫大于此，非所谓仁政者耶？而世多以经界为难行，何也？一则得人难，一则筹费难，是诚然矣，然真有爱民之官则无难。"[1] 贺瑞麟知难而进，联合地方乡绅向当时县令赵孚民汇报他们的想法，县令认为这是当务之急，将立刻上呈此事。光绪元年（1875），三原县政府开始着手筹办土地丈量事宜，次年正月开始下令各村自行丈量，由局绅查办，一时掀起清丈土地的高潮，之后由于官员县令的调任更换，此事一度搁浅；其间又因遭遇灾荒，各村因费用紧缺问题无力丈量。历经多任县令主持之后，光绪十六年（1890）清丈土地工作基本完成。贺瑞麟在《三原县清均地粮里甲图说册》序言中记载："十五年署内对册合总，已装订十九里册籍，尚余十一里二仓二旅未及对清。十六年正月，而刘公又欲伯音涂公对调去靖边矣。涂公署事，复以四阅质对，未完册均已告竣，而三十里三仓六旅地粮图说衺然成书。及刘公复回本任，将付剞劂发给各里，以为吾原永久之计。"[2] 此项工程，历时长达16年之久，最终完成。

这是继上次康熙年间丈地均粮之后的又一次大型整顿，前后时隔200余年。贺瑞麟亲自见证了这次清丈土地的整个过程，而且亲历其中。他深刻感受到这次成果的来之不易。他认为天下之事不可能百利而无一害，而是要权衡利弊，不可能因为一二分的不利而置八九分的利于不顾。他感慨这次工程顺利完成得之于人才的解决、费用的解决。历任县令的全力支持，促使此事有始有终。费用来源主要依靠县政的支持、富绅的捐助等，虽然其中难免耗费，但终究是完成了一件大事。所以他认为有真正为民办实事的官吏，则不愁事情办不到，不愁百姓得不到实惠。此事，从侧面也

---

[1] （清）贺瑞麟：《清麓文集》卷四《〈三原县清均地粮里甲图说册〉序》，《贺瑞麟集》，第116页。

[2] 同上。

反映了贺瑞麟作为一名乡绅，他不但得到了地方官员的认可与信赖，同时也赢得在地方百姓中的威信。一方面贺瑞麟极力为解决地方事务献计献策、亲力亲为；另一方面又有地方官员的知人善任，如此方能促成事情的圆满完成。这对于百姓、对于地方都是幸事。

（二）对屯田制的建议

一方面，由于战乱，产生了大量荒芜、无主土地；另一方面，进驻西北的各路军队供给不足，大量流民生无着落。基于此，陕甘总督左宗棠号召在西北实施屯田政策，推行军屯和民屯，以解决当时西北严重缺粮的现状。军屯就是指驻屯军队就地耕种土地，以取得军队给养所需的一些生产资料和军饷的开支；民屯即政府招募无地农民集体耕种官田或垦荒，按照规定纳粮。

起初，军屯和民屯是杂居耕种，但时间久了，在杂居中百姓往往受到军人的欺凌和压迫。贺瑞麟看到此现象后，他认为军屯和民屯不能杂处，否则必有后患。他在呈给左宗棠的副帅刘克菴的上书中，言辞恳切地陈述了其中的弊端：军屯民屯不交错为好，交错必有后患。第一，军屯民屯交错相处，难免会发生纠纷冲突，"强弱既分，欺凌易起，或侵冒民田，或以瘠地易上地，或借庸以耕，或括牛，或夺农具，或占据室庐，或逼污妇女。种种为扰必使贫民不堪其苦，而舍业远逃"[①]。战乱过后，百姓对地方上的驻兵还是心有余悸。第二，军屯不掺杂在居民屯田中，而是移置在多处叛产之处，无论数百顷、数万顷，都应定下规模，设定范围，村与村设段，庄与庄设段，张贴告示，使人人知晓，百姓也易于辨认自家的田亩。第三，军屯既设，则应号令严明，严整军规，否则，虽兵亦民，然所行之事，民则十分畏惧。平日官兵占据商铺、强居民舍、讹诈强取奸淫等扰民之事时有发生。因此，官府应严肃军纪，每日明察暗访，发现违规违纪者，严惩不贷，如此，百姓生活才可安稳。

（三）其他建设的恢复

其一，赈灾济民。灾乱之后，贺瑞麟被抽调在赈灾局中操办事务，尽管他认为这并非他的专长所在，但他认为既被信任，就当尽心竭力去做。

---

① （清）贺瑞麟：《清麓文集》卷七《上刘克菴副帅书》，《贺瑞麟集》，第232页。

他主张在原有基础上设立社仓[①]、义仓。乡村设立社仓，由地方乡绅管理，胥吏不得过问，便于取之于民、用之于民。咸丰十年（1860），贺瑞麟仿朱熹曾推行的社仓，就曾购买小麦若干，为本村设立社仓。"光绪元年（1875）知县赵嘉肇奉文立：一东里推惠仓，一北关同善仓，一东关。除民借所余，丁丑俱赈饥民。"[②] 这种仿古做法，延续时间也较长，其本义就是平时收购百姓多余的粮食，在灾荒年月可以赈济灾民。这不失为紧急时候，缓解粮食短缺、救民于水火的良法。社仓设立初期，贺瑞麟被推为社仓主管，在回乱中贺瑞麟通过社仓救济灾民也起到一定作用。然而在推进中这个组织逐渐被官员、豪强把控，低价收入粮食，遇到灾荒，却要高价卖给百姓，这不仅不能缓解百姓急需，反而逼得百姓无路可走。贺瑞麟认为根本的问题在于人，有治法无治人，没有合适的人才胜任，社仓正常运转得不到实现，反而成了一些官员、豪绅任其私欲横行、搜刮百姓的幌子。社仓发展中的弊病，不能不引起重视。

其二，移民垦荒。同治五年（1866），由刘蓉推荐，黄辅辰[③]被任命为陕西凤邠盐法道道员，负责西安、同州等营田事宜。其间，黄辅辰建议：

> 关中土旷人少，非招徕客民，事末由济。然耕牛、籽种、农具、棚舍，官不能给，民不乐趋也。莫若即以地畀之，薄收其租，亩二斗为差，六年后给券，使世其业。虑田无限制，赋无定则，吏得以意高下为民患，当先正经界，略如古井田法，量地百亩为区，编列次第，书赋额於券，视土肥瘠别等则上下授之。凡领垦者以先后为次，十区为甲，十甲为里，置长焉。里长总十甲租课，岁输之官，凡移徙更替

[①] 注：社仓最早可循至《周官》，后隋唐有义廪制。社仓起初设在中央，随着区域设置的变化和人口的逐渐增加，社仓也慢慢由中央至下层推行，自朱熹推行社仓起，社仓在民间发挥的作用越来越明显。

[②] （清）贺瑞麟编纂：《三原县新志》，《咸阳经典旧志稽注》，陕西出版集团、三秦出版社2010年版，第28页。

[③] 注：黄辅辰（1798—1866）字琴坞，贵州贵筑人，原籍湖南醴陵。道光十五年（1835）进士，授吏部主事，累迁郎中。遇事侃侃持正论，屡忤上官，不少屈，时称"硬黄"。其子黄彭年。参见《清史稿·黄辅辰列传》卷二百二十一，第4617—4618页。

事皆责之。别授田六亩，俾食其入，为庶人在官者之禄，而官总其成。①

蒙受灾荒之后的关中，人口大幅度减少，荒地逐渐增多。当时垦荒政策的推行对生产的恢复起到了积极作用。光绪四年（1878）三原县令焦云龙到任后，进一步推进了三原县的垦荒政策。在贺瑞麟等乡绅的积极协助下，三原县招徕了山东、河南、湖北等地的客民来此落户耕作。贺瑞麟对此曾有记载："筹给牛种，垦荒田数万亩，方期年岁之间告厥成功，而仁声所播远迩胥知。"②此举随后也被三原周边其他州县借鉴。

其三，禁种罂粟。在左宗棠刚踏入西北之初，第一件使他害怕的事不是捻军，不是回乱。"西北刚劲的民风，不料已变得奄奄没有生气。回事发生，颓唐的精神鼓不起他们勇气来自卫。便是戈矛已杀到门首，也常因为懒得动弹，不能及时逃避，终于束手就屠。"③左宗棠认为鸦片流毒已经侵入西北民众的身心。于是，他在同治八年（1869）开始下令禁止种植罂粟。当时，"陕西的三原一县，城里人吸烟的十占其七，乡里人吸烟的十占其三"④。贺瑞麟对罂粟的种植也是深恶痛绝，抚今追昔，"桑麻周圂旧业也，岂宜于昔不宜于今，钦毋亦安逸，欲而忘蚕绩也。古人拔茶植桑，今鸦片妖草毒遍天下，岳一山震川兴安，志谓安康之民不种烟草则俗之善也，鸦片又非烟草，比当事屡有厉禁，而种者如故。三水僻邑无此果，有之亟宜拔除，易以桑棉非斯民之厚利哉，然非实心爱人之君子未易此言，呜呼，鸦片之害可为长太息者矣"⑤。尽管地方上屡有禁令，但仍有种植，贺瑞麟认为，主要原因在于部分官吏不得力，他们往往阳奉阴违，总在农民种下之后宣布禁令，从而从中谋取暴利。即便如此，农民也认为，种植罂粟利润还要比种植农作物丰厚。利益的驱使，官吏的不作为

---

① 王钟翰点校：《清史列传》卷七十六《循吏传三》，中华书局1987年标点本，第6286页。
② （清）贺瑞麟：《清麓文集》卷四《送邑尊雨田焦侯调署咸宁序》，《贺瑞麟集》，第106页。
③ 秦翰才：《左文襄公在西北》，第223—224页。
④ 同上书，第224页。
⑤ （清）贺瑞麟编纂：《山水县志》卷三《物产》，清光绪八年（1882）刻本。

导致出现漏洞。直到之后陕甘总督左宗棠倡导在西北地区广泛种植棉花，罂粟的种植才逐渐减少。

其四，减免课税。贺瑞麟曾多次上书陕西各级官员，希望朝廷官吏能及时关注，给予援助或减免课税。经贺瑞麟与地方官员的多方努力，光绪元年（1875），清政府下令蠲缓陕西各州县灾区所欠课税，其中包括三原、泾阳、城固、渭南、咸阳、朝邑等40余处。光绪三年（1877），又因陕西干旱严重，饿殍遍野，清廷再次缓征三原、泾阳、富平、高陵、朝邑等49州县旱灾区在本年度未征完的钱粮以及旧时所欠钱粮。此外清廷也命令户部等处拨付银两赈济陕西，由当时陕西巡抚谭钟麟核实发放。

三 风俗、教化问题

战乱灾荒导致地方出现许多无业游民，他们陆续兴起了赌博、演戏、吸食鸦片等不务正业的社会风气。贺瑞麟认为"是可忍，孰不可忍"！对此，他分析了世风日下的原因，提出了转变社会风气的具体措施。

（一）世风日下的现状及原因

贺瑞麟看到当时风俗衰败的现状主要有：一是赌博之风盛行，一些游民聚众行赌、不分昼夜，他们引诱良民使得人心躁动，有甚者还常常滋生祸乱。二是地方上经常出现搭台唱戏的场景，年轻男女不勤于从事生产，而乐于嬉笑逗乐，民众也跟随附和，浮躁喧哗，耗费财物，荒废了生产。三是民众种植、吸食鸦片。这导致农民好逸恶劳，贪图利益，不惜害己害人；长期的吸食鸦片，导致他们精神萎靡，缺乏斗志。当然由于当时地方百姓需要应对官府摊派的各种沉重的税负，种植鸦片也有一定不得已而为之的因素在其中，但毕竟是身心俱害。大乱大灾刚平息，举步维艰，百姓本应克勤克俭，从长计议，而见此情景，贺瑞麟倍感忧虑。由此他分析了造成这种局面的主要原因。

> 天下之根本在教官，何也？教官者，以道造士者也。公卿大夫百司皆出于士，公卿大夫百司而学道，则君子闻大道之要，而小人蒙至治之泽。公卿大夫百司而不学道，则上无道揆，下无法守，君子犯义而小人犯刑。周子曰："师道立则善人多，善人多则朝廷正，而天下治矣"，盖谓此也。然则教官顾不重哉，而世且以教官轻之，非教官

之轻，为教官者自轻之耳！学校遍天下，鞠为茂草，而博士倚席不讲者比比然也。冗闲无用已耳，利祭肉索赀钱已耳，以故其士率多诞慢恣睢而不以为非。而其上者又不过掇拾言语缀缉时文，但为决科干禄之计，虽有良材美质，亦颇冥驱诱于颓风陋俗而莫知返。幸而为之师者，尚知劝勉程督之为事矣，而不知适乃作其躁竞无耻之心。伎俩愈精，心术愈坏，路途愈下，事业愈卑，如此而欲人才之盛治化之隆，未之有也。噫！弊也久矣，谁复知修道之谓教者哉！①

自古以来，政教合一。政不兴，则教不振，贺瑞麟认为根本问题是教化不振。教化振兴，关键在以道造士，士之不求道，则治术无从谈起。然而当今为学之士，不求甚解、流于浮华辞藻；为师之士，所教学生又非圣贤之道，所以，虽然学校遍天下，但没有认真传道、授业、解惑的真儒，学生也难以真正通向圣贤之学。所仕者，也难以有大作为。这就导致上无大道推行，下则无从得到如沐春风的教化导引。面对风俗教化已十分糟糕的局面，必须德法并治，如果只依赖法，可能过犹不及，民众会产生畏首畏尾的情绪而无所适从；只依赖德，短时期内对积习难改的民众难以产生效果。因此只有同步推进，才可能对地方风俗有所改善。"当今急务惟以振士气、正人心为纲领。而所以为之本者，则在端心术、明义理、有自修之实而已。"② 由此可见，能够做到德法并治，关键还是振兴学校，学校教育使人修德明法。

在转变清代风俗教化的问题上，贺瑞麟和清初李二曲的主张有些相似。李二曲曰："明伦堂为设教之地。教化必自学校始，未有教化不行于学校，而可以言教化者也。然教化不在空谈义理，惟在明此心，体此理。人人有此心，即有此理。"③ 结合左宗棠在西北办学举措，可以看到，对于世风日下的现象，儒士们一致认为须从教化做起，教化又须从振兴学校开始。在关学的推动下，清代关中先后兴起和创办了大量书院，对士风、民风的改善也起到一定效果。

---

① （清）贺瑞麟：《清麓文集》卷三《送李午亭孝廉训导延川序》，《贺瑞麟集》，第90页。
② （清）贺瑞麟：《清麓文集》卷六《答蒋少园书》，《贺瑞麟集》，第191页。
③ （清）李二曲：《二曲集》卷三《两庠汇语》，第24页。

(二) 转变世风的举措

振兴学校。贺瑞麟力求恢复学校教育，整顿士人的教风、学风。他曾感慨乾隆帝有关书院的谕诏，"付读高宗纯皇帝谕曰：'书院即古侯国制学院，长必选经明行修足为多士模范者以礼聘请，生徒必择乡里秀异沉潜学问者。酌仿朱子《白鹿洞条规》立志仪节，以检束身心，仿分年读书之法予之程课，使贯通经史，庶立品勤学争日濯磨，人材成就足备任使'"[1]。着眼现实，他深感学校教育已与其根本宗旨南辕北辙，本末倒置。科举之学已成利禄之学，学者为学不知为己，只知获取功名利禄。真正要复性绝学，必须推举德行醇厚，志向高远，学识纯笃之人，讲论切磋，传道后生。他希望借助地方政府的力量，在城乡中创建或重建书院，鼓励讲学、求学。他带头创建了清麓精舍，只要年龄满十五岁的后生，敦厚勤学，不急于时文，有意于圣贤之学者，都可以送入他所主讲的书院。他愿意为后生讲明圣学义理之旨归，告之以圣学门径，使其懂得修己治人的道理。而且视学习工夫的深浅给求学者一定的膏火，以资鼓励。希望当时县令余葵阶能以他所主讲的学古书院为试点，讲明为学之根本，招引生徒，兴风化俗，培养德才兼备，讲求通经致用之人。

创设义学。义学原本就是为贫寒子弟不能延请私塾而设立。其目的就是广兴学风、培育良材、教化民风、敦善民俗。贺瑞麟认为如果义学能得到切实推广，必然有很好的效果，一旦有名无实、虚以应付则毫无益处。对于老师而言，他们应当体谅所教学生的特征，尽心教导，不可过分苛求责备。义学先生不必才高学硕，但必须人品端正，如果有吸食鸦片等不良嗜好切不可聘请。先生所授内容自然是从《小学》《养蒙》等书入门，随后再延伸至"四书""五经"等。对于义学先生的评价也不容忽视，要有一定的束脩，如果义学先生能够以善孚众，能够每日讲朱子《增损吕氏乡约》，劝众从善，也应当给予匾字等嘉奖。对于义学先生的勤、惰、善、过能够记录在册，以此为劝诫，师有所教、生有所学，所教有评价，所学有践履，照此推行，敦民化俗，自然会形成良好的风尚。可见，贺瑞麟对创立义学考虑是比较全面的，除了要有硬件的场所、教学设施外，他还特别对义学先生的整体素质有严格要求，对先生讲学要有评价，对学生

---

[1] （清）贺瑞麟：《清麓文集》卷六《上余葵阶先生书》，《贺瑞麟集》，第209页。

所学也要有落实，总之，他认为对义学的教与学、教学过程中的督促、监督、落实等环节都应当有始有终，否则难以长久推行。

复兴乡约，宣讲圣谕。自宋代吕氏兄弟开创《吕氏乡约》以来，乡约推行渐渐广泛。乡约逐渐成为民间提倡礼教、敦化风俗、尊长敬贤、劝善惩恶、互助互济的一种乡间教化形式。贺瑞麟曾借助三处场地讲行《乡约》，即三原县南李村的麻庐、三原县城的学古书院、清麓山侧的正谊书院。在每月朔望之日，他率领门生演习士相见礼和乡饮酒礼。贺瑞麟围绕"德业相劝、过失相规、礼俗相交、患难相恤"的核心内容教化地方百姓，使得他们能够安于伦常，通习礼俗，合和相处。乡约古礼的推行，一方面，它是清代统治者在地方推行文化笼络政策的具体体现之一。正如王有英所说："虽然清代前期的乡约仍保留着乡村自治组织的一些特点，但它已具有基层行政组织的性质。"① 晚清时期更不必说，乡约教化的自治性已逐渐被官治所替代；另一方面，对地方而言，乡约的确也起到了维护地方百姓和睦共处、和谐稳定的作用。

与乡约同样具有教化功能的就是圣谕。清朝统治者为稳定统治地位、强化伦理秩序，顺治九年（1652），在借鉴明代治国理念时，顺治帝就将朱元璋创设的"圣谕六言"钦定为《六谕卧碑文》，颁行于八旗及直隶各省。康熙九年（1670），康熙帝在此基础上又颁行《上谕十六条》，自上而下，广泛宣讲，直至县级以下的乡村，要求严格遵行。雍正即位后，对《上谕十六条》又逐条加以诠释和发挥，最终形成了近万言的《圣谕广训》，并要求逐级、广泛地进行讲读学习，使其成为地方经常性的宣讲内容，一时间成为全民必修教科书。曾有学者提到《圣谕广训》已成为"清朝的圣经，为郡县学训练士子的标准，教化全国人民的法典"②。贺瑞麟也曾是地方上宣讲圣谕的一员。作为地方乡绅，他们有文化，又生活在乡间，所以清廷选择他们，以作为发挥上传下达的纽带，维护其统治。

无论讲行乡约还是宣讲圣谕，在当时地方上，贺瑞麟都是当仁不让的一员。由于他在当地可谓是知识渊博、道统纯正、远近闻名的关中大儒，

---

① 王有英：《清前期社会教化研究》，上海人民出版社2009年版，第96页。
② 毛礼锐、沈灌群主编：《中国教育通史》第三卷，山东教育出版社1995年版，第418页。

且他并非只是专研学问,不问世务之辈,恰恰是能够将学术和治术内外兼修的大儒,因此历届三原县令如余庚阳、唐霈亭、焦雨田等,甚至还有陕甘督学吴大澂等人对他都十分敬重。为了地方世风民俗的改善,他们都十分器重贺瑞麟,尤其在地方伦常秩序重建等问题上,经常委以重任。此外,贺瑞麟还撰写大量的墓志铭、墓表、寿序等文章,以此来宣扬纲常教化,笃守伦常教化,这些也是他理学思想的重要体现。然而,就乡约古礼推行的效果来看,在经历了战乱灾害之后,乡间民众多已苟且生活,失去了有序的生产生活状态,农民百无聊赖,渐渐滋生懒惰心态;士人也多已丧失读书志向,苟且偷生,致使乡约的推行举步维艰。

关于教化,作者认为,贺瑞麟能够做的是一个封建儒士修身为己的使命,尽管有时会有观点认为,他所做的仍是在为统治者服务,他对百姓的教化正是统治者对他的教化所致。然而教化本身所产生的作用并非只能仅仅局限在阶级内来看,教化是文化发展的必然因素。王铭铭在《由张光直先生想起的》一文中提及张光直关于教化的看法,他指出:"教化的内涵远远超过现代'教育'这个概念所能包含的。从根本上说,就是包含'上下之别'的礼仪、象征、知识、信仰、伦理等等被人类学家总结成'文化'的东西,与所谓的民俗实现互动的过程。"[①] 在中国传统社会中,社会教化不仅仅是统治阶级维护封建政治秩序的需要,也是生命个体在社会上得以生存的需要,在文化生成中应运而生。教化中积淀着民族文化的基因。

第二节 倡导乡间古礼

作者在上节已经提及,由于经受战乱、灾害等冲击,礼法被践踏,晚清关中社会原有的风俗伦常早已被打破。贺瑞麟认为改善现状的关键是兴学校、兴教化。这里他所指的教化根本就在推行古礼。本节主要围绕贺瑞麟倡导古礼的缘由、贺瑞麟推行古礼中的具体例证、贺瑞麟对礼俗的基本认识等几个方面展开论述。

---

① 王铭铭:《由张广直先生想起的》,《读书》2003年第6期。

一　贺瑞麟倡导古礼的缘由

礼是中国儒家思想的重要组成部分，在不同的历史时期礼学也经历了不同的理论发展。历经唐末五代的社会动乱，宋代初建时，社会秩序的重建成为当时士大夫的责任。随之，由张载所创以礼教为特征的关学应运而生。司马光评论张载思想时指出："窃惟子厚平生用心，欲率今世之人，复三代之礼者也。汉魏以下盖不足法。"[1] 还指出："教人学虽博，要以礼为先；庶几百世后，复睹百王前。"[2] 此后，理学家二程对张载思想的特点也有评价："子厚以礼教学者，最善，使学者先有所据守。"[3] 张载以其对礼学的认识和践履回应着时代的需求。他的这一思想特征在其之后的关学人物中都有不同程度的继承。其中，晚清时期的贺瑞麟对其以礼教人思想继承得又比较彻底。

贺瑞麟继承张载的礼教思想比较彻底，这与他们所处的历史时期有一定相似性有关。其一，二人都面对民族关系上的紧张局面。张载虽处宋代社会较为鼎盛的时期，但其实也存有潜在危机。当时西北有西夏崛起；东北又有金的崛起，少数民族政权的兴起对大宋王朝必然构成威胁。就贺瑞麟所处时期而言，虽不存在少数民族政权的建立，但他目睹了十余年的太平天国起义、回民起义而导致的社会伦常秩序被践踏的现状，社会危机重重。其二，二人都面对阶级矛盾尖锐的情况。张载生活的时期，农民和地主阶级的矛盾已经日趋尖锐，小规模的农民起义已不断发生。王安石对此有论述："顾内则不能无以社稷为忧，外则不能无惧于夷狄，天下之财力日以穷困，而风俗日以衰坏。"[4] 贺瑞麟生活时期自不必说，全国范围内先后有太平天国起义、捻军起义，规模之大、破坏之强、影响之大在清代也是屈指可数。此外，与张载所处时期不同的是，第一、第二次鸦片战争的爆发，使西方列强已经深入中国；清代关中频繁的自然灾害也是历史上

---

[1]（宋）司马光：《司马光论谥书》，载《张载集》，第387页。
[2]（宋）司马光：《又哀横渠诗》，载《张载集》，第388页。
[3]（宋）程颢、程颐：《河南程氏遗书》卷二上，《二程集》，中华书局2004年版，第23页。
[4]（宋）王安石：《临川先生文集》卷三十九《上仁宗皇帝言事书》，《临川集》，中华书局1959年标点本，第410页。

少有的，这些因素叠加导致的结果可想而知。内忧外患、生产瘫痪、秩序混乱，整个社会已接近崩盘。如何走出困境？只有重建社会伦常秩序才能够恢复原有的生机。正是这种内外交困的历史环境成为贺瑞麟推行礼教的社会土壤。

贺瑞麟思想中"礼"的思想，既有义理层面的含义，又有实践层面的含义即以礼教人、以礼化俗。他尝讲："不知义理，行个甚礼。"① 礼应当具有本体论之意义。

> 圣贤之学一"复性"尽之。《小学》题辞之"人性之纲，乃复其初"；《大学序》之"知其性之所有而全之"，经之"明明德"；《论语》首章注之"明善而复初"；《孟子》首章之"仁义"，《中庸序》之"道心"，至"天命""率性"又不待言；《诗传序》之"性之欲"，《书传序》之"心"字，皆是一个道理。推之《易》《礼》《春秋》，无不皆然。本体如此，工夫即当如此，外此而学，皆非学也。②

礼学的根本就在"复性"，"复性"在于能够达到性与天道合一的圣贤之学。复性即仁道的体现。礼、义、智皆在仁道之中。克己复礼正是行仁道之事，贺瑞麟认为："克己复礼，天德在是，王道在是，心法治法一以贯之。"③ 因此，礼即义理中之，礼教亦是义理中之事。

二 贺瑞麟礼教实践中的例证

透视民间婚丧冠祭中的礼俗，即可较快了解地方上基本的礼俗状况，贺瑞麟对当时关中地方上的礼俗从观念至行为，都感到忧虑。重返三代礼治社会成为他追求的理想。

清代社会中理学家对丧礼的重视程度普遍比较高。贺瑞麟也是如此，以下通过他的一篇《妻服答问》内容，对贺瑞麟就当时地方社会操办丧礼的礼俗作以分析。

---

① （清）贺瑞麟：《清麓日记》卷二，《贺瑞麟集》，第1023页。
② （清）贺瑞麟：《清麓日记》卷一，《贺瑞麟集》，第1001页。
③ （清）贺瑞麟：《清麓遗语》卷四《经说三》，《贺瑞麟集》，第964页。

麟有妻之丧，不敢以非礼处。或人疑之，乃问曰："世不重妻丧就不矣，子曷为乎违俗也？然则其为服，何也？"曰："齐衰之服也，期也。""曷为乎期也？"曰："《礼》'妻以父服我，我以母服报之'，故期也。""杖何也？"曰："父母在则不杖，以尊厌也。无父母，则稽颡可矣。况杖乎？""是不亦同于母乎？"曰："非然也。父母则稽颡而后拜，妻则拜而后稽颡也。""曷杖乎尔？"曰："父竹，苴也。母桐也，削也。《礼》'齐衰皆削杖'，妻亦桐可也。昔者吕新吾氏之弟之妻之丧也，新吾令其制槐杖，半分其下，死也分形，槐，以怀之也。桐不可得，故槐也，槐又不可得，则新吾谓之土亦可也。故吾以柏亦削其半，谓期以百年者，今其约替矣，亦附棺之余也。""亦禫乎？"曰："宗子之母在，为妻禫。则非宗子者，更得以伸其私丧。故为妻十一月而练，十三月而祥，十五月而禫也。""夫不祭妻何也？"曰："谓馂馀，虽夫不以祭妻也。""祭而拜礼乎？"曰："朱子曰：'夫祭妻，亦当拜也。'""然则有子无子异乎？"曰："使吾无子而死，则妻之服我者，亦以是而贬第三年之丧乎？妻齐体也，岂以无子而贬之乎？情弗达，义弗协焉耳。故妻之丧，三年不取者，非尽为达子之志也。牉合之道，固然也。""然则期终丧不御于内，丧既终可以御内矣。迟之又久，亦可以娶矣，必待三年乎？"曰："此亦视其时与事耳。然不可不勉也，徇私焉则悖。""不食肉酒，亦终丧乎？"曰："终丧也。""客亦无酒肉，何也？"曰："不敢。曷为乎其不敢也？'子食于有丧者之侧，未尝饱也'，酒肉之是陷客于非也。""又酒仆役，何也？且客亦既见之。"曰："仆役未也，客于是亦可以知礼矣。""不用乐，何也？"曰："非礼之甚也。居丧不言乐，况闻之而作之乎？期有服，不举乐于其侧，况有妻服乎？""不挂纸幡，何也？"曰："佛氏之教也。是以有罪待亡者也。虽然，犹有未甚害理，而究属无谓者，或失于疏而不之检，或格于势而不能禁，则某之过也。不以是教麟，而疑其尚合于礼者，将古礼终不可复乎？然而世之于父母之丧，其违礼已多矣，况妻乎？其功缌亦不待言矣。则子之疑之也，又何怪？噫！是可叹也。"因述其语做《答问》①。

---

① （清）贺瑞麟：《清麓文集》卷十六《妻服答问》，《贺瑞麟集》，第519—520页。

贺瑞麟在他第二任妻子张孺人去世后，因丧事依古礼操办，引起了他的诸多弟子及世人的不解，为消除世人的疑虑，贺瑞麟作了这篇答问。朱熹在《中庸章句》中曾对"君子之道，造端乎夫妇；及其至也，察乎天地。"有深刻的理解："君子之道，近自夫妇居室之间，远而至于圣人天地之所不能尽，其大无外，其小无内，可谓费矣。然其理之所以然，则隐而莫之见也。盖可知可能者，道中之一事，及其至而圣人不知不能。"① 通过这篇对话，贺瑞麟对夫妇之道的体认已十分清晰，夫妇之礼自是道中之事，而且，家庭伦常之礼，也必然由夫妇之礼开始。他的妻子在世时，俩人相敬如宾，每次他出门时也要行夫妻相揖之礼，这常引起乡人非议，贺瑞麟不以为然。为了让更多人知晓古礼且能推行古礼是这篇对话的又一指向。对话涉及十多个有关妻丧祭的问答，可归纳为以下几个层面。

第一，世俗关于丧礼的举办已离古礼越来越远，更别说给妻子办丧礼的事宜，这在当时已不合风俗。但贺瑞麟认为依据古礼，妻子死后不仅要举办丧礼，而且应当齐衰②期年，也就是妻丧礼仅次于父亲去世后斩衰三年的规模。妻丧礼中，是否带杖，贺瑞麟认为应当根据具体情况而言，《礼》曰："齐衰皆削杖。"但实际中，如果父母在世，不带杖，这是出于对父母的尊重，如果父母不在世，则带杖，这也是对至亲之人的真情所为，甚至"稽颡"都是可以的。但这并不是把妻之丧等同于父母之丧，父母之丧是先稽颡而后拜；妻之丧是先拜而后稽颡。

第二，妻丧除服之后，是否要有祭祀礼。贺瑞麟认为要有祭礼，而且还要有拜礼。那么妻子有无留下子嗣与是否行拜礼有无关系？贺瑞麟以反问的方式给出了答案，假如丈夫去世，没有子嗣，妻子在服丧时，是否也要贬三年之丧呢？可见，在妻丧祭礼规范中，不应考虑是否有子嗣作为隆礼杀礼的衡量标准。"妻以父服我，我以母服报之"，对妻丧礼的履行不因任何外在因素的干扰而在礼仪规范上有所杀减。

---

① （宋）朱熹：《四书章句集注》之《中庸章句》，第22页。
② 古代礼治中，有为死去亲属服丧的制度。根据血缘关系的亲疏差别，丧服由亲至疏分为五等，即：斩衰、齐衰、大功、小功、缌麻。

第三，妻子的丧服期结束后，丈夫是否可以再娶。贺瑞麟认为，这就需要因时因事的不同而做出定夺，不能绝对而言。此外，关于丧礼中能否有酒肉，贺瑞麟认为，必须在终丧之后才可饮酒食肉，否则就不合时宜，失去亲人后，情至悲痛，且对已去亲人又有无限的追思，此时饮酒吃肉情理中很难做得到。此时也不应给客人提供酒肉，否则也是陷客人于不义之中。关于丧礼是否用乐，贺瑞麟认为丧礼行乐是非礼之举，居丧是不应有乐的。至于丧礼不挂纸幡，贺瑞麟态度十分坚定，他认为那是佛事流弊所产生，不应当采用。然而流弊又何止于此，当世之人对于父母的丧事操办也早已有违古礼，何况妻子，更不必说遵循功缌等丧服制度了。

由此也足以看出贺瑞麟对他第二任妻子的感情非同一般。透过贺瑞麟的第二次婚姻可以看到，夫妇之间常行相揖之礼，他们的婚姻模式已经超出了夫为妻纲的狭义内涵，他们之间建立的是相对平等、和谐的夫妻关系，这在传统社会是少有的。尤其是张孺人不仅能够时时处处理解与支持丈夫，而且还能以行动激发丈夫的为学之志、礼教之志。这在贺瑞麟看来也是十分可贵的、可敬的。人生能得一知己，妻子成为丈夫的良友，这也许是夫妇知乐的一种伦理愿景，而贺瑞麟的这种愿景实现了，尽管十分短暂，但却影响着贺瑞麟接下来的每一步。

贺瑞麟先后娶了三位妻子。不幸的是，妻子过世都很早。原配杨孺人，道光二十四年（1844）因难产而死，无子女留下，时年19岁。在丁父母忧期满，道光二十八年（1848）娶张孺人，生有女儿小兰，共同生活不足七年而死。咸丰六年（1856）娶林孺人，当时迎亲礼都用乐，唯独贺瑞麟不按此行礼，毅然行古礼。生有儿子铭照，小儿7岁，死。此后，光绪二年（1876）纳妾杨氏，不足四年而死。随后又纳妾刘氏。在刘氏之前，曾有两件事：贺瑞麟曾以四十金买安氏，还未纳，因安氏思念父母心切欲回家，贺瑞麟只好叫其父母领走，没有索回所付定金，之后他曾被问及此事，曰："当此奇荒，妻妾子女或预售人而不得，甚至甘心奔从冀得一饱亦无故者。而此女全身，犹得吾金以救父母，此其中殆有天焉。余虽贫困，尚可因此全活一家，亦大佳事。"[①] 此事之后，贺瑞麟又

---

① （清）孙乃琨：《贺复斋先生年谱》，载《贺瑞麟集》，第1154页。

买文氏，文氏进门就称他"五爷"，见此状，贺瑞麟曰："名教，人之大经也，是称我五爷矣，而可纳之为妾乎？"① 于是他又为此女寻得夫婿嫁了出去。

由此可见，贺瑞麟在续娶妻妾的问题上也有难言之隐。首先，妻亡续娶一事，他遵循了古礼，贺瑞麟前两位妻子都不幸早死，此人生之不幸；古有若中年丧偶且有子，则不宜娶，可惜贺瑞麟在其中年、晚年皆有子女丧，据他明确记载的有其女儿小兰、肃，儿子铭照、肖陆或夭折或早死。无子续娶这也是合礼而为。他对妻子的去世均按照古礼操办丧事，对于子女疼爱有加，不论子与女，皆教其读书习礼，这也是难能可贵。其次，尽管在当今看来贺瑞麟纳妾行为早已不合时宜，甚至被看作是封建糟粕，这当然应予以批判。但如果从当时处境来看：年近耳顺之年，膝下无子，由此他不得已而纳妾，他的所为当同情地理解。再者，在纳妾一事上，又可看出他的恻隐之心，在那样的灾荒之年，不得已卖妻卖女是常事，贫困百姓只求能活一命。贺瑞麟买安氏，方可全活安氏一家人性命，所以即便纳妾没实现，他认为还是很值得的。对于直称他为"五爷"的文氏，他认为她既然以长辈称呼，长幼伦常之序不可坏，怎么可以再纳为妾，于是将女子出嫁。在贺瑞麟不幸的婚姻中，处处折射出了他对礼的遵循，再一次诠释了他对"君子之道，造端乎夫妇"的理解。而且值得肯定的是，他不是不加选择地继承古代社会的封建礼教，在夫妻关系中，他不是只注重夫为妻纲的单向约束，他显示出了对女性的一种尊重。

尽管当时日用伦常之礼已被破坏，其中夫妇之礼破坏又最严重。妻死可随时再娶，夫死也可以随时再嫁的现象比比皆是，但贺瑞麟认为，夫妇之礼不是羁縻之私，不能因为夫对妻如何，所以妻对夫亦如何。丈夫守义，妻子守节不是出于相互报施计较，夫妇各尽其礼，是出于天理自然而不可更改的，尽礼当是不容已之行为。夫妇之伦是一切人伦的开始，夫妇之伦不能竭诚而为，则其他君臣、父子、兄弟、朋友之间就会产生机心，那样自然就造成人心惟危的局面。

礼有一定的节文、仪式，就丧礼而言，对于去世的亲人又有一套非常

---

① （清）孙乃琨：《贺复斋先生年谱》，载《贺瑞麟集》，第1154页。

详尽的丧葬制度。在以父权为核心的宗法制度下，男性占据主导地位自不必说，但根本上离不开人之真情的表达。婚礼是人的至真至爱之情的表达；丧礼是对亲人悲恸之情表达，礼不尽诚，不足以表达亲人之间的爱慕、理解、敬仰、追思之真情感。古礼中虽然有很强的等级性，但礼的存在又是对等的、双向的。君君、臣臣、父父、子子，各有各的道，各有所当尽之礼，君要尽仁、臣要尽忠、父要尽慈、子要尽孝，这样才能建立起有效的人伦秩序。

综其原因，贺瑞麟认为古礼的破坏在于士人的不作为。礼下庶人的努力和实现离不开士人在其中所应承担的职责。在民间，士人就是礼教文化的承担者和推行者。《荀子·儒效》曰："在本朝则美政，在下位则美俗。"① 儒士在乡间扮演着"君子"的角色，要能够化礼成俗，促进庶民遵从礼仪规范，转变一些不合时宜的习俗。

三 对贺瑞麟礼俗观的基本认识

贺瑞麟在关中推行古礼的实践，不同于清中期礼学家对礼仪、礼制等义理内容理解的那种深度，他更多时候是站在一名乡间儒生的角度思考，面对民风习俗的日益沦丧和败坏，他不断地思考如何能转变这种状态，改善民风。他能想到的就是，礼是维护秩序的关键。如果能在乡间推行古礼，应该可以达到移风易俗的效果，而且有三代礼治所带来的民风淳朴、百姓安居乐业的景象足以证明礼在维护和谐稳定社会秩序中的重要作用；反之亦可看到，孔子处于礼崩乐坏的时代，但他在继承周礼的基础上，重新定《礼》，恢复伦常秩序，这说明在乱世通过礼来恢复正常的秩序又有其必要性。贺瑞麟认为战乱、灾害加剧了社会秩序的破坏，重新推行古礼，重建世人对道德伦常的认识势在必行。

礼是人在社会中立身、处世、接物的基本准则。"礼者，天理之节文，人事之仪则，此固不可易者。然礼缘人情，殷因夏，周因殷，皆有损益，因时所以制宜也。"② 礼源于人的真情，且礼又受到天理的节制，在不同历史时期，礼也在因地制宜、因时制宜地发生着变化，但礼终究以性

---

① 《荀子·儒效》。
② （清）贺瑞麟：《清麓文集》卷二《重刻〈吾学录〉序》，《贺瑞麟集》，第77页。

与天道合一为基准。

> 夫礼出于自然之理，而非强人所难。人不知礼，则耳目无加，手足无措，或佚于规矩准绳之外而不知，遂至尊卑上下亦失其序，则陵僭之风起矣。陵僭不已，势且争竞，狱讼繁兴，干戈日寻，大乱之作其不由此欤？惟礼可以已乱。方今民心犹有未靖，中外多故，果守此书，闾阎各敦敬让驯谨之行，知制度品节之不可逾，崇德义重恩信，以拜跪折骄悍之容，以俎豆销兵戎之气，虽有强暴亦将潜孚默移，日迁善而莫知为之者。①

礼并非是强人所难，而礼一旦被践踏，需要重新恢复时，却显得有一些强制性，那只能表明人的心灵已经被不自然的、外在的事物所浸染，失去了本真的情感。因此礼在重建的过程中要经历一个不自然到自然的过程，就如同起初，夫妻互行揖拜之礼，众人嘲笑，以至夫妻行礼感觉不自然，一旦坚持依礼而为，时间久了，不仅不被嘲笑，而且认为理当如此。这需要经历一个较长的过程，需要有人带头，长期潜移默化中，就会渐渐接近人与人之间应当存在的秩序关系。

贺瑞麟正是要通过以礼化俗、以礼节俗改变乡间存在的恶俗、薄俗。在丧礼中存在的种种恶俗，如丧礼奏乐、丧礼行酒吃肉、停丧不葬等，这些都与古礼相悖。推行古礼旨在改变这种不好的习俗，使人们意识到节俭是礼的重要内容。礼对俗起到一种逐步渗透、制约的作用。乡间丧礼的"五服制度"已经在很大程度上是亦礼亦俗。礼在化俗的过程中，也吸收了不违背礼的一些地方习俗。

在乡间礼与俗的相互影响之中，逐渐生成的地方礼俗文化，成为地方社会一种无形的约束机制。《周礼·大宰》："礼俗，以驭其民。"② 王安石在其《周官新义》中诠释十分清晰："礼则上之所以制民也，俗则上之所以因乎民也。因乎民也无所制乎民，则政废而家殊俗；无所因乎民，则

---

① （清）贺瑞麟：《清麓文集》卷二《重刻〈吾学录〉序》，《贺瑞麟集》，第77页。
② （清）孙诒让：《周礼正义》卷二《大宰》，中华书局1987年标点本，第67页。

民偷而礼不行也。故驭民而当以礼俗。"① 在地方，单纯依靠礼，直接拿来古人的内容或者直接把统治阶层的礼仪制度应用在乡间，难免水土不服，很难驾驭民间。只有形成礼与俗交融之后的礼俗内容才可能起到教化百姓的功效。

俗即社会存在的种种习惯，礼是对社会种种习惯、习俗的制约和规范。以礼节俗、以礼化俗就形成基本的礼俗。能够维护礼俗这样的规范就是传统。乡土社会安土重迁，天不变、道亦不变，历代解决问题的办法就是当朝参照的指南，好古就是稳定生产、生活的保障。晚清社会环境与前代相比，已发生了不一样的变化，古礼在地方上的继承与推行已经十分困难，礼的秩序被破坏，俗的习惯也被打破。晚清关中的中西冲突、民族冲突、阶级冲突等各种冲突导致有序变成了失序。人与人、人与社会的关系紧张；学术门户、异端对立，信仰差异等也造成思想精神层面的不平衡。通常情况下，礼可以在较稳定的封闭的环境下维持社会伦常秩序，而一旦这种秩序被打破，礼的效力也会受到重创。回顾历史上每次外族的入侵都会对礼造成不同程度的冲击，因此礼在任何冲击或转型的社会形态下都很难维持。

总而言之，礼是社会秩序稳定的基本保障。"四体既正，肤革充盈，人之肥也。父子笃，兄弟睦，夫妇和，家之肥也。大臣法，小臣廉，官职相序，君臣相正，国之肥也。天子以德为车，以乐为御。诸侯以礼相与，大夫以法相序，士以信相考，百姓以睦相守，天下之肥也。是为大顺。"② 从家庭到社会只有建立有序的伦常关系，才能实现夫妇和睦、君臣和谐的家国兴旺景象。正是这种既有差别，又有合和的相处才是和谐秩序的平衡点。

第三节　贺瑞麟编纂《三原县新志》——礼教思想的缩影

在对贺瑞麟推行乡间古礼有一定了解的基础上，不妨再来对他所编纂

---

① （清）孙诒让：《周礼正义》卷二《大宰》，中华书局1987年标点本，第67页。
② 《礼记·礼运》。

的《三原县新志》①有个整体的认识，这是在遭受战乱灾荒之后他对整个县城的地理、建置、田赋、祠祀、人物、灾异等的全面回顾与清理。通过《新志》的今昔对比，我们更加可以看到社会秩序重建的紧迫性。本节将从县志的纂修背景及概况、县志的主要内容、县志的特征及意义几个方面作详细的阐释。

一 《新志》纂修背景及概况

清代是古代方志发展的一个高峰期。康熙十一年（1672），清政府开始准备撰修《大清一统志》，历经康熙、雍正、乾隆三朝的努力，各省撰修了通志。而且清政府为稳定人心，通过礼治文化钳制人们的思想，优化风俗，保证社会的稳定发展，随后在配合全国性的总志和各省的通志，以及光绪年间编纂的《大清会典》，清政府还力促各省总督巡抚向地方各州县要求撰修志书。于是，清代的方志也居历代之首。据《中国地方志联合目录》可知，现存清代方志5701种，全国地方志总数为8867种，占64%，其中省志86种，府、州志901种，县志4714种。清代地方志的编纂之所以如此兴盛与清统治者的积极倡导密不可分。

县志的编纂除了要受到国家统一政令的要求或影响之外，也受地方实际情况的制约。同治三年（1864），时任三原县令的余庚阳就准备开馆延请贺瑞麟修辑本邑县志，然而受战乱影响，典籍缺乏，又因为最近的旧志距离当时已百余年，诸多记述无从考证，贺瑞麟勉强草创初稿，随后因战乱搁浅，直至光绪四年（1878）焦云龙任三原县知县，他十分感慨："三原关辅名区，旧称富庶，今则土地荒芜矣，人民凋残矣，其见之政事，宜如何垦辟，宜如何培养，如何而厉廉节，如何而兴礼让，士如何重道德，农如何返淳朴，此余之所大惧也。"②焦云龙临危受命，很快开始着手解决当时的主要问题，如赈灾济民、移民垦荒等事宜。在经办修志一事中，他认为修志是地方事务中紧要之事，且得知贺瑞麟恪守程朱，力崇正学，于是他拜访贺瑞麟于清麓精舍，二人一见如故，再次请贺瑞麟编纂县志，历经十余年努力，贺瑞麟终于编纂完成《新志》。流传至今，明清两代三

---

① 注：本章以下出现的《三原县新志》均简称《新志》。
② （清）贺瑞麟编纂：《三原县新志》序，第2页。

原县志的编纂主要有五种。(见表3-1)

表3-1　　　　　　　　明清两代三原县志的纂修概况

纂修完成时间	纂修人	县志别称	卷数	字数(万)	附图	特点
明成化年间	朱昱	朱志	16	15	0	分地理、食货、公署、坛遗、古迹、宦绩、人物、制词、词翰等
清康熙四十三年(1704)	李瀔	李志	7	12	2	分地理、建置、赋役、官师、选举、人物、艺文等
清乾隆三十年(1765)	张象魏	张志	22	22	7	分地理、田赋、官师、人物、艺文等
清乾隆四十六年(1781)	刘绍攽	刘志	18	18	6	分地理、建置、田赋、官师、选举、人物、烈女、艺文等
清光绪五年(1879)	贺瑞麟	贺志	8	16	13	分地理、建置、田赋、祠祀、官师、人物、选举、杂记等

注：该表参照陕西地情网：http：//www.sxsdq.cn/dqzlk/dfz_sxz/syxz/和《三原县新志》。

旧县志中，明代一种，清代四种。朱志是其他四部县志的母本，该志重人文，轻自然，与后诸旧志一样，均以维护宗法伦常制度为要任。李志现已列入善本。张志内容广博，居五种旧县志之首。刘绍攽擅长古文词，熟于史事和当代典章制度，刘志中艺文部分占六卷7万多字，纂者的功力所向毋庸置疑。贺瑞麟纂修县志现已有《咸阳经典旧志稽注》编纂委员会整理校注出版。与前志相比较，该志分类精练清晰，制图较多、较细，内容客观翔实，敢于辩证纠谬，并对艺文做了特殊处理，将其从志书中析出，另外集成《原故文录》一卷、《原献文录》三卷、《原献诗录》四卷。

二 《新志》主要内容

在《新志》完成后，知县焦云龙作序。《序》中讲："志者，记也。所以记一邑之土地、人民，而为政事之施焉。然非文简事核，本诸义理，何以征信传远，示得失而昭炯戒。"① 作为一县之地理、政治、经济、文化等的浓缩，《新志》当有鉴往知来之作用。使当世及后世人民对本县能够有全面了解，励精图治，革除时弊，恢复生产，重塑忠义节孝之风气，重建三代礼治之序。

(一) 经济状况

三原县，地理位置在上古无从考证。据明代关学家马理记载，三原最早可追溯至汉代所置池阳县，因此，又称"池阳"。今三原地处关中平原，又因丰原、孟侯原、白鹿原三原而得名。三原位处古京畿之地，古代经济、贸易较为繁华，是古代北方的交通要道。

人口锐减。历经战乱，社会经济发展迟缓的其中一个原因就是人口锐减。农业社会靠的是人丁兴旺，而根据县志的记载，当时人口数量已经达到冰点。据记载：咸丰十一年（1861），《保甲册》户口共男女大小一十六万三千余名口。同治三年（1864）《抚恤册》记载，回乱被害共男女大小二万三千余名口，病故共四万八千余名口，逃亡未归共一万九千余名口，现存男女大小共七万三千余名口。"光绪丁丑、戊寅间，大饥，道殣相望。己卯清查荒绝地亩，现存男女大小四万□千余名口。"② 前后不足20年，人口锐减四分之三，农业生产很难正常运行，地区经济几乎处于停滞状态。

赋税繁重。战乱之后，三原县农民的负担仍然繁重。贺瑞麟在《田赋志》小序中提到孔子曰"节用而爱人，使民以时"，孟子曰"正经界，薄赋敛"。他认为此时，百姓的父母官应该使民以时，轻徭薄赋，与民休养生息，发展生产。但实际上，从《新志》对田赋的记载看，地方统治者并没有减轻对百姓的横征暴敛。徭役依然存在，赋税名目繁多。对此，贺瑞麟在他编纂的《三水县志》中也有论述："耗羡由来已久，雍正上谕

---

① （清）贺瑞麟编纂：《三原县新志》序，第1页。
② （清）贺瑞麟编纂：《三原县新志》卷三《田赋志》，第49页。

已定分类，近且日增是加耗之外，又有加耗，民其何堪，然上流卖办费繁，而州县或藉口无余故不免夺取，是在大吏躬行节俭，一意爱民为僚属先众贤者，益知自厉而不肖者或有深警乎？"① 官吏的不作为、胡作为，致使百姓处于水火之中。

商业惨淡。三原县在明清时期也是商业发展的一个重要地域，作为关中的交通要塞，是商品中转、集散的重要地带。如一些主要的产品有盐、茶、土特产诸多种。但昔日的富庶，如今已是凋零惨淡。曾经此地富甲一方，统治者在此加设关卡征税。未设卡之前，街市繁华，货物充盈；自设卡之后，祸不单行，又加回民起义，商人为躲避税收，视三原为畏途，导致只剩下一些土商土贩在此苦撑税务，日久，无法支撑，流落他乡。

水利灌溉设施被破坏。关中旧时土地肥沃，物产富饶，水利灌溉很充足。其中，人工灌溉水渠大白渠②贯穿三原县城。"白渠穿城而过，居人多赖以养。"③ "自泾阳北限分水，经县穿城过东流，共灌田二千九百五十二亩。"④ 这条人工灌溉水渠历代都占极重要的位置，经由此渠可灌溉周边数县田亩。为保证水渠贯通，历代都有修缮。但到清代后期，此渠也出现了各种危机：渠水流经各县，县与县交界争执颇多，各地轮流截渠灌溉农田，致使冲突不断；修缮费用较高，均由各县承担；对于地方水利灌溉，清政府还设有专司便于管理，统治者见白渠价值较大，于是在此设税，税额比其他郡、县都重。这些问题导致农田灌溉受到了严重侵扰。吕泾野对白渠就有论述："地以郑白渠夙推陆海，税额独重于他郡、省。然渠堰虽通不均而科征如故，如之何民部贫且逋也？……夫水犹昔也，利少而害多，民已不堪，况无利而徒遗害，其犹谓之水利乎？"⑤ 水到渠成，原本是利国利民的好事，但在具体操作中却成为利益冲突的焦点。此外三原县还有若干大小不一的灌溉渠道，如清、浊二渠，木涨渠等，大都存在以上各种问题，百姓非但受益不多，反而因此受困。

---

① （清）贺瑞麟编纂：《三水县志》卷三《田赋》，清光绪八年（1882）刻本。
② 注：大白渠是在汉武帝太始二年（公元前95），由赵中大夫白公建议，在郑国渠南面开凿，由此得名。1930年以后改为泾惠渠。
③ （清）贺瑞麟编纂：《三原县新志》卷一《地理志》，第9页。
④ （清）贺瑞麟编纂：《三原县新志》卷三《田赋志》，第53页。
⑤ 同上书，第67页。

对此，贺瑞麟感慨道："夫浮费之由来，无非巧取于民，然大者法，小者廉，欲州县之不取于民，必先上宪之不取于州县。朝邑李先生云：'得一贤大吏，则诸州县之弊胥去矣！得一贤父母，则一县之弊立去矣！是又吾民所日夜切望者也。'"①层层累积，最终落在头上承担重负的只有百姓。所以想要使百姓减压，得有一方廉洁的父母官，而想要廉洁的父母官，那么他的顶头大吏得先有所为。透过一县之弊病，可以看到当时整个清王朝统治的弊病。

天地生万物，使物当有则。物尽其用，方尽物之性。为物所役，人将累于物。沉迷于物之中，人就会丧志，丧其志则无所为，甚至走向邪途。物为人所役，则可能导致人的过度挥霍、铺张浪费，由俭入奢易，由奢入俭则很难，一旦遇上天灾人祸，则会导致生产生活处于十分被动的局面。因此，"天地生物，莫不有用于人，人之所以用物，惟使之，各尽其性，此中庸至诚之功用"②。各尽其性，使物有度有则，则万物皆备于我。

(二) 文化教育状况

祀典混乱，儒佛道掺杂。祭祀是古代礼文化的重要部分。不同的祠祀在祭祀中也不尽相同，蕴含的意义也各有差异。庙一般属于儒家礼教文化祭祀神明祖先的范围，如宗庙、家庙、城隍庙、文昌庙等。寺，最早源于佛教祭祀、讲经的场所。还有宫、观、祠堂等道教或民间信仰的祭祀意义各不相同。在县志中发现，这些场所在民间信仰祭祀中已经没有了严格的界限，甚至是相互杂糅，儒佛道彼此掺杂。

古代城隍庙一般不列入祀典，即使是祭祀，也是按照地神的方式进行。然而在三原县的城隍庙中，当地却还为城隍神设立一妇人像，作为城隍之配，"庙后又立寝殿，室中俨设妇人像与神并坐，号为城隍之配。夫城隍、土神安有人形貌？乃竟垂旒端冕，配亦冠帔，且置衾床，盥沐之具"③。贺瑞麟对此予以批判，认为此举极不适宜，作为主管官吏不能切实负责，根本不知晓事神所应有的方式，实在是一种亵渎。而且在庙中设置的地狱、变相、刀山、六道轮回等形象，原本是警戒民众向善不为恶，

---

① （清）贺瑞麟编纂：《三原县新志》卷三《田赋志》，第50页。
② 同上书，第73页。
③ （清）贺瑞麟编纂：《三原县新志》卷四《祠祀志》，第84页。

而男男女女信以为真，焚香膜拜，导致民众更为愚昧不清，沉溺于怪诞虚妄之说中。且设置庙宇、搭建戏楼，耗费物资，实属荒谬。

贺瑞麟对当时人们在文昌宫的祭祀活动也颇有看法："在人则有至圣孔子及先贤先儒，在天则有文昌，皆教人以正谊明道。而一切计功谋利之私，知有富贵功名，而不知有道，及假道以干富贵功名者，孔子之所摈、文昌之所摈也。"① 他批判世人不知为学明道，只为功名利禄所驱使，事实上却根本不知何为真正的功名。"有补于天地曰功，有关于圣教曰名，有礼义曰福，有廉耻曰贵，无违为道，无欲为德，无鄙陋为文，无暗昧为章。"② 文昌之功不在于它能够赐予人间富贵福祉，它只在于人之所为能合于天道，以彰显出人为之功效。人人能够依礼行义亦会得到应得的福祉，纯粹幻想得到上天的恩赐只能是自欺欺人。

祭祀在国，是一国之大事；在乡，则是一乡之大事。祀而不知礼，则失去祀的意义，甚至滑稽可笑，愚昧百姓。"佛老之害人心甚矣！邑之寺、观，《张志》约三十余所，今悉削之。所以黜异端也。薛文清公谓：'惟曲阜县无佛寺'。圣人之泽岂不远哉。程子又曰：'必尽去寺观则天下治'。有心世道者，正不可不严其防。盖一乡数里，间或无学舍，而淫祠遍村堡，纲常民彝之坏，非一日矣！"③ 贺瑞麟看到不仅百姓愚昧无知，即使有司一类对祠祀也是知之甚少，敷衍应对。此外，由于佛、道二教思想也已渗透在民间乡村，百姓无力判别其中孰是孰非，只能随波逐流，求得心里的慰藉。为此，贺瑞麟在参考旧志的过程中，对佛道寺庙的陈述做了大量删减。

庙学合一的传统受阻，书院惨淡，义学荒芜。据县志记载，学校教育的方式大体有儒学堂、射圃、书院、义学等几种。儒学堂由官方设立，但由于入学额数有限，远不能满足士子求学的需求。雍正十一年（1733），当时因三原文风盛行，取入学额数为文生员二十名，武生员十二名。咸丰十一年（1861）额定文生员尚且才三十名。

书院作为一种学习场所有效拓宽了士子求学的去处。三原自古学风浓

---

① （清）贺瑞麟编纂：《三原县新志》卷四《祠祀志》，第87页。
② （清）贺瑞麟：《清麓遗语》卷一《讲闻录》，《贺瑞麟集》，第889页。
③ （清）贺瑞麟编纂：《三原县新志》卷四《祠祀志》，第90页。

厚，书院早有出现。学古书院元延祐七年（1320）创建；贺瑞麟曾在同治戊辰（1868）讲学于此，还建有"藏书阁"及"立雪亭"，购书700余卷。弘治七年（1494），宏道书院由关中理学家王恕之子王承裕创办；嵯峨书院创建年代已无考证，明代关中理学家马理在此讲学；学一草堂，明代关中理学家温纯在此聚集弟子讲学。今天我们仍能看到保存比较完整的书院即宏道书院。

义学的存在主要是为满足一些家境十分贫困的学子求学。义学没有固定的场所，时设时止。光绪六年（1880），知县焦云龙重设各乡义学共16所。因没有固定的薪水膏火和主持，义学组织形式比较涣散，成效并不显著。"而博士倚席不讲学，舍鞠为园蔬者，比比矣。至义学亦名存焉耳。师道不立，蒙养何端？育才之本意，殆不如是。有志于斯者，必思所以振兴之哉。"[①]

学校、书院和义学的存在原本是儒生讲学明伦之场所，以促进学子明善成才，而在实际的推行中却出现了种种弊病：庙学合一传统被打破。所谓庙学合一即庙中设学、学中有庙。这里的庙就是指孔庙。其实早在孔庙创设之前，学宫就有祭祀先圣先师的礼数。《周礼·春官》记："始入学，必释菜礼先师者。"[②]《礼记·文王世子》记："凡学，春官释奠于其先圣先师，秋冬亦如之。凡始立学者，必释奠于先圣、先师，及行事，必以币。"[③]孔子去世后，他所在的居室就被其弟子奉为"庙"，并将孔子生前的衣、冠、书、琴等物都供于其中，每年祭祀。孔子的弟子子孙都在这里学习礼乐文化，逐渐形成规模，明清时期，各地方州县均在学宫旁设立孔庙，"庙学合一"的规制也就历代相承。但在当时的三原这一规制已被打破，于是就有"庙学相通，天下莫不然，三原独否？"这样的疑问。庙已不再是专门为祭祀先圣先师而存在，而成为祈求神灵、祈福攘灾的主要场所。世人不知父子不亲，兄弟不恭，乡邻不和，是因教化不明，人已纯然不顾道之所出之缘故，而缘木求鱼，祈求鬼神相佑，结果只能是福不至，祸不弭，教化不行，世道不明。

---

① （清）贺瑞麟编纂：《三原县新志》卷四《祠祀志》，第92页。
② 《周礼·春官》。
③ （清）孙希旦：《礼记集解》之《文王世子第八》，中华书局1989年标点本，第560页。

学子求科举功名而不求明经达义。儒生不求甚解，但求科举功名。士人受外界功名爵禄的诱惑颇大，以致在求学道路中，不是求为己之学，而是求为人之学，略知皮毛，便急于销售，求得一官半职，如此，科举选拔岂不是误人！县志记载，"吕泾野之言曰：'有千万年科目，如颜闵、德行科；有数千年科目，如程、朱；有数百年科目，如薛文清、罗一峰，有数十年科目，做一官便了事'。愚谓又有甚玷科目者，秦桧、严嵩皆状元、宰相，人且唾骂之矣。然则科目一途，后之君子，尚思所以自处与所以自警者哉"①。德行之科在当时已经被忽视，而一些通过时文科举考试之途达到状元、宰相位置的人却又与君子、圣贤的距离相去甚远，这也客观反映了科举发展至晚清时期，的确呈现出许多弊病。

师道不立，教风学风不振。贺瑞麟对此深感焦虑，"吾邑当明中叶以至国初，乡举进士之盛，盖彬彬乎，甲诸邑矣。近稍不振，其文词一途，亦古今人不相及耶？士之志于用世者，尚其明经术，厉廉隅，毋徒以举业汩焉，则人与文并重，而不止科名之仅存乎"②。为学者不能立其志，而为外物所利诱，此不得不求其放心，学术旁落，治术颓废，道术自然得不到彰显。在贺瑞麟的思想中，学术是前提，学术明，人心正，社会发展方可蒸蒸日上。要使学术明，求学门径就在读书。读什么书，贺瑞麟终其一生认为《小学》《近思录》是读书求学的门户。"《小学》《近思录》此二书者，实学问之纲领，性理之精华也。学者不先读此，是犹入室而不由户，筑九层之台，而不大其基者也。"③ 如果仅以八比小楷为科第之阶梯，那么仁义孝悌之学问根本无从知晓，为己之学就在于它能够以文化人。

此外，贺瑞麟对当时科举中重文生不重武生也有自己的看法。"岳忠武云：'文臣不爱钱，武臣不惜命，天下太平矣。'今国家文武并重，即所恃以致太平者。而时值艰危，尤需戡乱之才。郭汾阳自武举出，韩世忠应募立功，又皆秦产，此吾所以不能不有望于今日武科将材中诸人也。"④ 贺瑞麟亲历了战乱频繁的时期，外忧内患的侵扰导致社会每况愈下，外有列强入侵，内有捻军起义、回民起义，从国家到地方，无一处安宁，所以

---

① （清）贺瑞麟编纂：《三原县新志》卷七《选举志》，第387页。
② 同上书，第343页。
③ （清）贺瑞麟编纂：《三原县新志》第四《祠祀志》，第100页。
④ （清）贺瑞麟编纂：《三原县新志》卷七《选举志》，第423页。

他深感培养武将的重要性。

(三) 教化风俗状况

三原县自古文风礼教广泛盛行,不亚于国内其他地区,而至清代后期,求学之人往往不知礼乐典制,民间也仅是依靠长期形成的习惯勉强维持社会秩序。世人对礼俗教化已经没有太多的认识。许多礼仪多流于形式,有的甚至已经荒废终止。

乡饮酒之礼是在周代就盛行的一种礼仪,一直沿承至清代,主要目的就在通过这种会饮方式推选地方贤能,昌明长幼伦常之秩序。据《新志》记载,每年举行两次,时间一般在农历的开春一月十五日和十月初一。如果以一县为单位,则以知县为主,选择乡里德高望重的长者一人为宾,其次介宾,再次三宾、众宾。教官为司正,赞礼、执事为生员。乡饮酒礼举行的场所一般在学校中,地方比较宽广,适合县乡百姓的积极参与,同时也是学校生员借此学习礼乐教化的生动实践课程。对于乡民中那些践踏礼乐、不知孝悌、为非作歹等行为也起到一定的警戒作用,如此教化之风才可能盛行。与乡饮酒礼相辅的还有乡射礼,但在县志中未记载,作者推测,在贺瑞麟所处的三原县内,至清晚期乡射礼已经较少,而乡饮酒礼还有推行。因为从贺瑞麟的年谱中可以看到,贺瑞麟多次被延请主持乡饮酒礼。光绪八年(1882)县令焦云龙延请贺瑞麟在三原县明伦堂举行乡饮酒礼。光绪十三年(1887)鲁嗣东建成鲁斋书院,请贺瑞麟讲书鲁斋书院,时任藩宪李菊圃、臬宪黄彭年、粮宪曾和、盐宪等人皆来会讲。会讲结束,在此书院举行了乡饮酒礼,"弹琴歌诗,观者如堵,亦极一时之盛云"①。

宣讲圣谕。清统治者入主中原后,他们始终没有放松在思想文化层面上对民众的控制,他们对地方社会的控制比以往其他朝代有过之而无不及。圣谕成为统治者自上而下要求宣传学习的基本内容。康熙九年(1670),清廷颁布《圣谕十六条》,诏令上至各省下至府县乡村等,遵照执行,具体内容:"敦孝悌以重人伦;笃宗族以昭雍睦;和乡党以息争讼;重农桑以足衣食;尚节俭以惜财用;隆学校以端士习;黜异端以崇正学;讲法律以儆愚顽;明礼让以厚风俗;务本业以定民志;训子弟以禁为

---

① (清)张元勋:《清麓年谱下》,载《贺瑞麟集》,第1119页。

非；息诬告以全良善；戒窝逃以免株连；完钱粮以省催科；联保甲以弭盗贼；解仇忿以重身命。"① 雍正二年（1724）在《圣谕十六条》的基础上颁布了《圣谕广训》，内容更加翔实细化，成为当时朝野最为熟知的书之一。其伦常教化的位置可想而知。据《新志》记载，三原当时的乡约制度已经荒废，取而代之的是圣谕的宣讲。由宋代吕氏兄弟开创的乡约制度与圣谕宣讲二者既有联系，又有差异。不过清代后期，圣谕宣讲的范围已经超过了乡约推行的范围。"县中乡约久废，麟往与二三同志遵御纂《朱子全书》，增损《吕氏乡约》行之乡里，及主讲书院。又刻《乡约》书，邀集士友行之数年。督学吴公并率诸生行于宏道书院，为一时盛举。"② 贺瑞麟力主乡约的推行，刊刻《乡约》书籍，书院讲解，推行乡约行之乡里。

　　士庶人丧礼。"夫礼始于冠，本于昏，重于丧，尊于朝聘，何于乡、射。此礼之大礼也。"③ 冠婚丧祭之礼均是古代的大礼，上至诸侯大夫，下至平民百姓对此都十分重视，冠礼是人之成人的开始；昏礼是人生的重大转折，夫妇伦常造端于此；丧祭之礼是凶礼，是表达生者对死者的慎终追远之意，是不容已之情的自然流露。从《新志》中能够看到，许多礼仪尤其是丧礼，在当时已经夹杂了诸多的陋俗。丧礼流于浅俗的形式，违背古礼中的基本做法。许多人对于遵循古礼的做法反而是嗤之以鼻。古代丧礼不饮酒，不食肉，不用乐，但是在当时，丧事用乐、酒肉宴请宾客，已经成为风俗。一些富足之家操办丧事，大兴土木，雕饰奢华石墓，延地方生员穿吉服，列于灵柩之前以显示排场美观，这如何能体现心诚之意？更有甚者，丧礼中延用浮屠道长之言，行佛道之事，或信风水，停柩不葬，或丧中嫁娶，都可谓是伤情害理的作为，是可忍孰不可忍。

　　《人物志》是《新志》内容中的一个重点，所占篇幅较多。其中包括：名臣、忠烈、勇略；贤能、理学、文学、志士、质行、隐逸、孝义、寿民、方伎；节孝、贞烈、贤淑、闺秀、贞寿、瑞应等，其中，节烈之后记载的全部是女性。贺瑞麟在此记载的人物品行较为完备。历代志传中对

---

① 王云五主编：《清朝文献通考》之《学校考七》，商务印书馆1936年版，第5491页。
② （清）贺瑞麟编纂：《三原县新志》卷四《祠祀志》，第105—106页。
③ （清）孙希旦：《礼记集解》之《昏礼第四十四》，第1418页。

事迹卓然的女性如烈女、节烈等多有记载，但缺乏关于女性更多品行的记载，因此该志在这点也是个补充，以此来宣扬女性的各种品行，敦厚乡里风化。此外，《新志》中对节烈的记载颇多，这与当时的历代背景有密切关系，如在回、捻之乱中，大部分节烈女性都因此遇害或自杀；也有部分人在大荒之年饿死等情况。

在节孝的记载中有一个例子："廪生秦甲佑继妻。幼通书史，于归六载，夫亡。前子九，己子一岁，守节课子。屡值兵荒，尝诫其子曰：'年荒，众人之荒；学荒，吾儿之荒。兵乱，众人之乱；心乱，吾家之乱也。'终年六十。"① 该女子与诸多节烈女子不同的是，她不是以某种死的方式守节，她能在荒中守常，乱中守静，她认为，年荒是暂时的，而学荒则是孩子一生的事。兵乱，是众人之事；心乱，那就是自己的事，先管好自己的事，才可能去操心众人事，不添乱于众人之事。这样朴实的道理，即使在今日，也值得借鉴。简言之，贺瑞麟对女性品行教养问题很重视，这在他的著述、刊刻丛书中也可以体现。贺瑞麟著有《女儿经》等，刊刻的训蒙书籍中有《信好录》《诲儿编》《女学七种》《杨秀芝女史吟》，等等。

对比三原县历代旧志，不难看出该县前后的变化差异。

> 明《旧志·图经》云：三原物产阜蕃，习俗淳雅，民耻争竞，有礼逊风。介庵云：士勤学问，民多商贾，妇翁非庆寿、贺节不面见。长幼虽疏，属异姓亦有序。婚丧有相助之仪，时节有往来之礼，市肆之间无居第，居第之所不贸易。男不出赘，女不招婿，蔼然有淳庞之遗，非复秦之鄙俗矣。《李志》：士能敬业，城邑乡井，类多弦诵。农惟县北二峪，左右水泉滋润，种植蔬果，其利较厚。然中人之家，不能逾十亩，余勤力作，犹未为累，一遇旱虐，维正难供。工不事淫巧，止供室宇器械之需。商贾大则盐茶，小亦负贩，数年不归，饶裕之家，劝令买地，多以为累，万金之子，身无寸土，思欲转移，务本轻末，其道良难。《张志》：邑号殷繁，富商大贾，履厚席丰，甚至践曳绫绮，狼藉膏梁，此皆各论所见。然贫者耻于诟谇，富者好

---

① （清）贺瑞麟编纂：《三原县新志》卷六《人物志》，第305页。

行德惠,士知重品,民不逋租,自昔然矣。……近乃尚奇邪,饮食征逐,好枯中腴外,甚且钻利吸烟,不相非,俨然儒者,口不道诗书,闻人言圣贤学,若相戒,不敢近见绳规,士群訾笑之,或曰:"理学先生",盖鄙夷之也。乡间自遭兵燹,人不聊生,救死不暇,土地荒芜,无力耕作,而城市益贪利诈伪,妇女华饰倍前日,无所畏避,演戏赌博,犹未知止,又有甚焉,噫!是可忧已①!

三原县曾是物产富庶、民风淳朴之地。民众遵循长幼有序,礼尚往来;富者行德,富而不奢;士者知品,懂仁让之礼;贫者务实,耻于争竞谄谀。发展至当朝,民众崇尚稀奇邪僻,不务生产,烟片成瘾;儒者不闻圣贤之学,反而以此为耻;土地荒芜,商市贪利欺诈,妇女演戏赌博,尚不知耻,同样的空间地域,不同历史时期却形成截然不同的局面,此情此景,不能不让人深刻反思。贺瑞麟对此有这样的总结:"风俗因时上下,固也,然国奢示俭,国俭示礼,移易之权,亦自上操之耳。诚使临民者躬节、俭敦、礼让,为斯民先,而又有乡先生相与讲明圣道,以潜孚而默化之,虽比隆周汉不难矣。子曰:'道之以德,齐之以礼,有耻且格',岂不诚然乎哉?"②要扭转这种颓废的风俗,必须推行礼乐教化,使圣贤之道深入民心。站在今人的角度来看,这在当时的确是强弩之末,较难行得通。上层统治者似乎已经无力扭转国势的衰微,国内矛盾重重,加之外国列强的侵扰,对此,统治者已经是应接不暇,至于推进积极的礼乐教化思想已经是奢谈,能够控制愚昧民众不犯上作乱是他们的当务之急。生活在中间阶层的官吏士大夫们,有的望洋兴叹,有的埋首穷经,与世隔绝;有的乘机鱼肉百姓,从中谋取暴利;当然也有类似贺瑞麟这样的儒生,仍然坚信儒家正统思想可以挽救危局,整治风俗,振兴教化。

三 《新志》的特征及意义

从《新志》整体看,体例结构完整,每章述论结合,丰富了后人对

---

① (清)贺瑞麟编纂:《三原县新志》卷四《祠祀志》,第118—119页。
② 同上书,第119页。

志书的认识。贺瑞麟对三原县的地理、建置等内容都进行了翔实的考证，便于读者认识其渊源流变。这也体现纂者在求证中实事求是的治学态度。《新志》对清代之前该县历史肯定较多，如祠祀、学校、风俗、教化等各个方面，对撰者所经历时期的现状批判较多；从内容来看，贺瑞麟编纂的主题思想渗透着浓厚的程朱理学思想，尤其对当世的文化、风俗、教育批判较多。时任县令焦云龙对该志特征有高屋建瓴的概括："其大者：削寺观屏异端也；著典礼崇正道也；黜八景斥附会也；去杂文尚谨严也。凡有论述，无非关于世教人心。学术治理之大，而一裁以儒先之旨。"① 这充分彰显出编纂者希望重振礼仪教化来改善世风民俗的急迫心理。

就《新志》意义来看，该志中关于自然灾害如地震、水涝、干旱、风雪、冰雹、蝗虫、鼠疫等方面的记载，尤其对于我们这样一个以农耕为主的国家，有助于后期农业生产、灾害预防等方面的借鉴。对自然灾害导致的百姓伤亡人数、主要灾区、受灾程度以及赈灾举措有翔实的记录，这些为后来学者对地方社会经济史、区域灾荒史的研究也提供了宝贵的原始史料。该志对农业、水利等情况的记载，对地方的生产、灌溉等问题也提供了参考。如《新志》的人物志中设有三原人杨秀元②，此人精通农事，著有《农言著实》一篇。书中对农作物的品种、播种时间、耕种技术、如何施肥等都有具体的说明，对于我们今天的农业生产仍有积极的指导意义。此外，《新志》侧面也体现了一定历史时期的大事件。如同治年间回民起义、光绪三年（1877）大旱之灾等在志书的各卷中多有体现。

县志是县域文化发展的重要载体。县志的纂修为研究区域社会史也提供了有效的文史资料，如县域经济的主要产业、区域建筑的风格、县区景观规划等方面。该志的纂修有利于加强后人对本土历史文化的认同感。

---

① （清）贺瑞麟编纂：《三原县新志》序，第1页。
② 杨秀元，字一臣，诸生。事父甚谨，尤善奉继母。友爱诸弟，持身俭约处家，无私蓄，不妄取，接人直谅。……晚不复与科举，曰："吾躬耕养亲而已，奚名利为？"乃买田献陵侧，颜其居曰"半半山庄"，盖欲半耕半读云。农暇，辄手抄颜之推《家训》、李二曲《反身录》等书。又著有《农言著实》一编。可参见贺瑞麟编纂的《三原县新志》，第230页。

本章小结

贺瑞麟认为古礼难行的根本原因在学术不明、教化不兴。其实他没有看到问题的本质所在，即古礼所赖以生存的土壤——生产方式和分配方式已经动摇。古礼是在国家土地所有制的基础上发展起来的，一旦这个基础遭到动摇或破坏，古礼就受到威胁。历史上每个朝代初期，国有土地所有制基本占主导地位，但随着王朝的动乱、更替，按礼分配的方式也在不断重建和破坏中循环。清朝后期的国有土地所有制已经遭到严重破坏，自然经济下的小农生产受到严重冲击；政治上统治者对农民的镇压日趋明显；军事上到处屯兵；文化上思想钳制等，这种客观现实严重影响了古礼的推行。

礼作为儒学思想的主要形态之一，它的目的是规范经验世界的秩序。关学从张载到贺瑞麟，历代都比较重视礼。关学重礼的特征不是表现在他们对国家层面的典章制的关切，而是侧重于民间以礼教人的礼俗实践。礼与理在贺瑞麟这里没有冲突，它不像清中期出现的以凌廷堪为代表的"以礼代理"[1]的呼吁，贺瑞麟强调更多的是"礼即理"的思想。理主导义理的阐发与对道的把握，礼主导经验世界的践行与秩序的重建，礼成为由体达用、内圣外王的结合体。贺瑞麟希望达到的就是出处合道、体用合一的境界。

民间的冠婚丧祭之礼最能体现一方百姓的礼俗百态，贺瑞麟尤其重视丧礼。观察他对其妻子丧礼的操办，我们可以看到：他与其第二任妻子的感情笃深。这是他至亲至爱之人，更重要的是她懂得他、理解他、支持他，人生得一知己，足矣。他们的这种真挚情感不仅表现在日常生活中的相敬如宾，而且在妻子死后，他一切遵循古礼办理丧事，这也是他不容已之情感淋漓尽致的体现。某种意义上说，正是这位张孺人保持并激发了他义无反顾地推行古礼的斗志。

---

[1] 张寿安：《以礼代理——凌廷堪与清中叶儒学思想之转变》，河北教育出版社2001年版。作者在绪论中介绍"他（凌廷堪）不只是当时的礼学名家，更是率先提出'以礼代理'主张，直接向宋明理学挑战的思想家。他建立了一套礼学思想去取代理学思想，鼓动起嘉道学界舍理言礼的风气，也直接带起晚清的重礼思想"。

在民间，礼与俗的交互作用很明显。礼是民间风俗习惯的一个重要来源。除此之外，地方上还流行有大量的佛、道、天主教以及拜上帝教等思想，这些对民间习俗形成也有很大影响。因此礼与俗在民间的相遇，一方面礼对民俗要有规范、约束作用，使之更加适合儒家伦理秩序的要求；另一方面已形成的民间恶习、恶俗也在产生对礼的抵制与破坏的作用。正是通过这样一番较量，贺瑞麟主张一定要坚持推行古礼。只有这样才可能击败礼俗中的负面影响，使民间百姓懂得正常的伦理秩序不是以邻为壑而是尊尊亲亲；不是行乐挂幡而是慎终追远；不是焚香祈求而是厚生利用；不是赌博嬉戏而是耕读并重。

《礼记·曲礼》："若夫坐如尸，立如齐，礼从宜，使从俗。"① 在礼与俗的关系中，习俗是礼的古老渊源，这里透射着人对自然、对他人、对物的某种情感，这种情感又通过一定仪式、规范上升为制度表达出来。这就存在"文"与"质"的问题，"文"胜"质"，则形式大于内容，如习俗中出现的厚葬、丧礼行乐等都违背了礼的真实内涵；"质"胜"文"则难以突出礼的教化功能。礼源于习俗而又能变化风俗，而且礼又须遵从入乡随俗的基本原则。在乡间，礼的生命力在于它内化为民间的礼俗观才能发挥作用。"维持礼这种规范的是传统。"② 礼经过教化渗透在民风习俗中而成为地方稳定的礼俗，最终成为服膺于传统的习惯。

邹昌林认为："古礼自身内在地包含有'本'与'古'的根源。古人制礼的目的，就是为了通过'本'与'古'的根源，使后人不忘初始的情况。这恰好证明，古礼是一种原生道路的文化。"③ "礼"在变化风俗的过程中已经有意识地把"俗"的诸多内容吸纳包容在其中，同时也就继承了俗所具功能的性质。《礼记·礼器》曰："礼时为大。"礼是适合时宜的路子，古礼也未必尽善尽美，随着社会的变迁，古礼的推行必然有其不合时宜的诸多内容。如何推行古礼，李元春在其《四礼辨俗序》中就曾指出："古制之在今日，有不复者，有不必复者，有不可不复者。"④ 贺瑞麟提倡古礼，也是复其可复者，目的就是使民能返本修古，不忘初始。

---

① 《礼记·曲礼》。
② 费孝通：《乡土中国生育制度》，北京大学出版社1998年版，第50页。
③ 邹昌林：《中国古礼研究》，文津出版社1992年版，第67页。
④ （清）李元春：《四礼辨俗》，《李元春集》，第731页。

自古三秦教化风俗浓厚，今天仍可看到一些缩影。2015年9月23日的《中华读书报》刊登第25届"十大读书人物"的主题内容，排在首位的就是陕西咸阳的万卷书屋主人冯强文，一名小学校长，一位84岁的老人，用28年的坚持，自费十余万为村里建起第一座书屋。从中透射出三秦大地世代注重教化的传统。

第四章 落脚点：贺瑞麟的理学思想在教育中的延伸

教育不仅是贺瑞麟推行以礼教人的实践，也是他理学思想发展的延伸，更是其一生为学做人的归宿。本章就他的教育思想与践行展开论述。首先，梳理贺瑞麟教育思想的概况，主要分为蒙养教育和书院教育两个阶段。蒙养教育是教育的启蒙阶段。其中女子教育又是训蒙教育的重要组成内容；书院教育是教育的高级阶段，是成己成人教育。其次，阐释贺瑞麟在书院教育中的读书门径以及他的编撰刊刻活动。"读书六要"是学者通达圣贤之学的必由之路。《清麓丛书》的编撰刊刻又是其理学思想凝聚的一座丰碑。最后，简要分析贺瑞麟主要弟子的思想，以此来检验其理学教育思想和实践的功效。

第一节 贺瑞麟理学教育思想及实践

贺瑞麟23岁开始授徒，此后一生不辍耕耘，教育成为他一生的使命。他认为每个阶段的教育都很重要，家庭对子女的启蒙就在训蒙教育，这是子女品行养成的关键时期。而且他十分重视女子教育，他认为女性在家族中的作用至关重要。成人之后的教育主要在学校，书院教育是对当时学校教育的有效补充，这一阶段的教育要使学生懂得学习的真正目的所在。

一 蒙养教育

贺瑞麟格外重视儿童的蒙养教育。他目睹当时社会上儿童缺少规矩、不懂礼法、懒惰成性等现象，认为根本问题在于训蒙教化的缺失。照此下去，伦理不正、恩谊难笃，黎民秩序必然混乱。

后世乡塾少规矩，闺门失训诲，是以家庭无礼法，惰逸成性，骄妒生日，乖争陵犯，习为固然。子女幼小，相沿教坏，又安望他日男正外，女正内！父父、子子、兄兄、弟弟、夫夫、妇妇，而家道正耶！家不正，而天下之人心，风俗不可言矣。然欲正家，必自教子女始……一家之中伦理以正，恩谊以笃，太和酿于门内，义风流于后世。由是而尊君事上，莅官牧民胥基于此。非世道之厚幸哉？①

贺瑞麟认为维护家庭正常的伦理关系必须从教育子女开始。他尝曰："今人易训蒙，不知蒙泉育德，圣功所在，须宽严并用，方为养正。《蒙》初爻言'利用刑人'所以示严。即继曰：'用说桎梏，所以示宽，今之教者非击蒙，即困蒙背圣旨矣。'"② 蒙以养正，这是古人已明白的道理，当今世人却很少能够做到。他认为应从启蒙中培养儿童，逐渐收敛儿童松散或放纵的心。"常谓童蒙天性未漓，而聪明渐启，易成亦易坏。"③ 孩童处于天性未泯的阶段，这个阶段尚未形成是非判断的能力，容易学好，也容易学坏，因此，良好的启蒙教育应当从小开始，注重对孩子天性的培养。父兄师长的循循善诱，能逐步开启他们的认知判断能力，使孩童的言行举止在规矩准则中成长。如此，在儿童天性未经浸染前施以训蒙教化，这是儿童良好品德形成的最佳时机。

贺瑞麟认为蒙养教育的内容十分丰富，它包括从日常生活须臾不离的言谈举止，饮食起居，到学习习惯的培养，学习志向的树立，再到人伦道德的养成。这些内容的养成或实现，根本的目的即在修身、齐家、治国、平天下。蒙养教育在贺瑞麟的思想中处处可以体现。如：贺瑞麟一生对朱熹的《小学》推崇备至；他对历代有关蒙养教化的典籍很重视。他主持刊刻的清麓丛书中，纂辑有大量蒙养书籍，其中包括有《诲儿编》《三字经》《百家姓》《豫教三书》《童蒙须知》《小儿语》等。借助蒙养书籍的

---

① （清）贺瑞麟：《清麓文集》卷二《〈豫教三书〉序》，《贺瑞麟集》，第39页。
② （清）贺瑞麟：《清麓日记》卷四，《贺瑞麟集》，第1054页。
③ （清）贺瑞麟：《清麓文集》卷一《书〈养蒙书九种〉总目后》，《贺瑞麟集》，第4页。

刊刻与推广，他希望能够启发和教育儿童，规范他们的行为。主要内容涉及以下方面。

第一，注重日常规范礼仪的培养。"古者小学，教人以洒扫应对进退之节、爱亲敬长隆师亲友之道，皆所以为修身、齐家、治国、平天下之本。"① 古代教育都是从生活最接近处开始，一切从生活出发，一举手一投足，待人接物、处世应对，处处都有规范和遵循的礼仪。贺瑞麟处处以《小学》作为教育的母本，认为《小学》不仅讲明了幼童所应遵循的一切礼仪规范，而且指明了幼童成长所需努力的方向。"盖知立教之则天明遵圣法，明伦之稽圣经订贤传，敬身之仰圣模景贤范。益信蒙以养正，洵作圣旨实功，而学必如圣人而后已，虽童稚之初亦不可不以此自期，待至后世之所谓学，盖有不足言者矣。"②

第二，启发儿童树立为学志向。贺瑞麟依然对现状十分担忧。

> 人莫不爱其子，即莫不教其子。然世俗之教子也，多出于私溺之情，其为之谋衣食计安乐者无论已。即所谓上焉者，不过科第止尔，爵禄止尔，文章止尔，功名止尔。且以为家庭传授之秘术而道德性命所以为人之道，则未之一及。偶有知是说者，或并鄙薄诋訾，惟恐子弟之濡染相戒以背去之速。如是而望人材之出，风俗之厚，乌乎能哉！君子之教子则不然，盖惟立志敦品读书明理，以至修业济时之是务。其于动静语默出入起居，日用细微之事，亦必范之以义方正道，勉以诚敬禁其粗浮，要不外乎圣贤之旨而已。所谓科第云云。听之分义时命，而非汲汲乎此也。③

世俗社会中人们虽然都十分疼爱自己的孩子，但在教育子女的过程中却不尽如人意。或为孩子谋求衣食无忧，或教孩子谋取科举功名，对于如何教孩子懂得为学之道、为人之道则概不涉及，如此人才堪忧、风俗堪忧！贺瑞麟认为使儿童懂得自幼立志很关键，儿童只有具备明确的求学方

---

① （宋）朱熹：《小学》，《朱子全书》第13册，第393页。
② （清）贺瑞麟：《清麓文集》卷四《辨志堂家训节钞序》，《贺瑞麟集》，第114页。
③ （清）贺瑞麟：《清麓文集》卷一《重印〈小学〉书序》，《贺瑞麟集》，第8页。

向，才不至于终身碌碌无为。他常常提及清初理学家张履祥、陆陇其对立志的重视。张履祥曾教导学生曰："为学先须立大规模。万物皆备于我，天地间事，孰非分内事。不学，安得理明而义精。既负七尺，亦负父兄愧怍如何。"① 陆陇其曾告诫他的儿子："非欲汝读书取富贵，实欲汝读书明白圣贤道理，免为流俗之人"，"要体贴到自身上，而勿徒视为取功名之具"。② 由洒扫应对到圣贤之学，从立身到为学，知可为与不可为，立志就是要把握这样的取舍方向。

第三，贺瑞麟认为诗教、礼教也是童蒙教育中两个重要的方面。"诗之为教，本于性情，其为言既易知，而抑扬吟咏有自然之音响节族，其感人为最深。……后世教学不明，为士者已不知兴于诗，则所谓修身齐家无以为本。"③ 以诗来启发儿童的真性情，这是儿童教育不可或缺的一部分，诗的节奏、韵律很容易使儿童产生兴趣，激发出儿童的真实情感，这样引起儿童情感共鸣的教育方式当然是必不可少的。如果说，诗教激发了儿童个体的真性情、真情感，那么礼教则是使这种个体的真性情也能够在伦常秩序中得以实现。儿童由自然人到社会人，接触最早的就是家庭、家族，在这个成长环境中逐渐培养血缘亲疏的等差认知，在父父、子子中认识亲亲、长长，认识孝悌、忠恕。随着环境的变化，儿童对孝悌仁义逐渐有了更多的认知。

贺瑞麟认为蒙养教育对儿童的启蒙十分必要，蒙养教育从儿童习惯的养成、伦理认知的培养、学习态度的引导、道德标准的判断等方面对儿童进行全面的启蒙。良好的蒙养教育是儿童在后期成长中坚实的基础。

二 女子教育

历代除对蒙养教育重视外，对女子教育也不例外。早在东汉就有班昭的《女诫》、蔡邕的《女训》，唐有宋尚宫的《女论语》，明代又有吕得胜、吕新吾父子的《女小儿语》《闺范》等，清代自不必说，陈宏谋、贺瑞麟等分别辑有大量女教书籍。其中《女诫》一直以来都被奉为女教思

---

① （清）张履祥：《杨园先生全集》，第987页。
② （清）陈宏谋辑：《五种遗规》之《养正遗规》，线装书局2015年版，第77—78页。
③ （清）贺瑞麟：《清麓文集》卷一《〈女诗经〉序》，《贺瑞麟集》，第23—24页。

想的圭臬，随着时代的变迁，女教思想也得到持续的扩充和修正。此外，明清以来，由于家训越来越发达，家训中同样包含大量女教思想。

清代学者陈宏谋认为："天下无不可教之人，亦无可以不教之人，而岂独遗于女子也？""王化始于闺门，家人利在女贞。女教之所系，盖系重矣。"① 女子教育不是可有可无，而是关乎家族的兴衰、王道畅行的始基。因此，女子教育不亚于男子教育。尽管古代社会男女有别，所施教育的内容、方式、目的也有很大差别，但不可否认历代对女子的教育并未缺失，而是比较重视。至于"女子无才便是德"的说法，这也不是自古就有，而是在封建社会后期才出现的一种论调。

贺瑞麟对女子教育尤为关注。他在《题训女三字文》中曰："世之治也，女教尤为先。周之兴也以后妃，其亡也以褒姒。国诚有之，家亦宜然，可不畏哉！"② 女子教育不容忽视，这点不但从他著述中可窥一斑，在他的日常生活中也能体现一二。贺瑞麟曾为女儿肃作有《教女八纲为女肃作》，他从八个方面对女儿的言行举止做了具体的规范：曰正静、曰卑弱、曰孝爱、曰和睦、曰勤谨、曰俭质、曰宽惠、曰讲学③。他的女儿肃在其子女中走过的春秋要比其他几个儿女稍长一些，然而也不过在为人妇两年有余就去世了，相对而言，贺瑞麟在女儿肃的身上花费教育的工夫要多一些，这就不难理解贺瑞麟在《女肃埋铭》中流露出"吾老穷独，止一女，天夺速"④ 的悲悯与无奈。

在贺瑞麟的著述中，一方面他辑有相关的女教丛书，如：《女学十种》《妇女一说晓》《女论语》《女诗经》《女小学》等；另一方面在他的哭亲人文、墓志铭、墓表中也有对女子好学、聪颖、懂礼、顺柔等品德的描述，也有对母性的赞扬。他认为对女子而言，女道、妇道、妻道、母道等每种角色都应有严格的规范，他指出："家之难齐莫甚于妇人，固要修身以端本，则亦须常与讲明古人女学之书，如《女诫》等篇。朱子谓《孝经》《论语》亦可取面前明白者教之。愚就《小学》中言妇女者，分女道、妻道、妇道、母道、姑道五类编为一书，名《女小学》。朔望或夜

---

① （清）陈宏谋：《五种遗规》之《教女遗规》，第88页。
② （清）贺瑞麟：《清麓文集》卷五《题训女三字文》，《贺瑞麟集》，第167页。
③ （清）贺瑞麟：《清麓文集》卷十九《教女八纲为女肃作》，《贺瑞麟集》，第616页。
④ （清）贺瑞麟：《清麓文集》卷十五《女肃埋铭》，《贺瑞麟集》，第504页。

坐，略为解说，久当有益。"① 他认为女性在家庭中的位置很重要，尤其在为人妻之后，要守为妻之道，夫妇要相敬如宾，识大体顾大局，不可讲小话，挑是非。要持为母之道，生女孩不要有偏见，有儿子也不可溺爱，"溺爱者不明，贪得者无厌，二语说尽家不齐之弊。余尝谓'正伦理，笃恩谊'，二者家之所由以齐也"②。从小要教育孩子读书，读书明理，孝在其中。要守为妇之道，要懂得为妇"四德"，即妇容、妇言、妇德、妇功。对公婆要孝敬，要知晓娘家生婆家养的道理，两家的恩情自己终身难报，孝敬公婆方能显出娘家的教养好。敬丈夫和姑嫂才能显出父母的训诫好。自己做得好坏，子女都会潜移默化地学习，持家得体，是传家的要紧处。而且处家之道，一切皆要以和顺为主，维护天伦亲情。

贺瑞麟的女教内容没有脱离传统女教的范围，但在具体的内容中又有他的看法：其一，他认为女子不必缠足，缠足对女子而言是一大苦难，这是后世形成的一种恶俗，没有任何依据。其二，他在《妇女一说晓》中批判了淹溺女婴的行为，虽然不排除贺瑞麟有重男轻女的思想，但他认为无论生男生女都应当善待，这是值得肯定的。他不一定能够意识这是对人生基本权利的尊重，但他很好地诠释了人性善的内涵，每个人当有恻隐之心。其三，在这本女教册子中，他还揭露了婆婆虐待儿媳的恶俗，媳妇孝敬婆婆，这是为妇之道；婆婆也应当善待儿媳，这也是为婆之道，这自然有礼的双向对等的含义在其中。

贺瑞麟重视女子教育，而且认为女性在家庭乃至家族中的作用非常重要。女性在孝敬父母长辈、夫妻互敬、爱护子女、处理妯娌关系等家庭伦理中处处起着关键的作用。女性在家庭中扮演着妻子、儿媳、母亲等多种不同角色，能够尽到为妻之道、为妇之道、为母之道并不是一件容易的事情，除此之外女性还需懂得如何持家、如何待人接物等事宜，这些尽在女子教育的范畴，只有处理好这些伦常关系及事务，一个家庭、家族才会和睦、兴旺。贺瑞麟看到了齐家的两个支撑点：子女教育和女性教育。从家庭、家族的纵向发展看，子女教育决定着家庭、家族兴衰；从横向看，女性教育决定着家族的和谐与稳定。贺瑞麟看到了教家是教国之本，齐家方

---

① （清）贺瑞麟：《清麓日记》卷四，《贺瑞麟集》，第1046页。
② （清）贺瑞麟：《清麓遗语》卷三《经说二》，《贺瑞麟集》，第941页。

可治国。

客观地讲,贺瑞麟所讲的训蒙教育、女子教育都还是传统儒家思想范围内的教育。它的主要特点集中表现在:一是伦理性较强。从孩童起,就要注重立身,立身于言谈举止行,立身于洒扫应对,随后才是学习,在学习中成人,从而明白在家庭、社会中自己的伦理角色,能够在孝悌、忠信、礼让、仁义之间摆正自己的位置。"伦理之正,如父父子子、兄兄弟弟、夫夫妇妇,恩谊如亲序别。未有伦理不正,而恩谊笃者也。但当于正伦理处,笃恩谊耳。"① 二是强调德行的重要性。尤其指出女子德行养成十分重要。他认为在女子的四德中,妇德更为重要,女子明礼居德是家庭和睦的关键。贺瑞麟注重列举历代蒙养教育、女子教育成功的例子,通过榜样的作用引导其重视德行的养成。三是规范性较强,知识性较弱。一举手一投足都有具体的礼仪规范,童蒙教育中习礼是首要的,懂礼就是认知的根本,这个阶段知识的学习在其次。

贺瑞麟的蒙养教育实质就是道德实践教育,其中有我们今天仍然值得借鉴的许多内容如立志修身、诚信礼让、仁爱孝悌等;教育方法中的言传身教、事例榜样、因材施教、循序渐进、博约结合等都值得我们学习。朱熹在《童蒙须知》中说:"夫童蒙之学,始于衣服冠履,次及言语步趋,次及洒扫涓洁,次及读书写文字,及有杂细事宜,皆当所知。"②《汉书·贾谊传》:"少成若天性,习惯如自然。"③ 年少时能够养成良好的性格,形成习惯后就自然而然。在古代,家庭教育是子女成长的启蒙阶段,相对比较发达,这是我们当今家庭教育亟须借鉴的,现在的家庭教育相对缺失,很大程度上忽略了家庭在儿童成长中的启蒙作用,从胎教到早教再到学校教育以及社会教育的辅导机构,每个阶段都借助家庭以外的力量来培养孩子,儿童的教育很大程度上推向了社会,家庭教育似乎已经被搁浅。由于儿童成长的第一个社会细胞——家庭教育的缺失,很容易使儿童在成长过程中对亲情孝悌、长幼秩序等认识模糊。这导致儿童进入社会后缺乏本应在家庭中汲取的养料,容易产生诸如子女不孝、自我中心、冷漠孤

---

① (清)贺瑞麟:《清麓遗语》卷一《清麓答问》,《贺瑞麟集》,第895页。
② (宋)朱熹:《童蒙须知》,《朱子全书》第13册,第371页。
③ (汉)班固:《汉书》卷四八《贾谊传第十八》,第2248页。

僻、难以合作等诸多问题。

三 书院教育

书院是历代民间教育的主要阵地。明清时期，陕西各地书院较为发达。贺瑞麟所在的三原县，明清时期就先后创立了学古书院、宏道书院、正谊书院、嵯峨精舍、清麓精舍等，此外周边还有关中书院、烟霞草堂、芸阁书院、鲁斋书院等，书院规模不一，主导思想也略有差异。但在传承关学、沿承关中躬行礼教之风、振兴地方文化思想方面都起到了积极的作用，而且在打通西北边陲与内地的思想文化交流与传播方面，这些书院的作用也不可低估。

贺瑞麟毕生的精力没有离开书院，早年求学于宏道书院，后师从李元春，42 岁时出师，先后主讲于学古书院、正谊书院、清麓精舍、鲁斋书院等地，书院是他安身立命的主要场所。在此他可以传道、授业、解惑；可以找到切磋学问的师友；可以看到儒学正脉的薪火相传。这里是他教育学生、推演古礼、教化百姓、敦化风俗的文化策源地；这里也是他与门生一道传承、传播关学的发源地。

贺瑞麟认为虚夸敷衍是导致当今士人为学不精的一个重要原因。为学首要在读书，而当今士人已不愿读书，即使读书又找不准求学路径，面对经典又不知如何着手，不能沉潜反复，极易误入浮华辞章之学，与圣学南辕北辙。因此，贺瑞麟尝曰："孟子曰：'大匠诲人，必以规矩，学者亦必以规矩'。朱子曰：'曲艺且然，况圣人之道乎？'然则学之有规，亦断乎不可少者矣。"[1] 不以规矩，不成方圆，普通技艺尚需如此，求得圣人之道就更少不得挈矩之道。如《大学》有三纲领八条目提纲挈领，成为后世学习的章程。贺瑞麟指出，晚清关中，学术上日渐多元繁杂，学者很容易不知所措或是为了标新立异而有悖于为学之道。如何能使学者迷途识归，"不陷于虚无不流于功利，不矜于博杂僻怪，不炫于文采词华，岂非斯学之厚幸欤！"[2] 他十分清楚地看到科举取士已是鄙陋百出，国家很难求得真正人才。"今日无好学术，他日必无好治道。尊示所谓'吏治民

---

[1] （清）贺瑞麟：《清麓文集》卷二《〈学规七种〉序》，《贺瑞麟集》，第 61 页。
[2] 同上。

风,枢纽全在学校',真不易之言也。张宣公有云:'后世所以不治,皆吾儒讲学不精之故'蒿目时事,又吾辈所当自反。"[1]他希望借助书院讲学,昌明正学,培养能统学术与治术于一身的真儒。

为此,他辑有《信好录》《学规七种》等丛书。《信好录》以辑朱子著述中与为学紧密相关的内容而成。贺瑞麟数十年读朱熹著作,深深地被朱熹的为学之道、立教之本折服,凭借朱熹的谆谆教诲,明白读书要循序渐进,为学要为己之学的根本,他潜心辑录朱子关于读书的论说,且以立志、居敬、穷理、反身四部分编写成册,取"信而好古"而命名为《信好录》,以此来勉励后学者,使有志于圣学之人在读书为学中能有据可循。《学规七种》辑有朱熹的《白鹿洞揭示》、吕东莱的《乾道规约》、高东溪的《修学门庭》、胡敬斋的《续白鹿洞学规》和《丽泽堂学约》、张杨园的《澉湖塾约》和《东庄约语》,以此阐明读书的具体内容和应当遵守的具体规范。

贺瑞麟在稽古基础之上,逐渐形成了自己的立教之道。在其讲学的书院他设有学约、规约,如《丽泽精舍规约》和《学古书院学约》,这些具体的学约规范,学员只需一项一项去做。重要的是,他能在小处着手,亦能在大处着眼,他跳出学规等具体规范,力求使后学者能从大规模处知晓为学之路径、方法、目的的根本要害。他认为为学要在以下几方面次第通晓,方可做得大学问。

1. 审途立志

自古为学首先要识得路途,学术早已不是单一,儒释道并存,仅儒学又有不同学派,晚清关中有远接孔孟之道,主以张载礼教、程朱理学的思想;有主以陆王心学的思想;有凭借儒家经典,谋取科举功名之学;还有清前期遗留下来的训诂考据之学等,只有审清路途,方可不误入歧途,不与圣学背道而驰。要辨别为己与为人之学的区别,君子儒与小人儒的区别,取义与取利的区别,能明白这点就不至于走错路,这是为学的第一步。贺瑞麟强调审途,这与他在维护理学正脉,始终严格门户界限的思想相得益彰。

找到正途就要立定志向,设定规划目标。孔子十五而志于学,程子十

---

[1] (清)贺瑞麟:《清麓文集》卷十一《复李菊圃方伯书》,《贺瑞麟集》,第373页。

五六厌科举志于道学，志向立定才可奔着既定方向不断前行，如若志向不定，半途而废终究是志不立，志不立，事则不成，无法成己成人。"天不以隆冬大寒而已其生物之心，圣人不以世乱时衰而忘其有为之志"①。立志需向着大规模处去，《大学》的"明明德""新民""止于至善"，即是大规模。以志帅气则必将成为有志之士，若常以气动摇志向，则终为无志之人，无志之人，虽读书，亦是水中浮萍，很难有作为，"学者志不立，虽读书终是隔膜"②。学者要立常志，而不是常立志，立志是为学之人的入手事，也是其终身事，贺瑞麟认为，真正为学之人要有"朝闻道夕，死可矣"之志。

2. 居敬穷理

"夫立志所以定本，而居敬又所以持志。"③设定好志趣方向，就要开始做工夫，"为学工夫第一是存心，存心工夫第一是居敬"④。学者能在日用伦常之间处处用心，就是居敬。居敬是持志、是养志，不可须臾离敬言志。如何才能持敬？"敬要内外交修，动静交养。寂然无事时，提醒此心不令放逸，便是静中之敬。应事接物时，省察此心使皆合理，便是动中之敬。外而正衣冠，尊瞻视，嚬笑不苟，是敬周于外。内而壹心志，整思虑，湛然纯一，是敬存于中。"⑤敬绝非死守一个敬字，寂然不动；不是隔膜万物，物我两隔；不是遁入心性无视人伦，敬在动静之中，敬在身伦交修之中，敬在处世接物之中，时时处处以敬处之，便是工夫所到之处。

在持敬中穷理则能有所获而不失中。世间万物之理只有一个是非，处世应物有权衡义利之理，人情伦常有忠孝之理，对待自然有天人合一之理，天、地、人、事、物之间处处存在着理，是是非非自然需要穷究其中的道理，只有明白其中的道理，才能处世得当，为人合和，天人合一。近代以来，人类没能在穷理上做出正确的是非判断，而是一味地想如何征服自然，导致若干年后，自然以别样的方式也在惩罚着人类。恩格斯就曾讲，人类要敬畏自然，不顾一切地征服改造自然，自然则会在适当的时候

---

① （清）贺瑞麟：《清麓遗语》卷一《复斋先生语录》，《贺瑞麟集》，第898页。
② （清）贺瑞麟：《清麓遗语》卷四《经说三》，《贺瑞麟集》，第963页。
③ （清）贺瑞麟：《清麓文集》卷十六《传心堂学要》，《贺瑞麟集》，第526页。
④ （清）贺瑞麟：《清麓遗语》卷一《清麓语录》，《贺瑞麟集》，第903页。
⑤ （清）贺瑞麟：《清麓遗语》卷一《清麓答记》，《贺瑞麟集》，第907页。

报复人类。事实证明，恩格斯的预言没错。

居敬、穷理不可偏废。"居敬而不穷理，则敬为死敬，此心板滞不灵，如拘谨一流不济得事。穷理而不居敬，则此心泛滥纷营，所穷之理亦无归著处。"① 穷理不以敬，则会纷扰不定而无所止，不知止则无所归，不知归，则理无措置。居敬不穷理，就难辨清世间万物，手足无措，不明是非，因此，认清二者，方可在此基础上举措得当。

3. 反身明统

为学落脚点在以诚反身，昌明道统。在洞彻人伦事物中的道理之后，要能够反求诸己，知上的工夫做到，行上的工夫也要做到，知而不行，不能成为真知，要想获得真知，就要身体力行，在行中检验知的真伪。是人欲，就要克己，以求达到真知，识得天理；是真知，就要在行中保持其精纯本真。《中庸》中讲："博学之、审问之、慎思之、笃行之。"② 最后复归于笃行。为学不仅要做到反身以诚，表里如一，知行合一，还要能推己及人，以求理明于世，道倡于世。人人能够为圣人之学，则一切异学、俗学自不能挡道，学术正则治术正，行圣贤之德，则道在其中，天下有道。

贺瑞麟认为学就要为圣人之学，为圣贤学，规模上必须从这几点去做，这些点之间存在一定的逻辑必然，一着不慎，都很难达到圣贤之学，审途是认清路，立志是站稳脚，居敬是血脉，穷理是求知，反身是体察真知，明统是推己及人，认清道统。审途不清，立志难正，须臾离敬，难得真知，反身而诚，道统得以传承。学有本末，操存持守处皆是工夫用力处，循着本末次序先后做去，自有所得。此外，贺瑞麟多次提到读书为学要得法，否则就是事倍功半，甚至难以在大规模处依次推进。

为学讲求学、问、思、辨，孔子曰："学而不思则罔，思而不学则殆"③，且学且思，为学离不开学术的辨别、辩论。说到辨，贺瑞麟认为孟子与告子之辨，不是为了辩论而辩论，实在是不得已而为之，不辩如何守得学术门户，学术是非需要有严格的界限，骑墙之论难以得到真学术。在这四者中，贺瑞麟认为"问"方是最为紧要的。"学者能疑便是好机

---

① （清）贺瑞麟：《清麓遗语》卷一《清麓语录》，《贺瑞麟集》，第902页。
② （宋）朱熹：《四书章句集注》之《中庸章句》，第31页。
③ 《论语·为政》。

会，疑者悟之端，大疑则大悟，小疑则小悟。然非用心观书，则不能疑，亦不会疑。"① "学问思辨虽皆是为学之目，问却是交关处，最要紧。"②善学者善思，善思者善疑，善疑者善辨，善辨者善问，善问者有所得。

贺瑞麟还十分认同朱熹的八字读书法，即循序渐进，熟读精思。这也是许多理学家得出的共识。贺瑞麟常借助清初理学家陆陇其、张履祥等人在朱子八字读书法上的论述来印证自己的看法。第一，读书要先易后难，先简后繁，例如，诵读经典，《小学》《近思录》就是求圣贤之学的敲门石，"《小学》《近思录》二书便是《四书五经》真血脉，便是帝王圣贤正路途。学者舍此而他学，血脉乱，路途差矣"③。童蒙之初，教其纯正，须从此入手，成人要求得《大学》规模，也必须从此处做工夫。第二，读书要沉潜反复，"细心读书，以察理；专心持志，以居敬；诚心克己，以改过；虚心从善，以辅仁。此四言者，守之勿失，则亦庶乎有进矣"④。熟读成诵，反复玩味其中的道理，贺瑞麟在读经典中有深切体会，"读《论语》有三法，须观圣贤之气象、辞气、性情。章章如此玩味，必有得失"⑤。"《近思录》中《太极图说》、《西铭》、《定性书》、《好学论》，此四篇文字最紧要。《太极》由天说到人，《西铭》由人说到天，言孝子之事亲以明仁人之事天，以天地比父母更亲切，然要有《西铭》底规模非定性不可。性定则能扩然大公，物来顺应，然要如此又离不了好学。"⑥这里的读书主要是指儒家经典，因此火候要慢，欲速则不达，读得快忘掉也快，难以识得经典中的要义。

在主讲书院期间，他要求为学应当以圣贤之学为宗旨，一切词章记诵之学、功名利禄之说皆不得有碍于圣学，专一求学，工夫笃实，为学才有希望。读书的规范，贺瑞麟要求以其所辑的《蒙养七种》为依据，即以《弟子规》《教子斋规》《程董须知》《童蒙须知》《训子贴》《白鹿洞揭示》《敬斋箴》为主。其中以《白鹿洞揭示》和《敬斋箴》为纲要。他

---

① （清）贺瑞麟：《清麓遗语》卷一《清麓答记》，《贺瑞麟集》，第907页。
② （清）贺瑞麟：《清麓遗语》卷三《经说二》，《贺瑞麟集》，第935页。
③ （清）贺瑞麟：《清麓日记》卷四，《贺瑞麟集》，第1046页。
④ （清）贺瑞麟：《清麓遗语》卷一《清麓答问》，《贺瑞麟集》，第895页。
⑤ （清）贺瑞麟：《清麓遗语》卷一《复斋语录》，《贺瑞麟集》，第909页。
⑥ （清）贺瑞麟：《清麓遗语》卷三《经说二》，《贺瑞麟集》，第937页。

指出读书要有次第，首先以《小学》为敲门砖，然后依次读《近思录》《大学》《论语》《孟子》《中庸》《六经》，再读周、程、张、朱、许、薛、胡、陆等人的著述，他认为这些人继承了儒学正脉的学统，读懂他们的著作才能对儒学真义理有准确的把握。读书不可杂乱，否则心志不齐，路脉不正，难以登堂入室。

贺瑞麟独守理学，反对八比时文，同治十一年（1872），当时陕西学政许振祎在泾阳创建味经书院，延请贺瑞麟到该处讲学。贺瑞麟见书院章程中除理学课程之外还设有科举时文等内容，很不满意，于是婉言推辞。他认为当世的科举之弊已导致师者所教和学者所学都已经背离了各自的宗旨。他在《答王炽侯孝廉书》中指出："夫学，所以修己治人、明理制事、穷达一致，何谓匏瓜不食哉？学者，其道可以仕而非学仕也；教者，教其学非教其仕也。……吾儒之学为己而已，为己之学以圣贤为师而已。古之圣贤不求人者也，不教人以求人者也。"[①] 这里贺瑞麟讲明教与学的实质，教授学生是教其如何为圣贤之学，而不是教学生如何做官；学习是学为己之学，明其事理，通达天人之道，而不是学习如何做官。科举反其道而行之，本末倒置，为官才被看作是为学之至，那么古代圣贤为学，没有科举制度，难道不可称作为学吗？因此，为学不可一味追求功利，否则，难以正己之心。他认为严守门户，学术辨别是讲学中的一大内容。能够做到时刻维护正学，使其不掺杂，使越来越多的学人能认可和学习这是不能放弃的，他认为这关乎着道统能否顺利延续。

四 为己之学与为人之学的差异

归根到底，贺瑞麟认为教育的根本在使学者能够认识为己之学，而不是去追逐功名利禄的为人之学。为学要为圣人之学，圣人之学发端于内，求之于万物，反求诸己，反身以诚。为己之学无非是在立身、明伦、穷理、接物处坦然处之。

为己、为人之学与修身明伦的关系。为己之学要格致修身以明伦。修己身，明人伦。为人之学在诵辞章，讲时文。格致在能知善而止，如父能够止于慈，子止于孝，臣止于忠等。修身先在立身，立身在存心明理，存

---

① （清）贺瑞麟：《清麓文集》卷六《答王炽侯孝廉书》，《贺瑞麟集》，第178页。

心在知晓已发未发，未发之性守之以中，已发之情，导之以正以求中和。通晓人常伦理，行己于仁义忠孝之中。

为己之学动静无违，出处合道，躬行礼教；日间伦常中能够躬行孝悌忠信。孔子曰："主忠信。言忠信，行笃敬，居处恭，执事敬，与人忠。出门如见大宾，使民如承大祭。"① 正如孔子所要求的"非礼勿听，非礼勿视，非礼勿言，非礼勿动"②。所谓人伦日用，接物应事，举措得当，据德依仁，所以为事之理，即合于性内之分。为人之学僭越礼俗，不明人伦，常常体现在亲在别居、亲没不葬、因丧昏娶、游荡不检等行为中，不能将所学深入人情伦常，甚至是背离伦常。

为己、为人之学与外物的关系。为己之学善假于物而不役于物，为人之学求于人且役于物。为己之学至诚坦然，为己非私己，爱人爱物，参赞天地，化育万物，豁然大公。为己在能够见贤思齐，以友辅仁，亲贤以促学，力学以修德，修德以爱身。践行如有不合真知，则反求诸己，知不善的要速改从善。为己之学不但不役于物，反而能推己成物，以至成全万物，人与万物合和与共；为人之学为邀取功名利禄，不得不求之于人，所求又为身外之物，内心随外物的变化而变化，甚至有时因为外在利益的诱引或驱使，导致不惜一切代价谋取一己私利、一家之富有、一时的兴盛，随后又会患得患失，生怕丧失既得利益，终究不明白循于物则役于物的道理。为己之学能够反求诸己，就在于能够克己，在持敬涵养中变化气质，在动静交修中以求中和。克己力行以尽成己之道。《易》曰："君子终日乾乾夕惕若。天行健君子以自强不息。"

为己、为人之学与知行的关系。为己之学在能反身以诚，从主体到客体的格致实功到主客体的融合中实现身伦交修，再到由客体返回主体，以诚待身达天理，实现天人合一。在知行问题上，贺瑞麟继承朱熹的观点，认为从先后上看，知先行后；从轻重上看，行重于知。"盖学始于知，及造到极处也只完得个知而已。虽则是行为重，毕竟知底工夫多，容有知而不能行者，断未有不知而能行者。"③ 他还举例论证，从《大学》八条目

---

① 《论语·颜渊》。
② 同上。
③ （清）贺瑞麟：《清麓遗语》卷二《经说一》，《贺瑞麟集》，第923页。

看，格物致知在先，修齐治平在后，倘若格物致知能称得上真知，何需后者，真知是在践行之后而言的。他还讲："学问之道须是一面读书穷理，一面练习事务方好。平素虽觉有自得处，若不向日用事物艰难困苦中磨砺一番，终靠不住。"① 练习事务也是学中之事，学习即学中有习，习中有学。可见，在知行上，不仅要从先后、轻重而言，更要看到知行的统一。这是他认识为己之学重要的一点。

由此也引申出贺瑞麟的另一个观点：学术即治术。"三代以前上下无二道，治术即学术，故二帝三王之治皆本于精一执中之心。学术即治术，故孔子之学亦能治国平天下。秦汉以下始歧而二之，言治者不本于学，言学者无关乎治，都不是底。"② 为己之学最终要实现成己成人，这也是儒学内在的基本诉求。"儒家的'成人'路径或可说是一种'学以成人，约以成人'，即最终能够趋于道德自由之境的人们，主要是通过一种自我的学习和功夫，通过一种和神圣、社会与同道的立约，通过规约自己而最后达到自由的自律。"③ 努力在做人中寻求"成人"的意义。

第二节　整理文献，传播理学

清代关中的文献整理、刊印、出版已经远远落后于沿海各省，但就地理位置而言，关中仍是控制西南、西北的交通枢纽，它的文化事业相对陕南、陕北还是较为优越。三原、泾阳自古是关中的富饶之地，晚清关中书籍的整理刊刻也主要以这两地为代表。

一　《清麓丛书》刊刻的缘起

晚清关中书籍刊刻的途径比较多元，大体可分为官刻和私刻两种，官刻又有官署刻印和书院刻印之分。各级官府的刊印中，地方志占了较大比重。如三原县署于康熙四十四年（1705）刊清李瀛修，温德嘉、焦之序纂《三原县志》七卷；乾隆十三年（1748）刊清刘绍攽撰《周易详说》

① （清）贺瑞麟：《清麓遗语》卷一《清麓语录》，《贺瑞麟集》，第903页。

② （清）贺瑞麟：《清麓遗语》卷二《经说一》，《贺瑞麟集》，第923页。

③ 何怀宏：《学以成人，约以成人——对新文化运动人的观念的一个反省》，《中华读书报》2015年10月28日第13版。

十八卷；乾隆三十一年（1766）刊清张象魏纂修《三原县志》二十二卷，卷首一卷；乾隆四十八年（1783）刊清刘绍攽纂《三原县志》十八卷，卷首一卷；光绪六年（1880）刊清焦云龙修，贺瑞麟纂《三原县新志》八卷①。官府依托书院刊印的如三原学古书院，该书院于光绪六年（1880）刊贺瑞麟所辑《原献文录》四卷，《原献诗录》三卷等②。此外，晚清时期，官府依托泾阳味经书院刊刻的书籍相当丰富③。

贺瑞麟所刊刻的书籍主要通过私刻完成。他刊印的书籍主要依靠的是三原刘映菁、刘东初父子经营的刘氏传经堂④、刘质慧的述荆堂和泾阳柏子俊的经正堂。以下就负责刊印《清麓丛书》中大部分书籍的几位私刻人物作简要介绍。

刘映菁⑤（1807—1869）字毓英，性孝友，明大义，慷慨好施。咸丰元年（1851），捐修崇仁桥二千两。修堡城捐银五千两。同治元年（1862），县设同德局，捐银三千两。本堡防守、开壕、修渠等捐三万余两。乱后，散给耕牛和种籽，捐银二万四千两。事迹为官府所闻，被嘉奖，陕西巡抚授予义恤乡邻匾额。刊行正学书数种。刻《居业录文集》共七卷、《养蒙书》十种。同治十三年（1875），崇祀孝义祠。贺瑞麟主持刊刻《清麓丛书》中相当一部分都是在刘氏传经堂内完成的。

刘昇之⑥（1842—1888）字东初，诸生。湖北候补知府，刘映菁之子。师从贺瑞麟。光绪元年（1875），同族侄刘质慧捐麦千石。依朱子法立推惠义仓，以方便其乡三十余村之人。同治十年（1872）灾荒，倡捐麦、谷各五百石。第二年散给牛种籽，又捐麦百石，银一千二百两。捐宏

---

① 参见陕西省地方志编纂委员会编《陕西省志·出版志》，三秦出版社1998年版，第127—128页。
② 参见陕西省地方志编纂委员会编《陕西省志·出版志》，第138页。
③ 参见（清）刘古愚《烟霞草堂遗书续刻》之《味经书院藏书目录》，《刘光蕡集》，西北大学出版社2015年版，第773—858页。
④ 注：刘氏传经堂是刘绍攽（1707—1778）在乾隆年间创立。刘绍攽是清代陕西著名的出版家。刘氏传经堂延续百余年，在晚清时期到达极盛，得益于刘映菁、刘东初父子之继承。是当时关中规模较大、时间较长的私人出版世家。与当时安康张氏来鹿堂南北呼应。对清代关中刊刻、印刷业的发展起到重要作用。
⑤ 内容主要参考贺瑞麟纂《三原县新志》卷六《人物志》，第260页。
⑥ 内容主要参考贺瑞麟纂《三原县新志》卷六《人物志》，第263页，以及《清麓文集》卷二十一《刘映菁墓志铭》，第677—678页。

第四章 落脚点：贺瑞麟的理学思想在教育中的延伸 139

道书院膏火银一千三百两。修学宫、资书院、开义塾、筑堡城等，继承其父乐善好施的品行，多有捐赠。刊刻正学著述数种：《朱子小学正文》六卷、《近思录》十四卷、《朱子语类》一百四十卷、《大全文集》一百卷、《续集》五卷、《周易》《朱子本义》十二卷、《启蒙》四卷、程朱《行状》二卷、陆稼书《松阳钞存》、张秉直《四书集疏附正》一部、《论语绪言》一卷、《开知录》十四卷、《治平大略》四卷为澄城理学名儒张秉直立墓碑，并刻其遗书。

刘质慧[1]（1844—1876），字季昭，优贡生。孝友敦谨，好施予，从师贺瑞麟，乐与贤师友交游。为关中大儒王建常立墓碑。捐义仓麦五百石。自同治元年（1862），防城守堡及县内历次捐款，约捐银数万两。年三十二而死，士皆惋惜。刊刻有《诸葛忠武集》六卷、《宗忠简集》六卷、《岳忠武集》十卷、《史忠正集》四卷、《朱子纲目原本》五十九卷、邵康节《击壤集》二十卷、真西山《心政经》二卷、王建常《复斋录》六卷、李二曲《垩室感录》一卷、《女小学》数十卷等。

柏森[2]，字子俊，泾阳县人，勤俭友善，家境殷实。光绪三年（1877），柏子俊为赈济邻近七村捐银三千九百两。光绪十七、十八年（1891—1892）又为当地修建仓圣、忠孝、节义三祠捐银一千一百余两。此外在筑路、修桥、建仓等多有捐赈。在其经正堂刊刻书籍四十余种。其中有贺瑞麟《信好录》四卷、《松阳讲义》十二卷、《关学编》等，后获四品衔。其子惠民承父志，开办学堂，捐银万两。

贺瑞麟在不惑之年开启了对理学著述的刊刻与再认识，之后的生涯中，刊刻就成为他生命中的一部分。《清麓丛书》刊刻主要依托载体就是上述三家书坊，刊刻书籍的底本多由贺瑞麟提供。他编撰、刊刻理学丛书的主要原因及条件有：一是左宗棠任陕甘总督期间，他发现西北图书缺乏，于是鼓励西北各地兴办书院、义学；积极倡导书籍刊刻以满足士子的读书需求。这为贺瑞麟刊刻理学丛书提供了绝好的契机。二是他对程朱理

---

[1] 内容主要参考贺瑞麟纂《三原县新志》卷六《人物志》，第263页，以及《清麓文集》卷二十一《刘季昭墓志铭》，《贺瑞麟集》，第678—679页。

[2] 内容主要参考刘懋官修，周斯億纂：《泾阳县志》卷十四《列传三》，《中国方志丛书·华北地方》，第236号，成文出版社有限公司印行，[清宣统三年（1911）铅印本] 影印，1969年，第720—721页。

学的尊崇，使得他把毕生的精力都投入在程朱理学的继承与传播中，这是他撰刻理学丛书的根本动力。三是地方富绅对其刊刻的鼎力支持。以刘氏父子为代表，在刊印经费、场地等方面给予贺瑞麟相当大的帮助。四是由于同治、光绪年间的灾乱导致大量书籍被毁，一些理学书籍只剩下孤本、残本。为使这些书籍得以继续传播，贺瑞麟认为刊刻理学丛书势在必行。他本人也曾道出刻书的缘由："圣祖仁皇帝特跻朱子于哲位，所以示方世学者趋向之准为此也。而近世学术淆乱，金溪、姚江以及汉学家之说兴，遂以攻巧朱子为能。杂学愈盛，杂书愈多。周、程、张、朱之书，学士往往老死不见其全，北方流布又加少焉。吾独自愧不能体行斯道以倡学者，窃思有所藉手，雕本镂板广传其书，俾读者耳目为之一扩。潜心逊志而有得焉。庶浅见粗识、邪说诐辞，一切似是而非之论举不足惑，则道之明也有日矣！而东初乃信之笃行之决，慨然以刊刻濂、洛、关、闽遗书为己任，且不使有一之未备，或先儒绝学孤本亦多锓以行世。"① 综上可见，贺瑞麟毕生以刊刻理学书籍为己任，根本目的即在于以此作为传播儒学正脉的有效途径。

二 《清麓丛书》内容及特色

贺瑞麟主持刊刻的著述主要集中于《清麓丛书》，其中大部分内容为他在世时组织刊刻，他去世后由其弟子牛兆濂等继续主持。今天能看到的《清麓丛书》分为正编、续编、附编和外编四部分，共收有宋、元、明、清时期等著述近90种，主要以理学著述为主（见表4-1、4-2、4-3、4-4）。

表4-1　　　　　　　　　清麓丛书总目（正编）

序号	书名	著者	序号	书名	著者
1	四书章句集注	朱熹	24	四书或问	朱熹
2	周易本义	朱熹	25	易学启蒙	朱熹
3	书经集传	朱熹	26	诗序辨说	朱熹
4	诗经集传	朱熹	27	孝经刊误	朱熹

---

① （清）贺瑞麟：《清麓文集》卷二十一《刘东初墓志铭》，《贺瑞麟集》，第677页。

续表

序号	书名	著者	序号	书名	著者
5	春秋	朱熹	28	近思录	朱熹
6	仪礼经传通解	朱熹	29	延平答问	朱熹
7	周子全书	周敦颐	30	杂学辨	朱熹
8	二程全书	程颢 程颐	31	伊洛渊源录	朱熹
9	遗书	程颢 程颐	32	上蔡语录	朱熹
10	外书	程颢 程颐	33	朱子语类	朱熹
11	明道文集	程颢	34	程朱行状	贺瑞麟
12	伊川文集	程颐	35	陈北溪文集	陈淳
13	周易传	程颐	36	许文正公遗书	许衡
14	经说		37	薛文清公读书录	薛瑄
15	粹言	程颢 程颐	38	胡文敬公文集	胡居仁
16	张子全书	张载	39	居业录	胡居仁
17	尹和靖文集	尹焞	40	三鱼堂文集	陆陇其
18	朱子小学书	朱熹	41	松阳讲义	陆陇其
19	朱子近思录	朱熹 吕祖谦	42	复斋录	王建常
20	朱子大全文集	朱熹	43	朱子五书	朱熹
21	朱子遗书	朱熹	44	信好录	贺瑞麟
22	论孟精义	朱熹	45	清麓文集	贺瑞麟
23	中庸辑略	朱熹	46	清麓答问遗语	贺瑞麟

表 4-2　　　　　　　　　清麓丛书总目（续编）

序号	书名	著者	序号	书名	著者
1	学庸集疏		35	养蒙十一种	贺瑞麟
2	四书集注附正		36	弟子规	李毓秀
3	四书凝道录	刘绍攽	37	教子斋规	真德秀
4	礼记大全	胡广	38	程董学则	朱熹
5	吕氏礼记传		39	童蒙须知	朱熹
6	楚辞集注	朱熹	40	训子贴	朱熹
7	范太史唐鉴	范祖禹	41	白鹿洞揭示	朱熹
8	陆宣公翰苑集	陆贽	42	敬斋箴	朱熹
9	宋名臣言行录	朱熹	43	训蒙诗	朱熹
10	韩文考异	朱熹	44	性理字训	程端蒙
11	击壤集	邵雍	45	感兴诗	朱熹
12	小学句读记		46	櫂歌	朱熹
13	近思录续	郑光羲	47	养正丛编二十种	贺瑞麟
14	性理精义	李光地	48	朱子行状总论简注	贺瑞麟
15	大学衍义	真德秀	49	太极图集解	王建常
16	真西山心政经	真德秀	50	性理十三论	李元春
17	杨忠愍公集	杨继盛	51	学旨要略	杨树椿
18	松阳钞存	陆陇其	52	曾子点注	雷柱
19	开知录	张秉直	53	吕氏乡约	吕大钧
20	治平大略	张秉直	54	圣学入门书	
21	辨学七种	贺瑞麟	55	袁氏示范	袁采
22	程启㪺闲辟录	程瞳	56	四书字类释义	李子潜
23	陈清澜学蔀通辩	陈建	57	书考辨	刘绍攽
24	张武承王学质疑	张武承	58	海儿编	贺瑞麟
25	童龙俦朱子为学考	童能灵	59	训蒙诗辑解	
26	陈定斋明辨录	陈法	60	小学韵语	罗忠节
27	方植之汉学商兑	方树东	61	西铭讲义	李元春

第四章 落脚点：贺瑞麟的理学思想在教育中的延伸

续表

序号	书名	著者	序号	书名	著者
28	罗仲岳姚江学辨	罗泽南	62	训蒙千文注	
29	刘九畹文集	刘绍攽	63	训子语	
30	卫道编	刘三原	64	训蒙千文注	
31	文庙通考	牛树梅	65	清麓训词	贺瑞麟
32	薛仁斋文集	薛于瑛	66	家礼钞	
33	杨损斋文钞	杨树椿	67	四礼翼	吕坤
34	清麓年谱	张元勋			

表 4-3　　　　　　　　清麓丛书总目（外编）

序号	书名	著者	序号	书名	著者
1	四书读书乐		27	蓝川教子语	
2	周易详说		28	广三字经	
3	春秋通论		29	二语合编	
4	春秋笔削微旨		30	垩室录感	
5	孟子要略		31	二语摘读	
6	孝敬本义		32	父师善诱法	
7	练兵志		33	帝王甲子记	
8	历代职官表		34	训俗简编	
9	国学讲义		35	仪小经	
10	庭训格言		36	衡门芹	
11	福永堂汇钞		37	农言著实	
12	读书分年日程		38	女学十种	
13	徐余斋耻言		39	训女三字文	
14	学韵辑要		40	女儿语	
15	音学辨微		41	女儿经	
16	四声切韵表		42	妇女一说晓	
17	古文关键		43	女论语	

续表

序号	书名	著者	序号	书名	著者
18	池阳吟草		44	女孝经	
19	玉溪生诗意		45	女教篇	
20	郑谷诗存		46	教女八纲	
21	二南遗音		47	女史吟	
22	水仙百咏		48	四言闺鑑	
23	蒙养书十四种		49	补遗	
24	弟子规		50	朱子家礼	
25	小儿语		51	关学编	
26	演小儿语		52	江注近思录	

表4-4　　　　　清麓丛书总目（附编）

序号	书名	著者	序号	书名	著者
1	仪礼经传通解选本		16	辨学私说	
2	乡饮酒礼		17	先天心图	
3	丧服传		18	尊经堂约章	
4	中庸或问		19	握奇经	
5	朱子礼语略		20	蓝川文钞	
6	忠孝诗		21	经余集	
7	櫂歌浅释		22	圣经约编	
8	朱子感兴诗		23	地球韵言	
9	王丰川家训节要		24	三字经	
10	陈北溪字义		25	百家姓	
11	豫教三书		26	二南遗音续集	
12	学规七种		27	刘九畹续集	
13	清麓文集约钞		28	秦关拾遗录	
14	忠孝棹歌		29	经验良方	
15	清麓答问				

丛书涉及著者的时间跨度较大，横跨宋、元、明、清四个朝代，其中刊刻张载、程朱一脉的理学著作和关中地方人物著述较多；从形式上看，丛书收编张载、二程、朱熹的著述比较完整，这是清代关中尊崇理学成果的总结。由丛书目录可看出部分书籍出现重复，如《养蒙丛编十种》和《养蒙书十四种》等，说明后人在整理过程中不够严谨；从丛书收编著述的具体内容看，大体涉及以下几方面。

刊刻主要理学著述。这些理学书籍中多为周、程、张、朱子之作。透过《清麓文集》的卷一、卷二的目录即可看出，贺瑞麟对其主持刊刻的主要理学著作都亲自作序或跋，每一篇序、跋的撰写都能看到他对理学书籍的珍爱，这些书籍中有的是免于灾乱幸存下来的孤本；有的是他认为后世学者必须反复研磨的著述，如《小学》《近思录》等；更多时候则是他为了振兴关学、昌明学术而不容己之为。他在《张子全书序》中说："又何以序先生之书？虽然己未能而勉人，非信；己未能而以先生之书勉人，不可为非公也。秉彝之好，千古攸同，即以吾关中论先生而后理学益昌，笃信先生之书，如吕泾野之《张子钞释》、韩苑洛之《正蒙解》、刘近山之《正蒙会稿》、李桐阁之《张子释要》，安在兴起无人？……窃愿与诸生共勉焉！与关中学者共勉焉！与天下志士共勉焉！"[①] 如果不对这些著述有较全面的认识和把握，很难轻易作序，足见其用心之良苦，用力之专一。另外，他还主持刊印了有关学术辨别的书籍，如《闲辟录》《学蔀通辨》《王学质疑》《明辨录》《姚江学辨》，后又专门辑有《辨学七种》。贺瑞麟在传承程朱之学的同时，也注重辨别异学，坚持儒学正脉的地位。

刊刻蒙养、女教书著述。如《蒙养书十三种》《训蒙千文》《朱子童蒙须知》《养蒙书九种》《弟子规》《圣祖仁皇帝庭训格言》《朱子训蒙诗百首》《吕新吾好人歌》《李四沤老学究语》《四言闺监》《父师善诱注》《学规七种》《女小学》《女史吟》《女训约言》《训女三字文》《女学七种》《信好录》《真西山先生教子斋规》《女儿经》《宋尚宫女论语》《吕近溪女儿语》《吕新吾续小儿语》《吕近溪小儿语》《吕新吾训子词》《程氏家塾读书分年日程》《程蒙斋性理字训》《程董二先生学则》《训俗简编》《女史吟》《白鹿洞揭示》《福永堂汇钞》。贺瑞麟不仅搜集了大量有

---

① （清）贺瑞麟：《清麓文集》卷二《〈张子全书〉序》，《贺瑞麟集》，第62页。

关蒙养、女教书的言录，而且他还亲自辑录、编写大量的蒙养书籍，如《信好录》《蒙养书十三种》《诲儿编》《训蒙千文》《训女三字文》《女小学》《女儿经》《福永堂汇钞》等。他对儿童启蒙教化、家训家规十分重视，从内容看，这些著述大都是通俗易懂的读物，便于普及。不可否认其中也存在封建名教纲常思想等对儿童思想、行为束缚的一些内容，这需要我们严格辨别，区别对待。

刊刻解经著述。如《易学启蒙》《四礼翼》《仪小经》《孝经刊误》《春秋通论》《春秋》《礼记传》《仪礼经传通解》《伊川经说》《诗序辨说》《伊川易传》《书考辩》《诗集传》《集传考异》《春秋笔削微旨》《孝经本义》（刘光蕡）《周易本义》《北溪字义》。关中理学家其中的一个特点就是注重儒家经典的解读，追本溯源，在回归经典中寻求对义理之学的理解。

刊刻师友书籍。如《薛仁斋先生遗集》《学旨要略》《开知录》《四书集疏》《桐阁性理十三论》《四书集疏附正》《论语绪言》《治平大略》《损斋文钞》《三鱼堂文集》《松阳讲义》《松阳钞存》《读书录》《胡敬斋先生居业录》等，这些大都是贺瑞麟所仰慕或交往密切的师友的著述，陆陇其、胡居仁、张履祥、张秉直等清初理学家，他们的思想对贺瑞麟思想的形成和发展有很大影响。此外贺瑞麟的师友李元春、薛于瑛、杨树椿等人的著述也有刊刻。因为交往比较密切，且基本处于同一时代，所以搜集刊刻他们的著述相对比较全面。

刊刻经世实学书籍。贺瑞麟曾讲："自古经济文章兼擅为难，而经济文章之出于道德为尤难。然非本以圣贤之学问，则道德仅成为气质之美，而经济文章亦不足见重于天下。后世若唐之陆宣公者，所谓圣贤之学问，亦即所谓圣贤之道德者也。"① 经世书籍的刊刻说明贺瑞麟对经济与道德关系的认识深刻，经济本于道德，圣贤之学问自然包含经济在其中。而且这些书籍反映了贺瑞麟对一些人物的敬仰。其中，《四忠集》集中反映了他对三国诸葛亮、宋代宗泽、宋岳飞、明史可法等人物品行的认可。

贺瑞麟还主持刊印有《三原县新志》和《三水县志》。同时他还辑有

---

① （清）贺瑞麟：《清麓文集》卷二《重刻〈陆宣公翰苑集〉序》，《贺瑞麟集》，第67页。

《原献文录》和《原献诗录》，这两本书是贺瑞麟删去"刘本"《三原县志》中的"艺文志"部分辑录扩展而成。不仅与贺瑞麟所编《三原县新志》相得益彰，而且也继承并发扬了李元春所编《关中道脉书》和《关中两朝文编》的体例风格。两县志的编撰体现贺瑞麟对地方县域经济、政治、文化、风俗等全貌的了解和掌握，同时通过论述县域的历代发展，可看到贺瑞麟对历史多有肯定，对现实感到诸多的不满和担忧，并希望通过种种礼乐教化来移风易俗。关中历来以"躬行礼教"著名，豪杰之士声名远扬，今天仍当不断传承。此外，关中学者，地方县志的编撰比较普遍。如吕柟的《高陵志》、马理的《陕西通志》、孙景烈的《郃阳县志》、李元春的《朝邑县志》、牛兆濂的《续修蓝田县志》、刘绍攽的《三原县志》等。志书的编撰可以说是考据之风盛行下的产物之一，这种对地方风土人情的考证，关中学者做得并不少。从求实精神来讲，关中理学家在这方面也不逊色。

贺瑞麟自己的著述主要有《清麓文集》二十三卷、《清麓日记》五卷、《清麓遗语》四卷、《清麓答问》四卷，这是他毕生精力的集中体现，从中可看到他的用力处，贺瑞麟对理学思想笃信不移，力求通经致用，以此回应现实社会所存在的种种问题。

三 《关学续编》的撰写及刊印

以冯从吾编撰的《关学编》为蓝本，继王丰川续编七人，李元春续编十八人后，贺瑞麟又在前人的基础上续编七人，即伯容刘先生（蒲城刘鸣珂）、逊功王先生（泾阳王承烈）、萝谷张先生（澄城张秉直）、复斋史先生（华阴史调）、桐阁李先生（朝邑李元春）、冶亭郑先生（凤翔郑士范）、损斋杨先生（朝邑杨树椿）。这七人均潜心程朱理学，居敬穷理，恪守礼教。贺瑞麟接住了关学的接力棒，勇于担当，使关学学脉绵延相传。遗憾的是，虽然他对像柏景伟这样的理学家有认同之处，但终究认为门户不可不辨，还是没有把他编入其中。正如贺瑞麟所说："惟君生平重事功，勤博览，其论学以不分门户为主，似乎程、朱、陆、王皆可一视，虑开攻诘之习，心良厚矣！"①

---

① （明）冯从吾：《关学编》（附续编），第126页。

道光庚寅年（1830）朝邑蒙天麻重刊、李元春重订的《增订关学编》，此本分五卷，按宋、金、元、明、清时序。道光庚寅三原刘传经堂重刻蒙、李元春的《增订关学编》本，两本基本相同。同治七年（1868）刘氏传经堂本传世。贺瑞麟曾在《书〈关学编〉后》中讲："余乃去桐阁补续各人，并依原书为补刻，而更以桐阁先生续焉，以求是正于当世之为此学者。至以诸贤望吾关中人士，使见诸贤之心而因以自见其心，不好名亦不避好名之谤，为所当为于以振兴关学。"① 之后还有光绪十七年（1891）柏景伟主持刊刻的沣西草堂刻本，这一版本分别设有柏景伟和刘古愚所作的序。

贺瑞麟续编《关学编》有一定起因。光绪元年（1875），朝廷命国史馆准备纂修儒林等各列传，要求直隶及各省积极查访，对照各列传条件要求，如实上报。他曾上书当时负责陕西文化教育的学政吴大澂，请荐王建常、张秉直、李元春等能收录于国史馆编纂的《儒林传》。"窃谓复斋先生遯跡高蹈，力守程朱，深醇精密不亚杨园，而阐明经学似又过之。萝谷生复斋之后，文风兴起，奋然特立，真知实践，识力高卓，议论精纯，复斋俦也，亦可谓振古之豪杰矣，故敢援杨园先生之例而以是请。"② 同时，为了上呈关中地区符合国史馆收录要求的其他列传的学人，他多方搜集、精心整理，历经了漫长而艰辛的过程。由于地处祖国大西北，印刷、传播的不畅，所搜集的人物中，其中部分著述有的还是手稿尚未刊刻；有的已刊刻，但因流通不畅，找不到初刻版本；有的尚可通过他们后世子孙搜集；有的已无子孙，只得民间搜访；有的只搜集到部分内容，遗失很多，甚至只存书目……依此来撰写这些人物的传记存在相当大的困难，但贺瑞麟还是坚持完成了这件事。他将其所能搜集到的相关人物著述一一分类整理成册，如对王建常资料的整理，他除搜集、整理王建常本人著述外，还将前人论述王建常的相关条目也一并整理，另抄写一份附带上呈，可谓用心良苦。光绪八年（1882），在他《上冯展云中丞书》③ 中可以看到，由他呈献的儒林中有朝邑王建常、

---

① （清）贺瑞麟：《清麓文集》卷一《书〈关学编〉后》，《贺瑞麟集》，第11页。
② （清）贺瑞麟：《清麓文集》卷九《复吴清卿学使书》，《贺瑞麟集》，第286页。
③ （清）贺瑞麟：《清麓文集》卷十《答冯展云中丞书》，《贺瑞麟集》，第316页。

澄城张秉直、武功孙景烈、朝邑李元春、朝邑杨树椿；文苑中有华阴王宏撰、三原刘绍攽、洋县岳震川、安康董诏、郃阳康乃心；循吏有临潼王巡泰、郃阳张松等。随后又补文苑人物眉县李柏、蒲城屈复二人的列传①。对此，其弟子张元勋有评价："以此为使节分内之为，况惶惶谕旨不时催促，即恳扎饬各处，俾牧令查造诸贤事实，清册呈送宪核，然后奏缴史馆，庶纯德不至终湮。嗟乎！数百年湮没不彰之举，至先生而一发其幽。集关学之大成，非先生，其谁与归？"② 不可否认，关中这些人物能够进入清代国史列传，能够广泛为后人所知晓，贺瑞麟功不可没。从关学史的演变发展来看，这些关中学者思想的呈现是关学学脉一脉相承直至晚清的有力证明；从学术史的角度来看，这为清代学术生态较完整呈现提供了有力佐证。

今天我们看到的《关学编》（附续编）是冯从吾、王心敬、李元春、贺瑞麟等众人完成的成果，它集结了关中学者发扬关学的使命意识。陈俊民在《关学编》的点校说明中称："今天看来，这部书仍不失为一部探索宋明理学，特别是其在关中地区发展的重要参考书。……是我们今天研究理学史尤其是关学史可资利用的入门书。"③ 它成为研究理学的必备史料。卢钟锋称赞《关学编》为："由于它是在传记体的基础上又综合了学案体的某些体例特点，因此，她在实际上是开创了一种新的编修形式——学编体。"④ 事实上，《关学编》这种体例也被广泛地继承。如清初魏一鳌的《北学编》、汤斌的《洛学编》《中州道学编》，都是对这一体例的发展。这一体例也成为学术史编撰的一大创新，这其中每一位作者都有贡献在其中。

四 《清麓丛书》的价值

光绪皇帝曾对当时关中泾阳、三原两县刻书给予了很大的支持与鼓励。

---

① （清）贺瑞麟：《清麓文集》卷十《答冯展云中丞书》，《贺瑞麟集》，第319页。
② （清）张元勋：《清麓年谱》上，载《贺瑞麟集》，第1113页。
③ （明）冯从吾：《关学编》（附续编），第4页。
④ 卢钟锋：《中国传统学术史》，河南人民出版社1998年版，第232页。

光绪二十七年（1901）五月二十日内阁奉

上谕陕西学政沈卫奏呈进书籍请将校刊各员绅恩恩奖励一折。据称三原、泾阳两县刊刻书籍不下二百余种，均关典要。该员绅等捐集经费，校刊精勤，有功学校，深堪嘉尚。国子监学正衔举人刘光蕡，著赏加五品衔。西安驻防举人候选通判成安，著以知州分省补用。已故五品衔国子监学正衔孝廉方正恩贡生贺瑞麟，著追赠五品卿衔。已故湖北试用知府刘昇之，已故候选知府刘质慧，已故道衔增贡生刘昌复，均著追赠三品衔。郎中衔中书科中书柏森著赏加四品衔。道衔监生刘祠曾、同知职衔附生刘昌晋均著传旨嘉奖，以示鼓励。该部知道钦此①。

贺瑞麟和刘光蕡对清代关中丛书刊刻都做出了不可磨灭的贡献。丛书的刊刻既是对前期学术的大检讨、大总结，也是为重振关学、扭转士风打下的结实基础。经世致用是儒家思想的重要内容。晚清贺瑞麟的刻书，实质上已经远不是他的个人行为，在他的主持带领下，他的弟子在搜集、校勘等方面已经参与其中，地方富绅如本县刘氏父子、泾阳柏森等在自家的书坊负责刊印，正是这些人的共同努力，促成了《清麓丛书》的完成及面世。

《清麓丛书》的刊印是一个庞大的工程，功在当代，利在千秋。丛书对于儒学经典的传承发挥了巨大作用，不仅使我们看到在学术并起的时代，关学经久不衰的代代传承与发展的过程，而且也使我们从侧面了解不同时代学术的兴衰、交流、碰撞和融合。通过这些人物及其著述，我们今天才能更全面地把握关学发展的脉络，并能更客观地进行考察与评价。

"文以载道"，书籍是思想传播的载体。思想的传承、传播是文化发展的内在动力，文化又通过多种形式表达着思想的内涵。这些丛书的刊印极大地丰富了地方的文化资源，也推动了地方文化事业的发展。尤其是其中的训蒙教化读物，通俗易懂，便于传播，这对于改善地方的风俗教化不无裨益。今天走在三原县内，一些农户的门楣上仍然有"宜耕宜读"等标识，这也体现当地百姓教育子女且耕且读，知行并重的精神。

---

① 叶志如等总主编，中国第一历史档案馆编：《光绪朝上谕档》，光绪二十七年（1901）五月二十日上谕档，广西师范大学出版社1996年版，第109页。

第三节　立足教育，培养后学

学校教育在教师，书院教育在山长，培养有德行的君子离不开仁义礼智为核心的教育、教化。贺瑞麟很清晰地意识到，人道兴衰关乎着世道兴衰，振兴人道，须从辨明学术之明晦开始，因此振兴学术成为匡时救世的第一要务。

一　牛兆濂著述及主要思想

牛兆濂（1867—1937）号蓝川，字梦周，陕西蓝田人，清末民初关中大儒。曾师从三原贺瑞麟，历任正谊书院、芸阁书院、关中书院、鲁斋书院、爱日堂等主讲。一生祖述孔孟、尊崇程朱，严守师训，积极倡导"礼教关中"的风气，主张以《小学》《近思录》《四书集注》为入学根基。牛兆濂热心社会事务，辛亥革命后，曾积极倡导抗日，具有很强的民族气节。著有《蓝川文钞》《蓝川文钞续》《芸阁杂记》《续修蓝田县志》《芸阁礼记传》《近思录类编》《芸阁礼节缘要》《秦关拾遗录》等。

牛兆濂的哲学思想尊崇其先师贺瑞麟，近述程朱理学，上接孔孟之道。在理气问题上，他同样坚持理气不相离、理气不相杂的思想，并把理气的观念放在了社会伦常中来认识，理之体即道，道的存在无非就在日用伦常之中，不能尽人伦之情，则不能做到以诚反身，也就不可称之为亲亲、尊尊、仁人。在这种反推的过程中，牛兆濂认为明伦即是体道。

从工夫上讲，牛兆濂特别强调"存心"。"天下国家之本在身，身之主则心也。欲修身而不用力于身之所主，则无主之身势不可以独存。欲存天下国家者不可不先存此身，而欲存其身者必自存心始。"[1] 心之所为，是情、是气，真正主宰心的则是理，气之聚合是人心，理之聚合是道心。气的属性在于耳目鼻舌的欲求；理的属性在于仁义礼智的禀赋。求道心，求天理，不是讲要踢去一切耳目鼻舌之欲求，否则就是离气而谈理，世间不存在无气的理。存心之存，指于饮食、男女、动静之中处之泰然，各尽

---

[1] （清）牛兆濂：《蓝川文钞续钞》卷三，《牛兆濂集》，西北大学出版社2015年标点本，第221页。

其理，不可有过与不及，不可掺杂一丝人之私欲，这样，心之所存，即理之所存，道之所在。存心乃修身之本，治平之本，存心的根本即在养心。

在知行问题上，牛兆濂主张知行并重。只从知上做工夫，而不能行，这只看作是记诵辞章之能，圣人能够成始成终，在于他们致知处即力行处。在如何看待"敬"的问题上，牛兆濂承先师遗志，认为敬非死敬，不是死死抱着一个敬字不放。敬是有所操守，操持于外，守成于内。首先，敬以直内，由道心操人心，则存理守敬。其次，敬并非摒弃一切外物，枯守道心，如此则是枯守一个壳，而非活生生的理。再者，敬非一味向内，敬是在待人接物中能够持敬，没有世间万物，也就无可敬之物；被世间万物诱引无已，无从谈敬。因此，敬是要在处世接物中求敬，在制外养内中求敬。

针对异端、俗学等，牛兆濂承先师之志，倡明程朱之学，对其他异端之学也持排斥态度。牛兆濂的排斥基本是冷处理，"见异端人，与其费词无益，不如自立界限，不与之辨"①。方法上不同于他的老师，贺瑞麟特别强调论人可以宽恕，论学则必须严格，如同孟子与告子之辩，不是为辨而辨，而是不得已而为之，否则儒学正脉则会旁落。牛兆濂认为在时间的检验中，异学会暴露出它的弊端，到时自然会不攻自破。神奇鬼怪之事，都为圣人所不辞。

为学中，牛兆濂认为："道之兴废在天不在人，学之存亡在人而不在地。"② 他一生志在传道授业，先后主讲芸阁书院、鲁斋书院、正谊书院、关中书院等。后因关中书院改为陕西师范大学堂，原本答应牛兆濂可以继续讲习程朱理学，但随后当局食言，牛兆濂即辞归芸阁。事实上，由于新旧时局的变化，当局者急于创设新式学堂，设立新式学科，很难给予传统书院讲诵经典为主的一席之地。牛兆濂力尊程朱，认为当时仍需有讲习正学之地，才可延续正学命脉。

对于所谓的"新学"，即后起之学，牛兆濂有他的理解，他认为创立新说绝非易事。一味地求新，甚至想另立新说，有急功近利之嫌。何为新？"温故而知新"。没有对传统经典的潜心专研，怎会有凭空而出的新，

---

① （清）牛兆濂：《蓝川文钞续钞》卷五，《牛兆濂集》，第274页。
② （清）牛兆濂：《牛兆濂集》之《附编》，第386页。

"新"的出现离不开对已有经典的剖析与解读,在此基础上方可逐渐形成儒学的真正理解。任何学问不可舍本逐末;反之,或是纰漏百出,或是迷惑人心,或是自取灭亡。

牛兆濂并非食古不化,他指出为学,就是要变化气质。他在《论时论六条》中讲:"守旧者不胜时流之讪笑,乃变吾说以从之,自谓能趋时也。又安保日新月异之学说不以目今为幼稚,且将进而从古乎?是未可知也。""世界之学说千途万辙,我止认定一个孔子。讲孔子之学者亦千途万辙,我止认定一个朱子。"① 变化气质不是随波逐流,自己心中认定的道不变,纵使时变、事变,万变不离其宗,学说千万,只认定孔孟;讲述孔孟千万,只认定朱子,这样才能不失己志,存得道心。

为学当从《小学》《近思录》"四书"开始,《小学》是要使人做出人样子来;《大学》则是在规模处做工夫。为学之中学礼是关键,他认为,礼贵在得中,"圣人教人,除学礼外别无所教,其言之是者必其合理者也,不合理则非矣。"② 在洒扫应对中学习礼仪,在处世接物中明辨伦常,在为善明德中循循而求上达。

此外,牛兆濂被称为"关中才子",牛兆濂从小就喜欢读诗,希望成为诗人。此后的生活中,他也果真写了很多诗,以诗言志,从他的大量诗中可看到他不凡的气节。他在登临华山时曾写下"踏破白云千万重,仰天池上水溶溶,横空大气排山去,砥柱人间是此峰",足见其气魄非凡;"正正经经做事,清清白白做人",他有训语曰:"吾人居今之世,最急而先者,有四大端:第一,要认得自己是中国人。第二,要知中国是行孔教之国。与夫读书以明理,耕田以养生,则其第三、第四者也。"③ 这不仅体现了他作为中国人的骨气和自信,而且也反映了他关中血脉中的那种宜耕宜读、刚正不阿、气节高尚的气象。"道德仁义,泽被生民,礼乐诗书福延后世。"从大量诗词中可以见到,他希望以礼乐仁义敦化关中风俗,如此无论是生民还是后世,都可以受到福泽。

由于时局变化,侵略者肆意践踏中国,作为一名中国人,牛兆濂的爱

---

① (清)牛兆濂:《蓝川文钞续钞》卷五,《牛兆濂集》,第279页。
② (清)牛兆濂:《蓝川文钞续钞》卷六,《牛兆濂集》,第316页。
③ (清)牛兆濂:《牛兆濂集》之《附编》,第356页。

国救国思想也处处可见。在《酬张鸿山诗》中充分体现出牛兆濂的拳拳赤子心。

  莫道从容就义难，死能得所亦心甘，九原含笑飘然去，不怕风潇雪海寒。
  破釜沉舟尽向东，车麟驷铁有遗风，纵无毅力降禽兽，死后犹能作鬼雄。
  血溅飞花死亦香，纵横万里卧沙场，任它一焗摧残尽，始信倭奴真道强。
  惨报辽阳未忍听，钢条贯口上非刑，哪能更与龟蛇种，共载长空一道青。
  覆巢旦夕死相连，一死只争后与先，莫道为奴须幸免，古来卖国几人全？
  叹息中原尽散沙，更将性命换身家；散沙此日成团体，龙湖凭教试爪牙。
  阋墙谁肯念同胞，气到东洋更不豪。一旦捐躯能卫国，泰山哪得比鸿毛！[①]

牛兆濂从师贺瑞麟时间并不长，自光绪十九年（1893）三月，牛兆濂正式问学贺瑞麟，至是年九月，贺瑞麟去世，从师时间仅几个月，但他却是继承贺瑞麟思想较为完整的佼佼者。他竭力维护先师贺瑞麟之门户，上呈孔孟之道，中接程朱之理，下倡清麓之传。

  故言道而不衷诸孔子，乱道也；言孔子之道而求异于朱子，妄言也。学者欲求孔子之道，舍朱子之书何以哉？顾其书之得也不易，则其道之传也不广，此先师清麓先生所以有洛、闽学派各书之刻，而传经堂版本所由风行海内也。（朱子外，周、程、张子、许、胡、陆各书略备。及门刘君东初任刊。）往何而先师即世，板片之键闭于刘氏者且廿有余年，道之不明也，异说蜂起……有识之士必将深求夫大中

[①]（清）牛兆濂：《牛兆濂集》之《附编》，第329页。

正之归，此殆吾夫子之道与吾朱子之书否极而亨之机乎？而刘氏之藏以出，好义诸君复乐为资助以趣其印行，（丙辰冬，刘氏介刘吉六同举以所刻各板捐存精舍，约以二千金为酬。濂难之，乃谋诸杨克斋先生，先称贷归之。……）是大有功于名教也！此外先师所订如柏经正、刘述荆等各刻，亦皆借取以来，汇为丛书而分布行之，可谓洋洋大观矣。①

由于灾乱等因素导致贺瑞麟所刻六十九种清麓校刊丛书的底板遗落他人之手，历经二十余年，这些刻板失而复得。牛兆濂曾与同门商议，筹款两千金赎回，最终使先师遗泽失而复得、绝而复续。牛兆濂历经艰辛将这些刻板与其他两种刻板即柏经正、述荆堂刻板汇聚一起，完整刊印清麓丛书，使得道统之学重见天日。同门张元勋认为牛兆濂此举在传承广大正学思想中堪称"第一功臣"。纵观牛兆濂一生，正如他所说："行道以济时，明道以教人，守道以传后，皆事业也。"这是天地间的第一等事，且有舍我其谁的气概，也是他矢志不渝的追求。

二 张元勋、孙乃琨著述及主要思想

张元勋（1865—1955）清末举人，陕西兴平人，自幼喜爱读书，曾师从贺瑞麟，研习程朱之学，曾讲学于正谊书院。他的哥哥张元际，也曾拜贺瑞麟为师，曾创爱日堂，后改为宏仁书院，兄弟二人都曾在此讲学。曾被陕西学台刘嘉深延聘，主讲于衡文书院。辛亥革命开始后，西安首先响应。据《辛亥革命·郭希仁回忆录》记载，张元际、张元勋、牛兆濂三人受当时革命军政府秘书长郭希仁委托，与当时前清陕甘总督升允讲和成功，有力地巩固了革命政权。抗战时，蒋介石闻其大名，知其生活清贫，曾专门致函张元勋，还委托天水行营主任程潜代他赠送张元勋五百大洋，以示敬意。蒋介石两次赠与，张元勋两次拒绝，第三次，张元勋把五百大洋捐赠给陕西各书院，由此可见其淡泊名利之品质。1953年冬，陕西省人民政府主席致函邀请张元勋出席陕西省第二届第一次各界人民代表大会，因年事已高，张元勋此行未成。1955年张元勋去世。张元勋著有

---

① （清）牛兆濂：《蓝川文钞》卷三《〈清麓丛书〉序》，《牛兆濂集》，第43页。

《原道》《天元勾股迳求合较术》（三原县图书存有书目）《朱子训蒙诗集解》（三原县图书馆）《地球浅说》《格物测算》《太阳质疑》《新正气歌》等。

孙乃琨（1861—1940）字仲玉，山东淄川人，经三原县令焦雨田引荐，拜贺瑞麟为师，与牛兆濂、张元勋、马鉴源等同门。清末民初理学家、教育家。自1890—1936年，从求学到应邀到正谊、芸阁等书院主讲理学，近40年中，他曾先后六次入陕。因他曾主讲于家乡淄川灵泉精舍，故称为"灵泉先生"。孙乃琨著述有《灵泉文集》《关中讲话》《大学讲义》《春秋集义》（淄博市图书馆存）《读易绪论》《太极通书答问》等。

孙乃琨思想也是在继承先师贺瑞麟思想的基础上形成。他尊崇程朱之学，认为理一本而万殊，"理有一本，有万殊，明一本质理，而后天人性命，可以会通。明万殊之理，而后品节等级，不至混淆。理有未穷，故知有不尽"①。本原之理只有一个，这是就本体而言；理在气中，所以理又无处不在，理不杂于气，也是强调理的本体性，理又离不开气，这就是就体用而言。他还认为心与性有同样的道理，不杂于心的性，专就性的本初而言，"天命之谓性"即是在此处讲。又有不离心的性，以性之于气质而言，"率性之谓道"之性即是就此而言。心与性、太极与阴阳、理与气等都是可以分说又可以合说，但要看从何处去说。

通观贺瑞麟和他几位弟子的著述，他们有关工夫论的论述比较多，而且很集中。孙乃琨讲："寻圣贤真正路脉，做圣贤真正工夫，思立圣贤真正事业。"② 做得真工夫须有大志向、大精神、大气魄。他举例说明，铜铁钢坚，然而历经大火，必化为汁液，做钟磬，铸镆铘，任人所为。水，性质柔软，然遇大寒，凝聚成冰，可作桥梁，也是坚不可摧。一切工夫尽在凝聚，种种艰难由此融化，动心忍性，事理自有豁然通达的时候。

持敬的要害需在整、齐、严、肃四字上下工夫。"整则心不散乱；齐则心不参差；严则心不放肆；肃则心不怠慢。这四个字果做真了，则本心自存。"③ 持敬即是持心，如同孟子所说的"求放心"，处处皆能求得放

---

① （清）孙乃琨：《灵泉文集》之《复张馨山书》，民国二十九年（1940）排印本。
② （清）孙乃琨：《灵泉文集》之《与张宜山书》。
③ （清）孙乃琨：《灵泉文集》之《复张宜山书》。

心，心有所归，本心自存。

持敬是使心不放逐，而常人在气质变化中难免会出现心有散乱、放肆、怠慢等情况，此时则需在克己处做工夫。人有耳目口鼻，欲在其中，不知中节即成私欲。私欲行，义理有所遮蔽。克己即克己之私欲，"天理流行克己之效也。故父子之间不能克己则不慈不孝，势必至为晋献为商人。君臣之间不能克己则不仁不忠，势必至为桀纣为操懿。夫妇之间不能克己必有反目之伤。兄弟朋友之间不能克己必至有阋墙之变，弃子之悲"①。私欲之害可见一斑，克己则德全，不能克己，则财聚民散。颜回"不迁怒，不贰过"在克己；曾子每日三省吾身在克己。

就孝悌言，"孝悌既非外铄，孝悌顺德也，亦庸行也"②。孙乃琨认为，儒家经典的根本亦在孝悌，"论治术而不本于孝弟非知治之本者也。论学术而不本于孝弟非知学之本者也"③。家有孝悌则家能齐之，国有孝悌则国有治，天下能孝悌，则天下太平，齐家治国平天下，皆以孝悌贯于其中。这与关中自古倡行礼乐教化不无关系，孙乃琨常讲，今天下被世俗蒙蔽，庙堂罢祭祀，愚民尚佛老，不知伦常礼仪，而唯独关中，仍能尊崇圣贤，每次在文庙会讲，听者数千人，如此文风礼俗，上可溯至文武周公，下有张载讲行礼教之功，这与李元春、贺瑞麟倡导力行之功密不可分。

此外贺瑞麟还有弟子赵振灿、马鉴源等人，他们在整理贺瑞麟的著述、记录贺瑞麟的口授内容以及刊录《清麓丛书》等方面都做了大量工作。

三 贺瑞麟后学影响

清末民初，是国家的大变革、社会的大转型、东西文化的大碰撞时期，此时，儒家思想文化走到了传统社会中的最低谷，批判的声音越来越多，再看贺瑞麟后学中的这些弟子们，他们矢志不渝，信念坚定，力承先师贺瑞麟遗志，坚守正学，立足地方，讲习书院，传承儒学正脉。他们不

---

① （清）孙乃琨：《关中讲话》，民国二十一年（1932）石印本。
② 同上。
③ 同上。

错耕耘，勤于著述，对于传统文化的继承与传播不遗余力，没有平日的格致实功，很难有这样的气魄和定力达到出处合道。在社会转型期，能够认清时局，不消极避世，还能与新生力量携手，积极救国救民，表现出强烈的爱国情结。

他们终身皆以教育为主业，主讲于各大书院。秉承先师遗训，坚守程朱理学阵地，讲求为己成人之学，不求功名利禄，修身律己，沉潜涵养，这些都积极地影响着后世学子，他们交游广泛、切磋讲学、以友辅仁，在当时，学术上虽不处于中心地带，书籍流通又不畅，但他们遥相呼应，学术思想在陕、甘、晋、豫、鲁、浙等地也多有传播。对这些地方上的学子也有一定的影响。作为地方上的名儒，他们就是一盏思想文化的火炬。

他们毕生节俭清贫，践行礼教，日常行事皆以《小学》为准，对丧祭等礼仪都非常重视，注重伦常名教，以孝悌忠信为本。牛兆濂有"关中孝子"之称；张元际、张元勋兄弟为国尽忠有勇有谋；孙乃琨的兄长孙伯琴卒于浙江富阳里山，为使兄柩回归故里，孙乃琨不顾乱世纷争，毅然奔波于各地完成此事。他们对有悖自身品节的赠与、聘任官职等均不受，其注重操守、讲究气节的高尚品格深深影响着后世。

牛兆濂、张元勋、孙乃琨等人，不忘先师教导，崇尚经世致用，既要读书，也要习事务，积极兼职地方各种事务，都不为官职名誉所动。仍能够在坚持学与治无二道的途径中积极践履使命，维护程朱理学，内圣通外王，一以贯之。虽说他们不能以一己之力挽回程朱理学作为官学曾经兴盛的局面，也很难在义理层面作出别开生面的创新，但仍抹不去他们在地方上所发挥的余热。从这一点看，他们与其师贺瑞麟遭遇同样的命运。但他们在促成地方政权的稳定，为百姓营造较安定的环境，发展地方文化教育事业，促进地方良好风俗教化的形成等都起到积极作用。

至清末，士绅作为封建社会的一个重要阶层已经日趋衰微，士绅曾经在封建社会的政治系统、文化系统中都扮演着重要的角色。他们继承了"学而优则仕"的传统观念，尽管他们不一定进入封建社会的上层，但他们仍然承担着士能弘道的责任和使命。儒学能够深入民间社会并得以广泛传播，很大程度离不开地方士绅的推动，他们为儒学的世俗化发展做出了不可磨灭的贡献，他们通过推行乡约、宣传教化、宗法伦理、创办书院、推设义仓等方式，在地方社会大力推行儒家文化。在地方社会，士绅在官吏和农民中搭建起一座互动的桥梁。士绅对于维护地方的治安、教化起到积极作用。他们的角色是双重的，不仅要宣传政府的教化意志，而且也会积极为百姓安危请愿。

本章小结

贺瑞麟的教育面向的是民间士子，他知道，仅靠传授知识是不够的，教育的任务是使求学者获得真正的圣人体用之学。正如胡瑗的学生刘彝在熙宁年间回答宋神宗关于"胡瑗与王安石孰优"时说："臣闻圣人之道，有体、有用、有文；君臣父子仁义礼乐，历世不可变者，其体也。《诗》《书》史传子集，垂法后世者，其文也。举而措之天下，能润泽斯民，归于皇极者，其用也。国家累朝取士，不以体用为本，而尚声律浮华之词，是以风俗偷薄。"[1] 贺瑞麟正是通过不断地抨击当时的浮华文风，从而为传承明体达用之圣学扫除路障，最终达到复性儒家仁义礼乐的政教之本，以自己的亲身践履来实现其经世教化的理想。

正如西方教育家裴斯泰洛奇所坚信的，"一切真正而持久的改革决不能开始于环境，而必须开始于个人，只有在个人产生了力量和德行之后，'外部世界'与环境才可能发生变化。良好的国家始源于良好的国民"[2]。贺瑞麟的教育实践正是从每个人开始，而且认为首先要从儿童启蒙开始，蒙以养正，从小正确引导儿童，塑造其良好的品德，这是良好教育的开端。与训蒙教育侧重儿童的小学教育相呼应，他认为成人阶段的教育更加不容忽视。书院教育倾注了他毕生精力，他的"学要六则"指明了通往圣贤之学需要付出的每一步努力。由童蒙到成人的教育过程也是实现立身、明伦、明德至善的成长过程。此外，贺瑞麟还特别强调女子教育的必要性。他认为女性在维持一个家庭或家族中作用很关键，使女性具备良好的品德修养是齐家的根本保障。如果女性能尽为女之道、为妇之道、为妻之道、为母之道，那就会促成家庭的和睦、家族的兴旺。他还特别指出对

---

[1] （清）黄宗羲：《宋元学案》卷一《安定学案》，第25页。
[2] ［美］S. E. 佛罗斯特著，吴元训等译：《西方教育的历史和哲学基础》，华夏出版社1987年版，第417页。

后世的一些陋习恶俗要剔除，他不主张女子缠脚、反对溺死女婴、婆婆不应当虐待儿媳等。虽然贺瑞麟处于封建社会的晚期，各种陋俗日益凸显，但他还是以较为冷静理性的态度对待，且认为遵循一切礼仪也要根据客观环境具体对待，不可人云亦云。

贺瑞麟在教育实践中最有代表性的是由他主持编纂、刊刻、印刷的《清麓丛书》。当思想能够落实在现实生活中，就会逐渐转化为滋润民生的文化内生力。贺瑞麟的理学思想通过他不停地立身实践，得到了广泛传播。讲学书院，辨别学术，抨击时弊；书籍刊行，传承学术，以文化人。通过这些教育措施，贺瑞麟的思想得以推广到民间社会，成为滋润民生文化的重要资源。

贺瑞麟教育思想的传承还体现在他的后学中，牛兆濂、张元勋、孙乃琨是其诸多弟子中的杰出代表，他们传承先师衣钵，维护程朱理学正统，批判当世异学，追求学术与治术的统一，生逢乱世，敢于彰显正义，具有强烈的爱国情操。

第五章　明道与救世：对贺瑞麟思想的反思

与贺瑞麟同时期的晚清关学主力还有刘古愚，他们二人对关学的传承都做出了贡献。首先，本章尝试从比较二人思想着手，分析二人思想的异同。贺瑞麟坚守程朱理学，不邀名、不避世，为重建社会秩序，克己复礼，修身明道。刘古愚以阳明心学为基础，兼容并包，吸收西学，创办实业，富民救世。他们殊途同归，代表了晚清关学中两支主要力量。其次，分析贺瑞麟思想较为保守的原因，并对其思想作以整体评价。最后，基于对贺瑞麟及其时代的全面考察，反观现实，总结由此带来的启示。

第一节　贺瑞麟与刘古愚思想比较

刘古愚（1843—1903）名光蕡，字焕唐，号古愚，陕西咸阳人。自幼家贫，聪明懂事，喜好读书。同治四年（1865），他参加"童试"后被录取至关中书院就读，师从黄彭年。光绪元年（1875），参加乡试，后赴礼部参加会试，不幸落第，从此绝意科举，退而讲学授书。其间刘古愚结交好友李寅、柏景伟切磋学问，受阳明良知之学影响颇深。当时国家面临外患，刘古愚着眼于通经致用，认为只有通过学习西方的新书、新法、新器方可救国。他先后主讲于泾阳泾干书院、味经书院、崇实书院以及甘肃大学堂等地，对当时关中吸收外来思想以及发展陕西教育、刊刻、出版事业做出了积极的贡献。除此之外，他特别注重发展实业，种桑养蚕、设制蜡厂、创压花机厂等，对刺激地方生产也起到一定作用。康有为称其为"清末有体用备之大儒"[①]。他门生众多，成就显著者如李岳瑞、陈涛、宋

[①]（清）康有为：《〈烟霞草堂文集〉序》，载刘古愚《烟霞草堂文集》卷一，《刘光蕡集》，第7页。

伯鲁、张鹏一、张季鸾等，他的部分弟子成为维新运动时陕西籍的骨干。刘古愚的著述较为丰富，主要有《烟霞草堂文集》和《烟霞草堂遗书》。

一　二人所处时代背景

贺瑞麟与刘古愚同处于晚清社会，二人都面临着共同的社会现状：清王朝已走向下坡路，从国内看，社会阶级矛盾突出，政治腐朽，经济惨淡，社会失序；从国际上看，西方列强已逐渐加强对中国的入侵和掠夺，民族矛盾日渐突显。地方上，二人都经历了陕甘回民起义、捻军起义所带来的动荡局势。再加之晚清关中自然灾害频繁发生，当时的社会境遇每况愈下。

社会动荡不定，百姓生活举步维艰。大难过后，满目疮痍，百废待兴。大量流民失去土地，居无定所；吏治腐败，苛捐杂税名目繁多；驻地士兵频频骚扰百姓，民不聊生；早期工商业者，亦因战乱纷纷破产、逃亡，致使工商业废弛；社会秩序动荡不安，自然灾害频繁发生；农业灌溉年久失修，土地荒芜，农民困苦不堪。此外由于鸦片的传入，导致一些投机取巧之人种植罂粟，从中渔利，扰乱民心，腐蚀百姓；地方上士人心态波动、急功近利，大部分丧失应有的责任感。学校、书院的荒落导致社会教化沦丧、伦常秩序混乱、风俗颓废。

二人也有各自面对的具体问题。贺瑞麟比刘古愚大20岁，20年的间隔，时局发展也有较大不同。陕甘回民起义及捻军起义发生时，贺瑞麟已经处于人生的中年时期，而且当时他所生活的三原县又是这些矛盾发生的重灾区之一，人生百味他已经历了不少；刘古愚则是20岁出头的青年人，因此尽管二人都经历此事，感受却不尽相同。其一，贺瑞麟当时早已绝意科考，立足乡间，授书讲学；刘古愚尚还处在科考途中，二人对事态的关心程度和侧重很不相同。其二，贺瑞麟对回捻起义军带来的灾难感同身受，对于战乱、灾害后如何赈灾、救济、设仓、教化等举措如数家珍，历历在目；在刘古愚的著述中较少有这方面的记述，刘古愚关注的焦点并不在此。

二人对列强入侵的认识也不尽相同。贺瑞麟对此的关注主要集中于：鸦片战争后导致种植、吸食、流通鸦片的情况在关中频频出现，致使百姓不务正业，精神颓靡，荒废生产。他间接了解到西方的先进技术，但认为属于机巧营利之为，不利于德性之成长。他对西方传入的书籍等十分排斥，对自然科学也比较排斥。鸦片战争后，他的态度也代表了当时多数人的态度，甚至统治阶层也并没有彻底惊醒。贺瑞麟没有足够清醒地意识到这只是列强践踏中国的一小步。他没能清醒地意识到民族生存的危机在一步步逼近。如何促成国家民族的近代化，如何实现国家富强，以与西方匹敌，此时还没进入他所思考的问题中。

刘古愚对此认识则大有不同，当时西方列强势力不断渗透到中国越来越多的城市、港口，导致清政府不断割地、不断增开通商口岸，白银大量外流。如何使中国强大而不受外族侵略，已成为当时的重要议题。刘古愚已不是消极排斥，而是积极迎战，甲午海战之后，《马关条约》的签订对刘古愚刺激较大。学习西方，富强中国成为他的心声。由于外在的刺激和他自身的实学渊源，他积极创办实业，发展生产技术，在关中开启了近代化的先锋。他积极与外界社会联系，尤其是通过书信、报刊等与当时的维新领袖康有为、梁启超以及南方实业领袖的交流学习，通过这些方式积极吸收先进思想，再通过教育，传达给门生，再外派生徒外出考察学习，在循环中扩大关中与外界的联系。他认为当时中国应当走富强之路，要富强，就要有先进的技术、先进的思想。

二 二人的师友关系

贺瑞麟师从关中理学家朝邑李元春，李元春也是当时关中大儒，继承关中学脉，主讲程朱理学。贺瑞麟受老师影响，恪守程朱之学，深刻把握关学学脉的精神。通过他与老师所编的《关学续编》，我们能够看到他对关学一脉相承的认同与传承。

同治四年（1865），刘古愚在关中书院求学，师从黄彭年。他对西方的学术、政治的关注源于黄彭年实学思想对他的影响。他崇尚阳明良知之学，并对经学研究涵养颇深，对关中的学风也有继承。此外，刘古愚在《关学续编》的整理、刊刻中也做了大量工作。

贺瑞麟与刘古愚都有交往密切的朋友。贺瑞麟有杨树椿和薛于瑛两位好友。他们切磋学问，尊崇程朱之学，认为求圣贤之学必经《小学》，把《小学》放在十分重要的位置。他们十分关心地方事务，对于事务的解决多采取的是儒家经典中传统保守的办法，如对于赈灾多是设义仓，伦常失序多是通过乡饮酒礼等礼乐教化唤醒人们对道德伦常的认识。他们始终坚持传统儒学，思想偏于保守。他们排斥西方，没有主动接触西方的思想。对科举也都认为时弊较多。刘古愚有李寅和柏景伟两位好友。他们的共识在于通晓儒学，尊陆王心学，提倡实学，并能身体力行，创办实业。他们挽救时局多是将儒学与实学相结合，了解时务，学习西方先进技术，创办实业，提倡实业救国。

中国的门户为何能被西方打开，传统儒士对此反应多有差异。如果讲西方崛起的两大原因在于一是富强；二是文明，那么贺瑞麟与其师友更注重从维持中国绵绵不断的儒家文明中寻求答案，刘古愚与其师友更倾向于从如何使中国富强的角度来寻求原因和解决办法，事实上两者又都是不可或缺的。单纯的开放借鉴或守护传统并不能从根本上拯救近代转型中的中国。

二人一生大部分时间都在关中，贺瑞麟因避乱最远到达山西绛县，刘古愚最远到达京城参加科举考试。二人都与当时政治、文化中心较远，不同的是刘古愚会主动间接了解当时的时政发展以及一些新思想的产生，这也使他们对待外界思想文化的态度有较大差异。

三　二人思想的主要异同

刘古愚的理学思想宗王阳明的良知之学，精通经学，毕生又致力于经世致用的实学。他不但继承着关学学脉的精髓，而且对关学兼容并包精神的发挥也很到位。同贺瑞麟相似，他也注重为学的重要性。不同之处在于，他认为，为学不单是士人的事，社会各阶层工、商、农、兵、吏都当为学，只不过所学内容、方式各有差异。为学不只是为了造就入仕之材，也不只是浮于辞章记诵之能，并认为为学之风兴起，则化民成俗就容易实现。为政由学，提倡官民共学的气象，一切政务皆从为学开始，皆在为学之中，贺瑞麟讲学术和治术相统一，刘古愚讲为学为政相统一，治事即为学，师道即君道，二人在此处不谋而合。

孝的观念在关学思想中一直都是一个重要的内容，刘古愚也十分重视孝悌，"伦常莫大乎孝，而孝为天命之良知，则孝为《六经》之本源"[①]。

[①]　（清）刘古愚：《烟霞草堂遗书》之《孝经本义》，《刘光蕡集》，第371页。

他认为上古所创"学"字、"教"字，都是从"孝"，创学立教都是从孝入手，为学根本在孝，在家重孝悌，在国重忠信、重亲民。

二人都注重经世致用，重知行。理学义理与通经致用相结合。不同的是贺瑞麟将程朱义理思想付诸经验世界，走的是倡导古礼、躬行礼教的教化实践；刘古愚在经验世界更侧重的是学习利用西方先进的科学技术，创办实业，发展生产。贺瑞麟以传统的古礼熏陶庶民百姓，敦化乡间风俗教化，实现"养以厚民生，教以齐民德"的理想状态；刘古愚尽管也有教养思想在其中，但受西方力量的冲击，他更希望通过兴办实业，振兴地方，使庶民富裕，使国家富强。

在教育思想中，二人都曾在早年参与科举，后因不第，绝意科举，此后终身以教育事业为主。二人均认为拯救国民的途径在教育，教育是他们的立足点和归宿。二人在教育的具体路径中存在很多的差别。他们都依托于书院教学，从教育的理念看，贺瑞麟重视学问路径由来，强调正统之学，不浮于时文之上，居敬穷理，身伦交修，正学术之脉，将学术、心术、治术完美统一，在为己、接物、处世中合于道，实现天人合一。刘古愚的教育理念，用康有为的话来说即："以良知不昧为基，以利用前民为施，笃行而广知，学古而审时，至诚而集虚，劬躬而焦思，忧中国之危，惧大教之凌夷而思救之，以是教其徒。"① 整体而言，贺瑞麟与刘古愚都不只限于书斋学问，尽管在实际的践履方式上有所差异。但他们都强调实学经世致用的精神。刘古愚在学政合一的思想指导下，认为为政由学，教学要培养人才，人才应能够治理国家和社会，而且还要能推动社会的发展。刘古愚在基于已有的传统学识修养中，捕捉社会的前沿动态以求得新发展。贺瑞麟则是在坚守正统的基点上，求得在传统中寻求解决问题的具体方案，谨小慎微。贺瑞麟牢牢牵着传统文明的根脉，刘古愚奋力追赶新思想的脉搏。

贺瑞麟在其主讲的书院中反对开设八比时文课程，只是讲读儒家经典和程朱之学。刘古愚本着开化民智的精神，在书院中开设"经史、道学、政治、时务、天文、地理、算学、掌故"等课程。他不仅不排斥门生参

---

① （清）康有为：《〈烟霞草堂文集〉序》，载刘古愚《烟霞草堂文集》卷一，《刘光蕡集》，第7页。

与科举考试，还鼓励他们积极入仕。据刘古愚《味经书院志》①记载，从同治十二年至光绪二十年（1873—1894）这20余年中，门生中有18人中进士，94人中举人，31人为贡生，这些进士中基本都走上仕途，所涉地域遍布直隶、江西、甘肃、四川、河南、山东等地。用现代的眼光看，这种人力资源的开发是贺瑞麟无法相比的。

贺瑞麟揭示科举弊病主要体现在两方面：第一，参与科举的士人心态不端正，求为官不求为学，求治人不求为己；第二，科举考试内容上的弊端，重时文轻经典，重记诵轻义理分析。但他没有从根本上认为应该取消科举，他的绝意科举，以及不鼓励他的门生参与科举，并没有阻碍他的积极入世，处理社会事务，而且对门生的要求也多是讲要为学与实践事务并进。

在训蒙、女学教育思想中，二人都对儿童、女性的教育比较重视，不同的是，贺瑞麟始终停留在以传统儒家思想为教育内容且沿用传统的教导方式，强调以妇容、妇言、妇德、妇功四德为主，提倡忠孝节烈等妇女的伦常道德为主；刘古愚也很重视女学教育。他认为女学关乎着儿童教育的发展。更重要的是，女子本身也是人才培养的来源之一，女性要获得自身的解放。这在他的《劝不缠足会后序》②《复邠同绩社章程》③都能看到他对女性解放思想的呼吁。从教育方式看，刘古愚主张教学与生产实践、科学实践相结合；从教学内容看，他主张为学不只限于"四书""五经"，应将中学与西学融通，并鼓励阅读时政报刊，关心时局；从教育对象看，他积极鼓励士、农、工、商都应学习，如果仅士人学习，思想文化传播十分有限，不利于社会各阶层各行业的均衡发展。

二人都十分注重儒学经典的传承与传播。他们依托书院，对关中地区的儒家经典进行编校、刊刻。刘古愚还专门设有求友斋，专门刊刻经史及时务书籍。由于他对自然科学、时务信息较为重视，所以在他刊刻的书籍中种类比较丰富。刘古愚所主讲的味经、崇实书院其规模都要在贺瑞麟所主讲的正谊、清麓书院之上。无论在生员的数量、膏火的使用、生员的出

---

① （清）刘古愚：《味经书院志》，《刘光蕡集》，第763页。
② （清）刘古愚：《烟霞草堂文集》卷二，《刘光蕡集》，第51页。
③ （清）刘古愚：《烟霞草堂文集》卷九，《刘光蕡集》，第257页。

路、刊刻书籍经费等都略胜一筹。

二人在刊刻书籍方面也有差异。其一，刊刻的性质不同，贺瑞麟主要依托私人书坊刻书为主，经费也来自这些富绅的支持，具体主要有三原刘氏传经堂、述荆堂和泾阳柏氏经正堂三家书坊。刘古愚依托味经书院刻书则是由官方支持，属于官刻。其二，从所刻丛书的内容、性质看，刘古愚主持刊刻书籍对实学、西学关注度很高，有明显的经世致用思想色彩。贺瑞麟主持刊刻书籍集中在理学先贤和关学主要人物的著述，由此看出他具有浓厚的乡土情结，所刻书籍具有崇尚程朱理学的鲜明特色，以扭转学风、改善民风为主要目标。他们的共性就是二人都传承着关学宗风，秉承关注现实、拯救现实社会为宗旨，躬身践履，竭力而为。不可否认二人在繁荣关中学术文化上做出了应有的贡献。

二人与官员的交往都很密切，他们不求做官，但都获得各级官员的多方面支持，以利于地方办书院、兴教育、办实业等。二人都注重为学。刘古愚认为士、兵、吏、农、工、商都应为学，兵不学就会骄横，吏不学则会贪婪，农不学就生惰性，工不学则会笨拙，商不学则会愚智甚至会奸诈欺骗。他认为中国贫困落后的根本就在于为学与为政不能统一。贺瑞麟一生在为学中敦促自己，他认为君子为学在明道，在救世，只知道读书，而不知处世，则并没有明白读书的目的何在，修身、处世、接物才是为学的根本。学术做好，治术才能有效，学术治术才能统一；刘古愚同样在经世致用中实践自己的使命，创办实业，关注时务，为学为政是统一的。他们在内圣外王的追求中践行儒家的使命。

二人民族思想也略有差异。这点主要体现在他们对待回民的态度上，贺瑞麟认为对待起义之后的回民安置问题应当采取民族同化政策，对回民实施儒家教化，实现民族共处。但一定程度上又能看到他还是受传统华夷之辨思维的影响较深，因为他认为对于回民的野蛮性而言，教化还是很难的。刘古愚认为回汉矛盾在于存在文化隔阂，而且长期以来回民一直受压迫，容易导致民族冲突，要改善这种局面就要改善回民等少数民族的生产、生活条件。西北是少数民族聚集的地方，各民族要认识到，各民族是中华民族大家庭中的一员，各民族要和睦相处。刘古愚这种各民族应和谐共处的思想则更积极一些，而且在今天看来依然有进步意义。

刘古愚的政学合一思想与贺瑞麟的学术治术统一思想很相近。理学思想与通经致用的实践融洽结合。贺瑞麟走的是思想指导实践的路径，现实风俗败坏，可以由推行古礼等教化来改观。社会秩序混乱，根本在促进学术、治术、道术相统一，这些思想不难体现贺瑞麟的内圣外王之道；刘古愚走的是实践反作用于思想的路径，现实的状况让刘古愚意识到学习西方的必要性，因此，在他的讲学内容中自然融入了西式的学习科目算学、地理等，并创办时务斋、建工厂等。"凡民之事，合民之智力以讲求，日日为学，即日日为政；人人为学，即人人为政。君民上下一其心力，同以学为政，民之德正、用利、生厚，事无不举而俗美矣。为政由学，此圣王之道也。"① 为政由学，重视民众的厚生利用，刘古愚在为学中注入了重视科技、扩大生产等动力，这也是贺瑞麟没有的，尽管二人都认为学术与道术相统一，才能实现圣王之道。

贺瑞麟一生致力于维护道统、学统的纯正，不允许丝毫的异己思想浸入，排他性很强；刘古愚在这方面继承了关学发展中的兼容并包的精神，积极吸收西学，没有强烈的门户之见。贺瑞麟作为程朱理学的代表，与近代掀起的新学思潮相比，的确有守旧、传统的一面，这也恰好说明，正是他的这份执着坚守在为传统学术的生命延续做着不懈的努力，面对这份遗产，我们切不可妄自菲薄。贺瑞麟和刘古愚代表了关学在近代转型期的不同转向：刘古愚积极吸收新学思想，投身实业救国；贺瑞麟守护传统，教化百姓，他们都是关学的坚实力量，充分展现了关学的开放性、多元化。

第二节 对贺瑞麟思想的整体评价

贺瑞麟所处的时代，是一个充满危机的时期。出身普通的他，历经磨难与艰辛，以其执着与顽强的精神走上了维护儒学正统的道路。他不入仕途，却凭借其处世的才干赢得地方官员的认可，努力投身重建惨遭战乱蹂躏的关中大地。他是晚清关中理学大儒之一，以其孜孜不倦的精神在有生之年主持理学丛书的刊刻，推动儒学思想的传播。他还是一位地地道道的教育者，但他排斥科举产生的各种时弊，追求圣人为己之学，主张实现为学与治道的统一。

---

① （清）刘古愚：《烟霞草堂遗书》之二《学记臆解》，《刘光蕡集》，第319页。

一 对贺瑞麟思想的整体评价

由贺瑞麟的学思历程可看到：幼年聪颖好学，在父亲贺含章的教导下，博览群书，熟读"四书""五经"等儒家经典，由此奠定了他很好的儒学功底。17岁时，他开始从学三原孝廉王次伯，逐渐意识到学术发展有一定道统渊源可循。成人之后，殷实的生活出现转折，家庭中的不幸接踵而至。好在师从朝邑李元春学习之后，他逐渐领悟到了为学门道。历经多次科举考试的失败，与师友的反复切磋后，贺瑞麟最终决定放弃科举，开始了探寻和维护正学之道的征途，这是他在三十而立之年做出的重要抉择。此后，他开启以《小学》《近思录》为圣贤之学的读书路径，尊崇程朱理学，严辨学术门户，以守护儒学正脉为己任。灾乱时期，开物成务、赈灾济民、变化风俗。晚年，他的理学思想主要体现在明学术、正人心，以礼教人的讲学实践中。贺瑞麟之学远绍孔孟，近述程朱之学，继承了关学重礼教、重实践的宗风。身处当时的社会环境和时代背景之下，贺瑞麟表现出了一名知识分子对学术与政治问题的关怀，且展现了他敏锐的问题意识和自觉反思的能力。他以程朱理学思想作为根基，积极投身乡间社会重建的实践中，寻求明道与救世的契合点。

贺瑞麟的理学思想，实际上是建构了本体—工夫—境界的思维路径。这是他所有思想以及人生践履的基点。人人皆需克己复礼，复性于初，才能达到性与天道的统一。人之本为何会受到遮蔽？原因则在受气质所蔽、情欲所牵、习俗所囿、外物所诱，从而渐渐失去本真原初的状态。如果能格物致知、持敬涵养、反身以诚，则自然可以复性本原。贺瑞麟凭借对宋、元、明、清初诸儒倡导救世的总结，以克己复礼、持敬涵养为准则，最终达到出处合道、返善复初的目标。他十分注重修养工夫，在知行问题中，知言是通晓圣贤经典的必要条件，具备这个前提才能在慎言、慎思、慎行中不妄为。"敬"是其思想中的核心概念，敬统动静，静是动之根，不可贪静忘动，亦不可逐动忘静。透过持敬工夫，才能在真知实行中游刃有余。他强调为学要坚持道统正脉，因此对程朱之外的其他一切学术持批判态度。他认为正是这些学术在社会上的流行导致社会学风日趋衰败：官吏腐败成习，不作为；求学士子浮华虚夸、不求圣贤之道；民众赌博嬉戏成风，整个社会伦常秩序陷入瘫痪状态。要改变这种局面必须严格辨别学术正途，学术正、治术行，恢复三代的道术之治才有望实现。

贺瑞麟思想的重心即在他的经世践履中。尤其是他对于灾乱之后整个社会的重建过程，针对当时社会存在的回民安插、整顿吏治等事宜，提出时政建议；对清丈土地、垦荒移民、设仓救济等制产养民事宜劳心劳力；对振兴学校、开设义学、推行古礼等世风民俗事宜亲力亲为，灾乱之后，整个地方社会百废待兴，贺瑞麟在这个重建过程中自始至终践行着所当为之事。历史上学术文化与政治从来都是密切相关，对此，他深刻明白学术、心术和治术三者具有环环相扣的密切关系。儒学乃是以经世为宗，而当时学术处于晦暗，人心已经失衡，社会上缺乏真正大儒之才，他唯有通过明学术、正人心才能匡时救世。学术不振原因在于士人追求科举功名，流于辞章浮华之学，不求圣贤之学的真实内涵，于是在为外物所诱惑中，不能反求诸己，自然不懂为己之学。

贺瑞麟思想的落脚点即在他的教育思想中。他亲自践行讲学实践活动，他希望通过由蒙学至成人之学的整个教育过程，培养出修己、治人、明理、制事的人才，由此实现他的讲学目标，即立人达人、移风易俗、拨乱反正及重建伦常秩序。整个人格教育的形成，通过修己于道德及工夫，在推己及人而亲民时，才能具有化民成俗的效果。贺瑞麟的理学教育思想，包括道德、知识和经世济民的学习，理论终究需要落实在实际践履中合而为一才能获得真知。就个体而言，需要完成个人修身、立志、读书、为学，立身修己；就己与人而言，需要对齐家、社会、国家层层秩序的维护；就己与万物而言，则是生命的终极关怀，返本修初，本体与工夫合一的境界。

贺瑞麟对现世有着深切的关怀，内圣外王的经世精神、返本复初的礼治愿望，如果以立德、立功、立言来衡量，则其理学思想可对应立德；由理学思想延伸的经世实践可对应立功；其理学教育思想可对应立言。贺瑞麟作为一名民间的士绅，对社会秩序的重建具有很强的使命感。他面对时弊，积极解决问题；讲学实践中，上至总督巡抚、下至黎民百姓，无不受其感召，由此可见其学问在当时也颇具影响。贺瑞麟发现学术晦暗不明根本在为师者与求学者之间存在一种恶性循环，造成学人所求不在为己而是迎合外界，一味贪求功名富贵，完全背离圣贤之学的探究义理、反身修己、尽性知命之旨。而要扭转这一切就需要从教育、教化做起，只有这样才能唤醒民众对应有的社会秩序的回归，对人之为学、人之为人有正确的认识。

同治年间，陕西巡抚刘蓉对贺瑞麟曾有评价："其学以程朱氏为宗，精思熟讲、务反躬而实践，盖秦士之魁杰。"① 不难看出，刘蓉不仅对贺瑞麟的为学特点把握准确，而且认为他精于讲学、反躬实践堪称秦中"魁杰"，这也是对贺瑞麟极大的肯定与鼓励。当然在关中与贺瑞麟同时代的其他学者中也有对他的学术观点持不同意见的，如黄彭年、柏景伟等人，曾在关中书院讲学的黄彭年对他所持的门户之辨表示不认同："阁下辟陆王、斥管晏以明圣道，所以持之者甚严。彭年则有所不能。……往年在京师，师友朋争汉宋门户，彭年辄举阋墙御侮之义以相规讽。"② 尽管如此，贺瑞麟在与黄彭年、柏景伟等人的切磋中依然我行我素，而且认为这一立场不可动摇。他的弟子赵振灿曾评价他为："人之生也，有一乡一邑之人，有一国一世之人。先生上为往圣继绝学，下为千秋开太平，巍乎百世之师，一国一世，不得而囿也。"③ 弟子牛兆濂也评价道："先生笃信朱子性命以之于朱子之学，用力既深，故其所得有非他人所及，知其德业所就，亦非末学所敢妄议。生平著述，一言一字无不与朱子相发明。"④ 虽然不免溢美之词，但确实揭示了贺瑞麟为学用力所在。后世学者的评价也基本保持了他的本色。民国初期徐世昌对贺瑞麟评价说："其学以朱子为准的，与阳儒阴释之辨尤严。"⑤ 民国学者张骥也认为他是："一以程、朱为法，丝毫不容假借，一时躬行实践之士多出其门。"⑥

然而每位思想家的主张，因其所面对的时空差异及人生经历的制约，他的思想必然有其不足之处，贺瑞麟思想中的门户之见导致他不能正确看待陆王之学；他对西学的排斥也使他不能清醒地认识当时整个中国面临的

---

① （清）刘蓉：《养晦堂文集》卷二《赠贺角生徵士序》，第8页，载《清代诗文集汇编》第663册，第511页。

② （清）黄彭年：《陶楼文钞》，《近代中国史料丛刊》，第36辑，第945页。

③ （清）赵振灿：《贺复斋先生传》，载《贺瑞麟集》，第1175页。

④ （清）牛兆濂：《蓝川文钞续》卷四《贺复斋先生墓表》，《牛兆濂集》，第241页。

⑤ （民国）徐世昌编纂：《清儒学案》卷二百六《诸儒学案》第十分册，人民出版社2011年版，第5457页。

⑥ （民国）张骥：《关学宗传》卷五十四《贺复斋先生》，载王美凤编校《关学史文献辑校》，第527页。

处境，不能深刻体会外患给国家带来的颠覆性的渗透，不能以师夷长技以制夷的胸襟应对近代前夜的中国。他无法意识到程朱理学的伦理道德形态正在逐渐失去其存在的基础。传统儒学曾经既可以经世济民，又可以安身立命，而这种知行合一的价值体系在近代却遭受到外来知识理性指导下的实用价值体系的猛烈冲击，尽管西学提供了知识工具，却无法安置传统儒家文化浸润的道德心灵。贺瑞麟最堪忧的与其说是国家的贫弱，倒不如说是儒家伦常纲纪的衰坏和世道人心的溃决。这正是贺瑞麟及其同时代儒学士人普遍遇到的文化困境。

正如王汎森所说，当人意识到生活的贫乏和不足时，生活史和思想史就钩连上了，思想是生活的产物，也是生活的一种方式。贺瑞麟早期的生活告诉我们，他坚持耕读并重，读书和生产并不矛盾。在他科举落第，绝意科举后，师从李元春，从此开始了他探究程朱理学之路。他的生活由此就和终生坚守的程朱之学结合在一起了。生活中处处可见他的那份坚守，每于父母忌日，素服素食，不接宾客；平日以古礼要求自己，如果外出远行，与妻子行相拜揖礼，与妻子相敬如宾。贺瑞麟安贫乐道，内修圣业，外笃信朋友。

思想中也展现贺瑞麟的生活，在他的亲人相继去世之后，贺瑞麟的主要生活场所就是书院。他置身书院教育，并在乡间推行乡饮酒礼、士相见礼、丧礼等，以此希望改善教化风俗。他认为为学的根本在为己，在处理事务中能够出处合道，这点我们通过他不求闻达于诸侯，但求不愧本心，不为求名利而有所为，也不为避名而不为的生活态度中可见一斑。为处理地方事务，他勇于上书总督、巡抚、学政等官员。他积极协助地方县令操办战乱灾荒之后的各项事务，就是在这样的生存状态下，他把自己的思想付诸实践，希望通过继承、发扬传统儒学正脉，由此能够对时局的挽救、秩序的规范、教化的有效起到积极的作用，也希望能够对社会上所出现的诸多问题的解决有所帮助。

贺瑞麟生活在近代的前夜，他的思想在社会动荡和转型的过程中形成。他自始至终坚守程朱理学、排斥陆王心学。他对科举也从参与到否定，对新学也持排斥态度，面对传统与新学的较量，他算不上识时务者，但他却有坚定的立场。作为乡间儒生，他注重教化，以礼教人、以礼化俗，对乡间伦常秩序的重建有强烈的使命意识，这也充分表明在近代化的浪潮中他所选择的坚守并不是时代所急需，必然被时代之浪所淘洗，但最终留给后人的将是值得我们传承的内容。回顾关学发展的历史，贺瑞麟可谓社会转型时期的代表之一，他传承程朱理学、倡行乡间古礼、编撰理学丛书、传播理学思想、教化关中百姓，是关学精神传承的重要基石。

二 贺瑞麟思想保守的原因分析

（一）关中地区环境封闭，生产落后

贺瑞麟生活在关中，他所能接触到的思想文化信息相对滞后；交通不便也使他的学术交游活动相对比较贫乏。早期思想雏形的形成，奠定了他终身对程朱理学矢志不渝的坚守。他遵循审途、立志、居敬、穷理、反身、明统的治学方向，这既是他一生的教育宗旨，更是他一生为学的写照，循程朱之途，立圣学之志，没有任何外物能够动摇。在他接收到西方入侵信息之后的第一反应就是，愤恨、排斥。因为列强无视中国礼仪，践踏中国国门，随之带来的鸦片成了祸害国民身心的毒品，而且百姓中还出现大量种植鸦片的现象。他没有充分意识到后期列强带来的先进思想、文化、技术等对传统中国的冲击，他没有继续反思列强为什么能够而且敢于入侵泱泱大国，为什么偌大个王朝抵挡不过他们的入侵，反而是节节退让。贺瑞麟不能正视西学，也不愿多了解当时的国际局势，不愿了解时务。世界正发生着什么样的变化，中国正在发生着什么变化，他的关心、关注远远不够，而且落后。客观上由于当时的灾乱等原因导致书籍报刊的流通不畅，无法较快得到外界信息；主观上他又不情愿了解中国乃至世界的时局变化，自然导致他的认识相对滞后和狭隘。

贺瑞麟生活在关中小农经济生产环境下，他所了解的三原及其周边泾阳、高陵等地历史上都是关中的沃土，三原、泾阳一带既是商业贸易的集散地又是交通要道。天时、地利、人和，百姓生产、生活井然有序。然而晚清以来，战乱不断、自然灾害频繁，加之清政府变本加厉的剥削，顷刻间，有序变成了无序。他看到社会上到处是问题：土地荒芜、灾民救济、流民安置、鸦片泛滥、风俗不振、礼仪被践踏等。他认为要改变现状根本在教化。他无法意识到这是向近代社会转型前夜必然的阵痛，仅仅依靠教化来改变残局只能是隔靴搔痒。

贺瑞麟作为晚清知识分子中的一员，对于两次鸦片战争带来的后果不能全面深刻地理解，这缘于当时社会经济根源和阶级立场限制了他的眼界和思想，致使他不能站在时代的前沿去认识西方、改变中国。这不仅是贺瑞麟一个人的宿命，也是所处那个时代相当一部分儒士的宿命，这也反证了一个时代思想的停滞反映着社会生产力的停滞。

（二）学养不够，道统束缚

贺瑞麟严格尊崇理学，有很强的经学思维，认为修为己之学必须对儒学经典有循序渐进的学习，而且要沉潜反复地学习。他崇尚"四书""五经"，认为这才是通往孔孟之学的必经之路，否则无法通达圣贤之学。贺瑞麟好古，在他所辑书目中，其中就有《信好录》篇，他以"信好录"命名，意在表达"信而好古"之内涵。另外，在篇中从他对古礼的尊崇，也足以见证他的崇古心态。

贺瑞麟对道统正脉的信守，表现在他对当时充斥社会的各类"假道学"的战斗。前文的论述中，我们可以看到，贺瑞麟对心学、汉学、俗学的批判从没有停歇，但真正能从学理上攻破他学，树立起自己的新思想却尚未实现，正如学者李侃所言："他们不可能从本质上打中汉学的要害。这是因为：一则他们颠倒了意识和存在的关系，完全离开封建制度本身，孤立地把汉学看成是万恶之源，而不懂得所谓'汉学'和'士林风气'的败坏，是腐朽的封建社会的经济基础和政治制度在意识形态上的反映。二则他们中间的大多数在抨击汉学的时候，自己也拿不出什么新的思想武器，只好搬出程朱理学这个同样陈旧腐朽的武器向汉学进攻，大捧程朱，高唱义理，以宋反汉。"[①] 而且，贺瑞麟执着坚信他所传承的程朱学，近乎走到了信仰的高度，正如孔子所言："笃信好学，死守善道。"[②] 不容任何外来思想动摇他的信念，甚至排斥其他一切相左的学问，而这样又可能背离程朱理学本身的精神，即在"格物致知"中实现"穷理尽性"。严复曾说："今夫教之为物，与学绝殊，学以理明，而教由信起，方其为信，又不必与理合也。"[③] 他还讲："西人于学无争，而于教争最

[①] 李侃：《鸦片战争前后"士林风气"的变化》，《北京师范大学学报》1978年第2期。

[②] 《论语·泰伯》。

[③] 《严复集》，中华书局1986年版，第1021页。

烈。吾国学士之有争,则学术杂于宗教故耳。"① 严复的"学术杂于宗教"一说某种意义上是对贺瑞麟唯程朱是尊的有力批判。在近代前夜的转型期,信仰也需要有近代理性思维、科学思维的支撑,才显得与时代合拍。贺瑞麟对西学、新学始终有隔膜之感,他的坚守缺乏科技、民主、国家等近代化的内容,因此他的思想不足以应对时代未有之变局。

由于时代的局限和走向传统社会晚期理学自身的僵化,贺瑞麟竭力倡导复兴程朱之学,他没有超脱恪守门户的狭隘,也没能在义理上对理学有较大的发展。他的思想中夹杂着颇多的保守性,缺乏传统儒学的会通精神。他对圣贤治政,学术与治术合一的治世之道的憧憬与努力,对科举取士积弊的抨击,以平实的修己治人、为己成人之心,正人心、明学术、行礼教。以诚反身,出处合道,一生孜孜不倦,实现学以经世的理想,躬行践履,致力于战后地方上生产、文化教化的恢复,无不体现其作为一名乡间士人强烈的社会责任感。

(三) 民族文化优越感的制约

贺瑞麟对外来文化和自身文化的认识相对滞后。清代之前,地处东亚的中国,周围没有能与之抗衡的文化,自恃文化较为优越、较为文明,周边少数民族以及更远的外族来华,都是臣服于中国,偶尔野蛮的少数民族入侵,最终也会被中国先进的文明同化。长期以来,国人逐渐形成了民族文化的优越性,心理优势自不必说。晚清至近代开始,西方世界的悄悄崛起,而中国在闭锁状态下对外在世界的变化却毫无察觉,以至根本不知所谓的优势早已成为劣势,然而心理上的认知、接受乃至反思需要一个较长的过程。贺瑞麟对道统的坚守,意味着他的文化心理优势的转变可能需要更长时间。

19世纪随着欧洲列强的入侵而带来的西方思想文化,与17、18世纪欧洲耶稣会教士在中国传播思想文化不同。后者是主动来华,他们的到来充其量影响的是思想文化层面,他们的到来温文尔雅,用列文森的话说,他们带来的是一种"优美文化"② 这并不威胁上层官方的统治地位及其官

---

① 《严复集》,中华书局1986年版,第1191页。
② [美] 列文森:《儒教中国及其现代命运》,郑大华、任菁译,中国社会科学出版社2000年版,第41页。

方思想，中国的儒士并没有受到强烈地刺激。因为在社会方面，"没有发生任何使中国文人不能捍卫其理想或是去捍卫其理想的热情的变化"①。19世纪列强的来华，是强势的野心勃勃的入侵，他们的到来具有破坏性、强迫性，无论朝廷还是民间刚开始都难以招架，开始恐慌，甚至排斥，传统儒生中相当一部分选择守住固有文化，不愿接受西方思想的侵蚀，这也是一种本能。于是，在事态的迅速发展中，这部分人逐渐显得保守，以致不能对西方有客观的认识。

> 中国的士大夫是这样一种类型的人文主义者，即在本性上要求掌握一门定型的文化，或一种人文学科的遗产；在表面上，同时也在心中，他们对科学没有产生任何兴趣，因为科学精神只能是对传统主义的一种颠覆，而传统主义又如此天然地适合他们的社会本性，并在思想上与他们所遵循的儒家原则如此紧密地联系在一起。②

列文森所言儒士对待科学的态度难免有些片面。明代以来，儒士对科学的认识是在变化的，此时，已经有一部分开明士人逐渐对科技产生兴趣。否则不会出现"师夷长技以制夷"的呼声。但他的这段话也有独到之处，19世纪的儒学士人对传统儒家思想还是捍卫的，文化上的自豪感以及对中华民族独特的生活方式的遵循，促进他们仍然试图以传统儒家的各种社会原则为基础构建社会的和谐。"温故而知新"也许是他们认识这个世界的基本思维方式，面对社会问题，更多的时候首先想到的是在传统的经典中返本开新，这种回溯式的思维至今影响着我们当代人。

当然对待自己民族优秀的传统文化应当继承和发扬，但绝不等于因此就得拒绝一切外来先进文化。文化的自信不仅是不忘民族文化的本来，而且应当以客观求实的态度对待民族之外的一切文化，要敢于有选择地吸收和借鉴。封闭恪守可能成为一种自负，一个民族如果有文化自负的心理必然导致民族思想的僵化和落后，文化自信应当是一种开放、包容的文化

---

① ［美］列文森：《儒教中国及其现代命运》，郑大华、任菁译，中国社会科学出版社2000年版，第42页。

② 同上书，第41页。

观，敢于在世界多元文化发展中彰显民族文化的特性和优势。

（四）贺瑞麟难以发现当时社会的根本问题

从当时的社会环境来看，贺瑞麟的确也看到了许多社会问题的存在，而且努力从儒家的理论体系中寻求解决的对策，希望通过程朱之学正本清源。张灏在其《宋明以来儒家经世思想试释》一文中指出："由宋明经世思想发展到皇清经世文编，封建的理想逐渐消失，这种式微一方面固然代表清代中叶以后经世思想的重实际、重实效的趋势，是一种功效理性的强化的表现，但也意味着当世经世思想的批判精神日趋淡薄。"① 贺瑞麟政治上倡导大儒为政、经济上重视农业生产、文化上推行礼俗教化等这些都较强地体现了他重实际、重实效方面的努力。可以说，他在确保百姓生活安定、关注民生；稳定民众的情绪，巩固民心两大方面是竭尽所能。但他丝毫没有考虑晚清正面临的社会结构的大变化，以致他的致用思想缺乏批判性。思想缺乏批判很难进步，社会缺乏批判同样也会面临更大的问题。

因此，跳出当时的环境来看，贺瑞麟很难发现社会问题的根本症结所在。他虽然看到了晚清社会的种种问题，但还远远没有深入到对晚清社会结构问题的怀疑，他还不能明白中华民族走到近代所面临的问题已远非仅靠传统的儒家经典能够解决的。如在教化风俗颓废的问题上，头痛医头脚痛医脚，直接要求民众应当遵循古礼，似乎已是隔靴搔痒。吕思勉在《中国文化史》中讲："从社会学发明以来，才知道风俗的薄恶，全由于社会组织的不良，和文明进步，毫无关系。我们若能把社会组织彻底改良，则文明进步，就只有增加人类的福利了。"② 贺瑞麟看到了当时的社会道德风俗已经出现了问题，但如何解决，他还是旧瓶子装旧药，主要依靠传统礼的功能、伦理道德教化的功能拯救地方社会，恢复有序的伦常秩序，他的希望和抱负从未超越过这种观点。尽管这些举措一定程度上对缓解矛盾、改善民风能起到作用，但他尚未找到解决阶级矛盾、民族矛盾、社会矛盾的根本出路。正如美国学者芮玛丽所说："甚至中兴（同治中兴）中最'开明'的政治家也没有设想到已被后来事件证明对中国存亡

---

① 张灏：《宋明以来儒家经世思想试释》，载刘广京主编《近世中国经世思想研讨会论文集》，"中央研究院"近代史研究所1984年版，第19页。

② 吕思勉：《中国文化史》，商务印书馆2015年版，第460页。

攸关的那种根本变革。公平地说，必须归功于他们的是，他们已把传统意识形态扩展到了它的极限，以便在新的历史条件下努力使儒家制度发挥效率。超出这些极限，他们就可能要失掉他们旨在保存的那些价值观念。他们并不是愚蠢盲目或顽固僵化的人。他们是伟大传统的真正保守派，生活在一个制度上的革命性变革已不可避免的时代。"[1] 与同治中兴中的功臣曾国藩、左宗棠、李鸿章等人相比，贺瑞麟显然是小巫见大巫，但从维护传统儒学、最大限度地复兴传统儒学的角度看，贺瑞麟与他们并没有差异。

传统社会中，礼俗在文化中居于重要的地位，但是这种礼治文化依然需要依附于具体社会的组织构造，如同人之血脉需要在人的躯干中运行一样，人体躯干出问题，血液将无法畅通其脉络。传统社会在近代的转型中，社会内部的组织结构已经岌岌可危，土地经济问题、阶级矛盾、社会矛盾日趋尖锐，这些问题归结到一起，根本问题就是东方传统与西方碰撞的问题，是传统与近代化的问题。单纯靠传统儒家思想解决近代社会的大问题，显然力不从心，鞭长莫及。所以说，贺瑞麟没能找出社会根本问题，自然也难以找准有效的解药来解决社会转型中面对的根本问题。

贺瑞麟无法意识到他极力推行古礼的社会基础已经出现了问题，也就是说，传统的小农生产形式、封闭的耕作环境、落后分散的生产方式、固定群体的自足消费等潜在中正在发生裂变。这种变化既是传统走向近代生产力水平总体逐渐提高的结果，西方列强的践踏，在反差中又进一步刺激了我们较为落后的生产。这似乎有些矛盾，其实不然，与我们的历史相比，清代的总体发展水平显然高于历朝历代；而在遭遇西方列强的入侵之后，清代与近代的西方相比，又处于完全落后的状态。所以纵向而言，我们进步了，原有生产方式上产生的礼治、伦理等内容不能完全适应这种进步带来的变化；横向而言，近代先进生产力带来的冲击对整个传统社会的结构又是致命的冲击，自给自足的生产完全被颠覆了。

尽管在贺瑞麟生活的晚期，西方思想、技术已经陆续进入中国，但是他能够接触到的先进思想还是非常有限的，加之他自身又比较排斥西方，

---

① [美]芮玛丽：《同治中兴：中国保守主义的最后抵抗》，房德邻等译，中国社会科学出版社2002年版，第82页。

所以他主张以理学重建社会秩序，在传统与现实的冲突中，他选择传统儒学来挽救社会，这也表明他始终没有自觉到仅靠传统儒学已经解决不了当前的社会问题，这也注定了他以悲剧退场。任何一次社会大转型、大变革，传统都会经历一次大洗礼。

贺瑞麟作为一个地道的乡间儒士，一个有传统坚守、有经世情怀的儒士，他能做到的是努力反观历史，而他没能做到开眼看世界。所以后世学者总有这样的认识："近代中国是被世界潮流裹挟着前进的，它对科学与民主缺乏应有的自觉，当事变来临之前，他总习惯于翻检自己的包袱，寻找可以应付的武器。"[1] 在中国近代这样一个社会转型期，单靠翻检旧的家当已不能够应对解决新旧问题的叠加出现。尽管如此，对贺瑞麟始终坚守传统儒家正统思想的精神，我们应该怀有深深的敬意和同情的理解。庞朴先生谈到传统时曾讲："传统固然是一种保守的力量，但同时，传统也是一切前进的基地；从前一个意义上说，传统是一个包袱，从后一个意义上说，传统又是一宗财富。这应该是我们看待传统文化的基本观点。"[2] 对待传统文化的认识是如此，对待贺瑞麟的认识也需要一分为二地看待。

第三节 由乡间儒士反观社会文化的启示

贺瑞麟同样也留给了我们财富。他肯定为己之学的重要性，不读书不能够知晓真理；只读书不明道，也无法判断所学是否真知识，尽管贺瑞麟为学的内容与今日为学之内容不可同日而语，但他的亲身践履很有启发，为学与合道需统一。他在学术文化继承、传播以及普及上的坚持和付出值得肯定。

学术界关于地域思想文化的发掘与整理研究从未停止，未来这也将成为一个需要持续关注的领域。这里的地域思想文化主要是针对全国性的精英文化而言，对于传统社会发展中逐渐形成的主流精英思想文化而言，学术界的研究相对较多，无论是对不同社会时期主要社会思潮的研究，还是

---

[1] 姜广辉：《走出理学——清代思想发展的内在理路》，辽宁教育出版社1997年版，第105页。

[2] 庞朴：《庞朴学术文化随笔》，中国青年出版社1996年版，第217页。

以历代思想家或主要命题为切入的研究,让我们了解更多的是社会上层思想文化形成、发展、内涵、影响及其价值的脉络。对于地域思想文化的研究虽然存在,但继续研究的空间仍然很大。如不同地域思想文化的研究进程各不相同,研究侧重各不相同;每个时期的地域思想文化都与当时的主流思想文化有千丝万缕的联系,但又不失其自身发展的轨迹,这值得后来学者深入地发掘研究。

一 乡贤文化精神需继承

乡贤,乡里的官吏或读书人,一般是德性、才学为乡人推崇敬重的人。通常乡贤指的就是在乡里德行高尚、学识渊博,擅于处理乡间公共事务,具有一定威望的人。他们中的绝大多数与地方的经济、政治和文化都有着密切的关系。他们对于乡村秩序的维护、教化的推行、力量的凝聚等都扮演着重要的角色。传统社会中,乡贤本着"德业相劝、过失相规、礼俗相交、患难相恤"的乡约精神,在设公产、办教育、建社仓、修水利、行礼教等方面都做出了积极努力。

乡贤文化就是"维系庞大的中国社会正常运转几千年的基层力量"[①]。或者说,"从县衙到底层民众之间存在的巨大基层权力空间,主要依靠乡贤发挥作用来达到有效填补"[②]。中国的乡村社会,乡土性是其根本的特征,乡贤文化植根于其中,"他们的文化权威和社会地位源于制度与文化,或者说他们的身份、资格和威望本身即是文化和制度的构成要素。他们不是权力结构中的力量,却是整个社会制度和文化网络中的组成力量,他们必须有社会地位,可以出入衙门,直接表达乡村社会的诉求,并对地方权力体系形成压力"[③]。传统的农耕文明,使乡间儒生担负起"道在师儒"的使命,他们教化百姓,移风易俗,维持乡村的治理,在中国"皇权不下县"的传统社会中,他们在权力较为松散的环境中发挥着应有的作用。

每个人其实都生活在地方之中,地方乡贤思想的产生源于他生活的具

---

① 郭超:《用乡贤文化滋养主流价值观——访北京大学教授张颐武》,《光明日报》2014年8月15日第2版。

② 王国平:《营造适宜乡贤成长的生态环境——安徽省社科院研究员钱念孙谈乡贤文化》,《光明日报》2014年8月19日第2版。

③ 王先明:《"新乡贤"的历史传承与当代建构》,《光明日报》2014年8月20日第1—2版。

体地域场景中，随着他足迹、视野的扩大，他的思想会因接触到更多的元素而发生变化和存留，而后形成较为稳定的观念，在其随后的践履中又会首先影响到他所生活的那个具体地域。贺瑞麟作为一名地方乡贤（绅）的代表，他的全部精力都倾注在地方的各项事业中。对圣贤之道的传播，对礼下庶人的推动，对公共事务的竭尽所能，对教书育人的孜孜不倦，他的每一种角色，都能尽其所能，在与君、与官、与士、与师友、与百姓的各种关系中，处处从为己出发，行忠恕之道，力求成己成人，最终实现心术、学术、治术和道术的完美合一。

在地方相对较封闭的环境中，乡贤还试图把他们所掌握的为学之道，圣贤学问与普通百姓能够很好地结合起来，使得他们能够行之有道、取之有道。他们作为地方众多力量中的一种，有他们自己的优势发挥，"但绅与官的关联，充分体现了'国家'的存在；绅与士的关联，则可以上升至'道'的层面；而绅与乡的关联，使道与国家落实到在地的领域"①。因此，地方上乡贤所发挥的作用不可低估。

我们重提乡贤文化不是恢复传统的乡贤，而是要结合我们今天社会主义核心价值观的践行，发挥乡贤文化的新内涵。当今，我们国家倡导依法治国，但并非所有的民间纠纷、案件、冲突都付诸法律就是法治，法治需要以德治作为基础。只是在当今社会发展中，乡村中的德治力量略显薄弱，导致村民遇到纠纷冲突不得不走上司法程序，而到头却是两败俱伤，即便官司打赢，也是耗尽人力、物力、财力。恰恰是民事纠纷如果能通过乡贤调解，不仅省时省力，不耽误生产生活，还可以促进民风和谐。诉讼减少，也可以反映一方法治与德治协调发展的良好运转。这也彰显了孔子无讼思想仍有它的现实意义。此外，广大的民间乡土中法治的融入也需要一个较长的、渐进的过程。在这一进程中，民间德治力量仍不得低估，乡贤仍发挥重要作用。

乡贤是乡村儒学发展的主导者，他们在人伦价值、家庭价值和文化生态中指导人们践行。对乡贤文化精神的发扬，一方水土养一方人，他们来

---

① 罗志田：《地方的近世史："郡县空虚"时代的礼下庶人与乡里社会》，载罗志田、徐秀丽、李德英主编《地方的近代史：州县士庶的思想与生活》，社会科学文献出版社2015年版，第47页。

自乡村，立足于乡村，他们对乡村施与礼乐教化，砥砺德性，激励人们向上，是乡村和谐发展的重要力量。然而当今的乡贤文化、乡村儒学似乎在日渐荒落。城镇化的进程在快速地吞噬着乡间村落，诸多原因导致许多乡贤文化资源已经不复存在。抢救保护是我们需要做的，需要对历代乡贤著述、故居、文物、碑志等进行保护、抢救。而仅仅跟在后面抢救是远远不够的，那样若干年后留下来的可能只是博物馆、民俗馆内的固态文化，它无法成为活跃在我们生活中的活态文化。

守住乡愁，城镇化的进程和农村的改造速度之快，令人担忧，星罗棋布的青砖瓦房，转瞬间变成直立高耸的高楼，农民也转眼间成了无业的市民。城市的进程有其客观发展的趋势，这种势不可挡很难把失落的村落文化代价降到最低。南京大学社会学院张玉林曾讲："从1991年到去年年底（2013），全国消失的自然村至少有140万个，也即从大概420万个减少到不足280万个。这种人类历史上前所未见的现象造成了一种世界稀有的'贱农主义'，也即以农为贱，将农业、农村和农民都视为落后的存在。农民的明天在城市。"① 由此来理解，如何重建乡村儒学、乡村文化，需要求放心，找回个体在家庭中的伦理位置，发现家庭作为伦理场所的价值，发现农村作为根文化的价值所在。这是现代化的今天仍需思考的问题，每逢清明时节，无论城市还是农村，无论海内还是海外，只要是中华民族的子孙都会表达对祖先无限的哀思和纪念。寻根问祖，慎终追远，方可生生不息。

梁漱溟曾讲中国是伦理本位的社会，伦理生活代替了宗教生活，道德代替宗教。乡间儒学（或称世俗儒学）在今天仍有其生命力。我们没必要拿精英儒在义理上的创新来硬性要求世俗儒在此能做出同样的贡献。世俗儒的使命重在普及精英儒的思想，使其能够接地气，教化百姓，敦化风俗，在倡导宣传、教化传播中使静态的思想能够转化为文以化人的动力，思想以文化的多样形态表现出来，思想也就活了。

儒学的生命在于它能成为人们的一种生活方式，"我们能不能根据儒家的原则创造出一个更富有人情味的、长幼有序、兄友弟恭、父慈子孝、

---

① 赵法生等：《城市化浪潮下的乡村儒学——乡村儒学笔谈》，《光明日报》2014年12月30日第7版。

温情脉脉、讲信修睦这样一个生活方式呢？"① 检验儒学能否成为人们日常的一种存在方式，就要看如果能再创一个礼仪之邦，大家能否自发地学习，而不是强迫，如果可以，这种生活方式就是可以效仿的。罗志田讲："'道'与乡土的衔接，使'地方'具有更多自足的意义，减轻了上层政治变动的影响。"② 儒学之道一旦能深入地方的角角落落，它的稳定性将很强，短时间内很难改变。除非出现比较激烈的反传统方式。

习近平总书记在2013年12月的中央农村工作会议中指出："农业还是'四化同步'的短腿，农村还是全面建成小康社会的短板。中国要强，农业必须强；中国要美，农村必须美；中国要富，农民必须富。"③ 小康不小康，关键真的还得看老乡，农民的生活水平关乎整个中国人民的生活水平，农民的精神风貌、幸福指数关乎整个中国人民的幸福指数。今天的城市化推进，不代表我们不需要乡村文化，真正理解中国的国情，就应当守好、建设好中国的乡村。乡土中国的特质不能没有乡土文化的根。余英时曾讲道："最近几年来若干地区的文化动态更使我们真切地认识到：今天世界上最坚强的精神力量既不来自某种共同的阶级意识，也不出于某一特殊的政治理想。唯有民族文化才是最经得起时间考验的精神力量。"④ 我们要尊重民族文化，尊重乡土文化，我们同时也要在对中西文化的真正了解的基础上重建文化内涵。很大程度上，文化和学术在民间可能更能体现出它的活泼生机和生生不息。

《关于实施中华优秀传统文化传承发展工程的意见》中指出："挖掘和保护乡土文化资源，建设新乡贤文化，培育和扶持乡村文化骨干，提升乡土文化内涵，形成良性乡村文化生态，让子孙后代记得住乡愁。"⑤ 乡土文化是中华优秀传统文化的根，当前要在返本开新中努力建设新乡贤文

---

① 王学典：《儒学复兴，必须与自由主义对话》，《中华读书报》2016年1月20日第15版。
② 罗志田：《地方的近世史："郡县空虚"时代的礼下庶人与乡里社会》，载罗志田、徐秀丽、李德英主编：《地方的近代史：州县士庶的思想与生活》，第27页。
③ 中共中央宣传部编：《习近平总书记系列重要讲话读本》，学习出版社2014年版，第68页。
④ 余英时：《中国思想传统的现代诠释》，江苏人民出版社2006年版，第36页。
⑤ 《关于实施中华优秀传统文化传承发展工程的意见》，《人民日报》2017年1月26日第6版。

化，实现乡土文化的新内涵。因此，包含乡贤文化在内的地域思想文化值得我们后学者继续深入地关注和研究。王汎森曾有一个形象的比喻：

> 我觉得研究历史好比观看一个选手带球上篮，一般只注意他上篮的动作及是否得分，而忽略了他一路拍打着球，每一次拍击，求得内部承受的力量、撞击地板的角度都不同，球的内部有着不同的变化，球的反弹也相当不一样。拍打得太过用力，说不定球要泄气甚至破了；拍打得不够，球可能弹跳不起来。一方面球撞击地板，另一方面地板将之反弹而起，这些变化，就像是地方社会的变化。如果我们一直只从全国性的角度，或仅从制度着眼，等于只注意带球上篮，是否得分，忽略了拍打时篮球内部的变化。多年来我一直都在想着，我们如何既观赏带球上篮，又注意拍动的篮球，也就是说，既不忽略地方社会的脉动，又能兼顾整体的历史①。

地方思想文化的脉动是整个历史文化发展的不竭动力。我们需要在整体的社会思潮中来参照地方思想文化的研究，更好地理解部分与整体的关系，同样可以微观研究地方社会思想文化的发展脉络，反观一定历史时期思想变化的轨迹。总之，对地方思想文化的研究还需要我们更多、更广的拓展延伸。

二　如何看待教化

贺瑞麟的思想中，理学思想是他一切思想的基础，也是他一切实践活动的指导。他的教化思想同样值得反思。他是一位普通的民间士绅，他面对的是广阔的民间乡村及其民众，他要做的就是在灾乱和外患的影响下，重建地方秩序，恢复民众生产、生活秩序，敦化社会风俗。他认为这一切的根本在教化。教化是什么？古今中外，学者对它的理解莫衷一是。在众多的概念中，至少能找到两点共性：教化具有伦理性和教化可以使精神达到一种普遍性。

---

① 王汎森：《"儒家文化的不安定层"——对"地方的近代史"的若干思考》，载罗志田、徐秀丽、李德英主编《地方的近代史：州县士庶的思想与生活》，第25—26页。

张光博认为教化是"个人社会化的客观条件，是生物的人变成社会人的过程。一个人降生后，要成为一个社会的人，都将接受一定的不同层次的社会文化，经过家庭、家族、邻舍、社区及各类学校的教育、训练，逐步懂得一定的社会规范，成为服务于社区、社会群体的合格角色"[1]。简言之，教化促成了个体在社会化的过程中成为社会群体的组成部分。王铭铭指出教化是："包含'上下之别'的礼仪、象征、知识、信仰、伦理等被人类学家总结成'文化'的东西。"[2] 教化就是使人在礼仪、知识、伦理等内容中实现文明化的过程。这两种观点有代表性地突出了教化的伦理性和人的精神的普遍性。正是在不断的教化中人逐渐从野蛮走向文明，从单一的自然性走向多元的社会性。

教化具有较强的伦理性。它使人与动物有了根本的差异。《礼记·曲礼上》："人而无礼，虽能言，不亦禽兽之心乎？"[3]《孟子·滕文公上》："人之有道，饱食暖衣、逸居而无教，则近于禽兽。"[4] 可见，古代社会教化中区分人与动物的一个具体标准即礼，礼是实现教化的目的其中有个重要参数。《周礼·大司徒》中提道："施十有二教焉。一曰以祀礼教敬，则民不苟。二曰以阳礼教让，则民不争。三曰以阴礼教亲，则民不怨。四曰乐礼教和，则民不乖。五曰以仪辨等，则民不越。六曰以俗教安，则民不偷。七曰以刑教中，则民不虣。八曰以誓教恤，则民不怠。九曰以度教节，则民知足。十曰以世事教能，则民不失职。十有一曰以贤制爵，则民慎德。十有二曰以庸制禄，则民兴功。"[5]"以乡三物教万民而宾兴之。一曰六德，知、仁、圣、义、忠、和。二曰六行，孝、友、睦、姻、任、恤。三曰六艺，礼、乐、射、御、书、数。"[6] 整个古代教化无不围绕礼而展开，原因在于以礼治国是传统社会的一种模式。这也正形成了"以礼教人"。教化在这个过程中有着不可替代的作用，教化使"礼"自上而下得以传播，教化使"礼"潜移默化地渗透在民间。

---

[1] 张光博：《社会学词典》，人民出版社1989年版，第507页。
[2] 王铭铭：《由张广直先生想起的》，《读书》2003年第6期。
[3] 《礼记·曲礼上》。
[4] 《孟子·滕文公上》。
[5] 《周礼·大司徒》。
[6] 《周礼·大司徒》。

在民间士绅的教化中，礼潜移默化地深入民间，深入寻常百姓中。从教化中养成了对礼的敬畏与遵从。仁、义、孝、悌、忠、信也逐渐内化为人们伦理道德的准绳，从而加固了中国社会以伦理为本位的特征。尽管当今社会我们已经扬弃了许多传统中的道德衡量标准，但伦理本位的特征并没有动摇。因为教化依然有它隐形的力量存在。

当今社会，对礼的提倡仍在继续。良好的社会秩序和风气离不开礼的存在。今天倡导礼文化，当然必须具备时代特征，不可一味复古，但对于传统社会中礼的精神内涵和社会价值则需要借鉴。传统社会中日常的冠婚丧祭之礼沿袭到今天已经发生了很多变化，就冠礼、笄礼而言，作为男子、女子的成人礼，子女成长至20岁左右，行成人礼，意味着子女已长大，可以谈婚论嫁，需要承担起家庭成员的责任，当今无论是农村还是城市，能够沿袭此礼的已经微乎其微，子女中啃老的现象也很普遍，他们没有足够地意识到成人之后，每个人需要逐渐学会独立地应对社会赋予的权利和义务。就婚礼和丧礼而言，出现了许多糟糕的习俗，古代婚礼有纳采、问名、纳吉、纳徵、请期、亲迎这样的过程，当今社会男女自由恋爱，简约了很多仪式，但男方给女方下聘礼这项还依然保留，而且作者观察到，现今的农村中，女方索取聘礼数目较大等现象十分普遍，生活在农村的姑娘要求男方或有房或有车，生活在城市的姑娘要求男方不仅要有房还要有车。婚礼、丧礼中伴有音乐更是习以为常，古礼中婚礼、丧礼都是不用音乐的，如今已是反其道而行之，甚至丧礼中不但有哀痛音乐，更有流行奢靡音乐，丧礼俨然已不是为去世的人操办，而是给活着的人观看。礼俗的奢侈浪费已经较为严重，人们渐渐忘却了简朴节俭的基本原则。对于婚礼原本更应注重的是夫妻双方的相敬相爱，不离不弃；丧礼更应注重对死者的追思和生者对生命的尊重，而今天的这些仪式却很大程度上削弱了这些本初的含义。

乡间礼俗的改善，关系着乡村建设的成效。树立正确的礼俗观，关乎着我们对传统优秀文化的继承与认同。儒家礼俗中渗透的仁义礼智信，在当今社会仍然有其可以借鉴的伦理价值。伦理的含义中包含人与人平等的权利和义务，梁漱溟曾指出，中国传统社会的结构特点是伦理本位。新社会，这种伦理本位并没有完全丧失，在广大的乡间农村，人与人之间的伦理关系通过一定的礼俗仍能表现出来。礼俗也是人的情感的自然表达，礼俗不是冰冷的规范仪式，它应当是人与人在日常的交往中灵活把握的原则与习俗。张寿安在关于礼的论述中曾讲："礼是人我之间互通关系的一种方式，其目的是在表达情感。……而人在实践礼的过程中，融情感于形式，自能体会得制礼精意。"① 礼俗同样是人与人之间彼此的情感联系，长期对礼俗的践行自然成为一种习惯。

教化使自然人的个体性逐渐实现社会人的普遍性。黑格尔讲："教化是自然存在的异化。"② 他认为教化就是要使人在个体的异化中逐渐实现其普遍性。这个异化的过程是使人的精神发生着重要的转变，正如伽达默尔所言："在教化的概念里，最明显地使人感觉到的，乃是一种极其深刻的精神转变。"他还讲："教化作为向普遍性的提升，乃是人类的一项使命。它要求为了普遍性而舍弃特殊性。"③ 中西方在教化这一概念上是有共识的，他们相信教化可以使人由个体的自然状态发展到群体的普遍状态，从而实现整个生命状态的提升。

传统社会中，教化的范围远大于教育，它自上而下，对象覆盖至每位普通百姓。教育只是少数人"学而优则仕"的精英教育。虽然教化的内涵和外延要比教育丰富，但二者又有交集。无论教化还是教育都要从人做起。《大学》曰："自天子以至于庶人，壹是以修身为本。"④ 某种意义上讲，教育是实现教化的最主要的途径。当今社会，从小学到大学，学校教育成为培养人的主渠道，而且未来是家庭教育、学校教育和社会教育合力而为的教育。张颐指出："教育的目的是双重的：首先，要尽可能地启发孩子的伦理本性，确立健康的道德生活所必不可少的心理状态；其次，把孩子从天生的单纯和依赖中提高到自由的个性，使他放弃原有家庭的自然统一并独立地继承这种统一。"⑤ 教育的目标在于培养儿童的第二天性，使他们能够在受教育之后逐步符合人的普遍性，并且力求实现教育对每个人的内在伦理性要求。黑格尔曾说过："教育学是使人们合乎伦理的一种

---

① 张寿安：《以礼代理——凌廷堪与清中叶儒学思想之转变》，第181页。
② [德]黑格尔：《精神现象学》（下），贺麟、王玖兴译，商务印书馆2012年版，第48页。
③ [德]伽达默尔：《真理与方法》，洪汉鼎译，上海译文出版社1999年版，第14—15页。
④ (宋)朱熹：《四书章句集注》之《大学章句》，第4页。
⑤ 侯成亚等编译：《张颐论黑格尔》，四川大学出版社2000年版，第74页。

艺术。它把人看作是自然的，它向他指出再生的道路，使他的原来天性转变为另一种天性，即精神的天性，也就是使这种精神的东西成为他的习惯。"[1] 教育就是要使每个被教育者在逐渐摆脱自然性的过程中获得独立、自由的人格，逐渐实现伦理道德上的统一。

未来相当长的时间内，教化和教育都是不能少的。人的发展离不开教化；人才的发展离不开教育。李景林指出："儒学的根源在民间，核心在教化，它的载体不仅是制度。教化的实行，使儒学在中国人的社会生活中有非常深厚的基础。"[2] 儒家的教化根本就在为人的存在寻求合理秩序的基础上，实现普遍的精神价值追求。因此古代教化的过程就是要儒学和人的社会生活联系并交相呼应的过程。当今，教化就是要使优秀的传统文化和时代的先进文化共同内化成人的精神品质。

任何一个国家的落后或是一个地区的落后，首先是思想观念的滞后。当人们的精神被牢固地锁在传统意识当中时，必然构成对社会经济发展的阻碍。一个国家或地区的文化传统影响着其经济发展和现代化的进程，在近代化的历程中，我们不难发现中国沿海地区的发展较西部地区的发展要迅速得多。近代中国的东南部地区较早受西方工业革命的影响，这促使他们较早思考中国落后的根本原因，并开始通过不同的方式寻求中华民族的出路。借鉴古今历史，振兴教化、教育，传播优秀的、先进的文化，培养人才，变化社会风气，只有这样才可能带领越来越多的人摆脱落后、野蛮，走向更成熟的文明。当今社会，教化和教育仍然需要不断提倡，汉代董仲舒曾十分强调教化的必要性。

> 凡以教化不立而万民不正也。夫万民之从利也，如水之走下，不以教化堤防之，不能止也。是故教化立而奸邪皆止者，其堤防完也；教化废而奸邪并出，刑罚不能胜者，其堤防坏也。古之王者明于此，是故南面而治天下，莫不以教化为大务，立太学以教于国，设庠序以化于邑，渐民以仁，摩民以谊，节民以礼，故其刑罚甚轻而禁不犯

---

[1] [德] 黑格尔：《法哲学原理》，范扬、张企泰译，商务印书馆1961年版，第170—171页。

[2] 李景林：《教化观念与儒学的未来发展》，《人文杂志》2009年第1期。

第五章 明道与救世：对贺瑞麟思想的反思

者，教化行而习俗美也①。

以史为鉴，今日之教化和教育显然与传统社会中的教化在内容、方法、形式等诸多方面都有质的差异。但教化、教育本身并没有改变。二者的根本即在于导民以正，在学习优秀的文明成果中使之内化为多数人进步的阶梯，从而实现美美与共的和谐秩序。

反观思想文化的发展意在揭示学术道统本身的价值，追求思想文化的实用取向的同时，也需要注重思想文化的价值取向。林乐昌曾指出："片面地主张文化的实用化取向的人可能没有意识到，任何实用性的事物并不能规定其本身的价值。……本体即'表示最普遍的道，最根本的道'，它能够为人类的生活提供神圣的意义世界和价值系统。"② 社会发展日趋复杂，人们的追求和选择也逐渐变得多元，在物质条件越来越丰富的当今社会，我们也应当冷静地认识人类的有限性，以敬畏的态度对待自然。在理性认识人与社会的关系中，积极构建更高层次的文明社会秩序，即人类的意义世界和价值系统。

---

① （汉）班固：《汉书》卷五十六《董仲舒传第二十六》，中华书局1962年标点本，第2503—2504页。

② 林乐昌：《李二曲经世观念与讲学实践》，《中国哲学史》2000年第1期。

附录　贺瑞麟年谱[①]

清宣宗道光四年甲申（1824），贺瑞麟诞生

一月，贺瑞麟生于陕西三原县，贺瑞麟名均，后改名瑞麟，字角生，号复斋，又号中阿山人，行五，原籍陕西渭南县坳底村。其父贺含章，字贞堂，从商且精通医学。贞堂公有五子：叔、圻、域、堤、均，女五。

道光八年戊子（1828），五岁

贺瑞麟父亲贞堂公早年曾经商于荆楚，是年，他回归故里。其父曰，"吾事亲教子足矣，不复远游"。此时贺瑞麟祖母王孺人犹在堂，贺瑞麟开始识字。

道光十年庚寅（1830），七岁

其父贞堂公命贺瑞麟入乡塾，跟从王先生读《论语》。

道光十一年辛卯（1831），八岁

读"四书"。

道光十二年壬辰（1832），九岁

读《诗经》，终《小雅》。贺瑞麟述祖母王孺人年二十四守寡，持家

[①] 注：贺瑞麟年谱的编写以兴平张元勋的《清麓年谱》为底本，兼参淄川孙乃琨的《贺瑞麟年谱》、池阳赵振灿的《贺复斋先生传》、兴平马鉴源的《贺复斋先生行状》、王美凤等点校《关学学术史编年》等。

有度，教子有方，祖母口授所记教于贺瑞麟。

道光十三年癸巳（1833），十岁
读《尚书》。

道光十四年甲午（1834），十一岁
贞堂公使贺瑞麟跟从雷先生受读。贞堂公嘱以"半耕半读"，贺瑞麟答道"全受全归"。贞堂公喜，开始授以《小学》大意，贺瑞麟心向往之。

道光十五年乙未（1835），十二岁
其父请雷先生震到本村村塾，贺瑞麟就读于村塾，前后四年。

道光十八年戊戌（1838），十五岁
读毕"五经"，开始学文。

道光十九年己亥（1839），十六岁
三原贾先生铭磐馆于东贾村，贺瑞麟前往学习。

道光二十年庚子（1840），十七岁
入邑庠。贺瑞麟与侄伯镒书曰，吾年十七时只略晓文义，做文字亦不能过人，试于有司，适见收取。贞堂公曰，为学当志远大，即科名于身心何有哉！于天下国家何有哉！因戒麟毋自足。

道光二十一年辛丑（1841），十八岁
娶杨孺人。从孝廉王次伯先生读。王先生字次伯，道光辛卯举人，性情敦朴，博学笃行。

道光二十二年壬寅（1842），十九岁
肄业宏道书院，此时掌院者为周至路德（字润生，或为润先，号鹭洲），润生博学能文，以制艺鸣于关中，贺瑞麟与其不合。

道光二十三年癸卯（1843），二十岁

科试取一等一名，补廪膳生，试秋闱不售（乡试未中）。

道光二十四年甲辰（1844），二十一岁

二月初二日杨孺人举一女殇，七月五日孺人卒，时年十九，为贺氏妇凡三年。

道光二十五年乙巳（1845），二十二岁

三月初四丁父贞堂公艰。贺瑞麟书父行略曰，先君颖异过人，坦直忠厚，居常教麟兄弟皆以谨扑孝友，不为妄求滥取，而每谆谆于慎交游。

道光二十六年丙午（1846），二十三岁

授徒邑城北关李氏祠。

七月二十五日丁母盖孺人忧。孺人归贺，事祖及孀姑无少怠，以簪珥佐歉岁，傭女红以易粟米，尝戒诸妇闺门不可有嘻嘻状，亲串往来礼谨而简，其仁孝在家与在母家一也。

道光二十七年丁未（1847），二十四岁

受业朝邑李桐阁先生之门，桐阁名元春（1769—1854），字仲仁，号时斋，人称桐阁先生。贺瑞麟述桐阁行略曰，朝邑李先生自少讲学即主程、朱，于心学良知辟之甚力，而阐明经学一主于理。①《序桐阁集》曰，麟年二十四始登先生之门，从游几十年②，先生年八十六而殁。时杨梅友越数百里亦来此执弟子礼。

---

① 此处贺所讲有过，李元春对心学良知的批评是温和的，有所肯定亦有所否定。李元春自云："予尝以为心学、良知皆不误，宗朱子者辟象山、阳明，亦大过。"（李元春：《桐阁先生文钞》卷四《四书心解序》）在他看来，"阳明之学本《孟子》，不为谬，则象山之学本《孟子》、《尚书》，不为谬。"（李元春：《桐阁先生文钞》卷五《赠马虞操先生》）尽管李元春学尊朱子，然非惟朱子是从，他说："吾学宗朱子，见人驳朱子者，辄恶之，然于朱子有驳之是者，亦未尝不以为然"（李元春：《桐阁先生文钞》卷一二《语录》）。

② 此处说法有疑问，因为从贺瑞麟受业至桐阁先生殁不过七年时间。

是年冬十月二十五日合葬贞堂公与盖孺人于雁陂阡。葬之先，贺瑞麟持状请桐阁表公及孺人墓铭曰：居心之良，制行之方。型立家庭，名孚乡邦。虽遭屯艰，衍庆流芳。有子承训，其后永昌。道追贤圣，乃克用光。

道光二十八年戊申（1848），二十五岁

授徒于北乡李氏。十二月八日续娶张孺人。谨按：贺瑞麟尝言，吾年二十四五岁时，虽得闻圣贤大略而未知所入，乃泛览宋、元以来讲学之书，见有明一代门户分歧，故于其文集语录必为之分派别支，究极异同，返致此心烦乱，愈无主宰。既而得《小学》《近思录》读之，始知程、朱一脉真正门户，遂于诸家之说弃而不治。

道光二十九年己酉（1849），二十六岁

读书麦刘村。四月试拔萃科，八月赴秋闱试，均报罢。

道光三十年庚戌（1850），二十七岁

省城有三原会馆（为秋试设），时不逢试，贺瑞麟在此读书。三月赴朝邑谒见桐阁先生，遂登太华（今华山）。太华下有宋陈希夷（陈抟）石洞，好事者为石像睡洞中。贺瑞麟题诗洞壁云"人爱先生醒，我爱先生睡。世上多少人，醒时不如寐"。后芮城薛仁斋游山见诗，奇之，即知贺瑞麟为非常人。九月，山西永济县石公杨廷栋来会馆，每日与论道义，年终去。

咸丰元年辛亥（1851），二十八岁

授徒龙泉精舍，有以礼聘者。八月，贺瑞麟赴秋闱，报罢，见杨损斋先生于长安，如旧相识。损斋讳树椿，字仁斋，损斋是其号。与贺瑞麟为学砥砺，恒以朱子、张南轩、东莱三先生相劝勉。后，损斋即殁，贺瑞麟表其墓曰"咸丰初元遇君长安，如旧相识，心甚契"，继而将其学行收入《关学编》。

咸丰二年壬子（1852），二十九岁

贺瑞麟居龙泉。春正月，仁斋先生命族弟于璜来，仁斋讳薛于瑛，山

西芮城人。三月，同杨梅友秀芝谒桐阁于朝邑。约损斋东行过梅友永济书馆，并偕石公遂至芮城汉渡求仁精舍见仁斋。仁斋曰，应举终不免一"求"字。贺瑞麟悟出其中道理，遂一意为己，谢去生途之务举业者。

秋八月，张孺人举一女孩名小兰。

咸丰三年癸丑（1853），三十岁

春，筑庐于南李村南，成名"有怀草堂"。

咸丰四年甲寅（1854），三十一岁

于有怀草堂读书。三月二十四日张孺人卒，贺瑞麟述其行略曰：吾与孺人岂独世俗夫妇之情而已哉！孺人归吾不逮事舅姑，每祭躬馈献必再拜，遇忌日辄愀然不乐，是孺人不忘仁孝，有以助吾思亲之诚心也。吾好习古礼，与孺人揖拜，人笑之，孺人不顾也，是孺人不恤非议有以发吾好古之志也。自吾一意为己，有馆吾者谢不往，人惊笑且谓必致穷困。孺人出己钱买机学织以佐吾，是孺人不戚悴不歉容，使吾以古之安贫乐道自勉也。其他崇朴素绌华靡，不惑佛说，不食烟草，有士大夫之所甚难而孺人能之。孰谓生仅二十四年，而为吾妻尚不愈七载，奈之何！不能相与有成，而遽至于斯也。

孺人卒，先生遵行古礼，人疑而非之，作《妻服答问》略曰，某有妻之丧，不敢以非礼处。或人疑之乃问曰，世不重妻丧久矣，子曷乎期也？曰，礼妻以父服我，我以母服报之，故期也。杖何也？曰，父母在则不杖以尊厌也，无父母责稽颡可矣。况杖乎是不亦竟同于母乎？曰，非然也。父母则稽颡而后拜。其则拜而后稽颡也。曷杖乎？尔曰柏也，谓期以百年者，今其约替矣，亦禫乎？曰，十一月而练，十三月而祥，十五月而禫。不酒肉，终丧乎？曰，终丧也。不用乐何也？曰，非礼之甚也，居丧不言乐，况闻之而作之乎。妻有服不举乐于其侧，况有妻服乎。不挂纸幡何也？曰，佛氏之教也，是以有罪待亡者也。世之人于父母之丧其违礼多矣，况妻乎！则子之疑也又何怪。嘻！是可叹也！因述其语作《答问》。问者既退，门人曰，人伦之偷，夫妇尤甚，其死随娶，故夫死随嫁者，比比也。世如先生则为人妻者得不感于故夫之义，而再嫁之风庶少息哉！曰，如子之言则吾所尽礼者，姑以是为羁縻之私。而夫守义妻守节特出于报施计较，非天理之自然而不可易与夫当然而不容已者也。道造端乎夫妇，此而不诚则其君臣、父子、兄弟、朋友之间其不以市心相接者几希矣！

冬十一月，桐阁先生卒，贺瑞麟偕梅友哭于其家，葬之日为文以祭之。

咸丰五年乙卯（1855），三十二岁

读麻庐，临潼林宗洛五中、刘时潜廷选来谒，求为学工夫。作《答损斋论静》。

咸丰六年丙辰（1856），三十三岁

居麻庐。二月娶林孺人时，贺瑞麟行亲迎礼，猝不用乐。一时议者哗然，贺瑞麟毅然行之，卒不改，自是冠婚丧祭依古礼。

咸丰七年丁巳（1857），三十四岁

居麻庐，宋徕松养桢来受学。

春，桐阁入祠乡贤之朝邑，祭。损斋请贺瑞麟为其子玉清加冠。夏，仁斋来会，时从行者二十余人。

咸丰八年戊午（1858），三十五岁

夏，表桐阁墓，极辟陆王、考据与科举之失。其略曰，陆王之偏坐不知学，考据之僻坐不明理，古之学者为己，为青紫而明经，为科举而业文，去圣人之道远矣。

六月，贺瑞麟家析爨，其兄以债多求分异，恳止不可，乃与三、四两兄同住。

咸丰九年己未（1859），三十六岁

逢恩贡成均。损斋之子玉清受学于贺瑞麟，在其返归之时，贺瑞麟以书赠言十二条，主要论夫和妻柔之理。其末略曰，孝衰于妻子，凡所当为无非孝也，故守身为大。

取吕近溪《小儿语》略为修改，以授女小兰。拟响流堡社仓事目十四条。

咸丰十年庚申（1860），三十七岁

与仁斋先生共学。

咸丰十一年辛酉（1861），三十八岁

五月二十四日显皇帝崩，贺瑞麟守礼甚严。

冬十一月，贺瑞麟见蒋少园，少园名若寀，长安人，宦成都，晋职太守。后刘霞仙（刘蓉）中丞先生皆公宦蜀事有以启之。

同治元年壬戌（1862），三十九岁

毅皇帝御诏省都州县举孝廉方正，三原邑绅刘映菁等八十一人合辞举贺瑞麟孝廉方正，时原宰余公赟阳拟首举贺瑞麟，贺瑞麟上书力辞。

五月，贺瑞麟及家人避乱至山西绛州，其间回民起义。

冬，仁斋、损斋来绛视贺瑞麟。

同治二年癸亥（1863），四十岁

居绛，李勉之请损斋教其子，时从贺瑞麟学者亦数人，乃与损斋同舍，朝夕聚讲，名其舍为丽泽精舍。与损斋校正《小学》《近思录》，且句读之。八月，贺瑞麟之临晋见仲兄，贺瑞麟逃难时与仲兄同行。

刘季昭来见，季昭名质慧，三原人，性情敦谨，富而好义者也。时避难亦在晋，闻贺瑞麟至急来见之，因求刻贺瑞麟所辑《养蒙书》，嗣又刻《复斋录》《四忠集》《朱子纲目》等书，惜不永年，丙子卒。

访仁斋至雾崖精舍。

冬，任道泰刻《养蒙书》于解州。

同治三年甲子（1864），四十一岁

二月十八日西归。过损斋寓所，时损斋寓杨庄，贺瑞麟到家，与损斋书曰，杨庄别后，三日行风雪中，五日行泥水中，二十二日抵耀，又二日抵原，凡此苦况终无所怨，尤以吾陕百万流民有更甚焉者，途中诵《西铭》至欲泪下。

谒邑宰。余公问善后策，贺瑞麟对以急宜散给牛种以复逃亡。

五月贺瑞麟四兄以家归自绛。六月，邑宰请先生修邑志。

邑侯再欲以"孝廉方正"举，诸绅亦联名具保，贺瑞麟终辞之。其辞恳切周挚，见《文集》。邑侯请贺瑞麟明年主讲学古书院，贺瑞麟力辞之不得，作书极言现时八股之弊，恳请力复古学，邑侯允之。

同治四年乙丑（1865），四十二岁

主讲学古书院，贺瑞麟预约不开帖括八比课，招宋徕松为斋长，数月病卒，贺瑞麟惜之，许思慎等从立学规十二则。

学约六条。一曰审途以严义利之辨；二曰立志以大明新之规；三曰居敬以审存察之功夫；四曰穷理以究是非之极；五曰反身以致克复之实；六曰明统以争道学之宗。

训词五。晨兴训词；夜寝训词；会食训词；会讲训词；每日训词。

立乡约法。《朱子增损吕氏乡约》

中丞刘霞仙复欲以"孝廉方正"举贺瑞麟，贺瑞麟终辞。

冬十月，贺瑞麟仲兄维甸公卒，公讳圻，字维甸，年五十六。

同治五年丙寅（1866），四十三岁

主讲学古书院，时王新斋为斋长，往时掌院束脩二百四十金，薪水六十金，贺瑞麟裁取束脩二十金，薪水俸三十金，余以为士子膏火书院买书之用。尝训及门曰，为学第一要路脉真，第二要工夫密。

同治六年丁卯（1867），四十四岁

主讲学古书院，有《书院讲义》一首最足以警迷俗。

冬十二月十八日子铭照生，贺瑞麟名子取朱子四十四写铭自照之义。

同治七年戊辰（1868），四十五岁

主讲学古书院，筹建藏书楼，为文以记其事（见《文集》）。春，邵阳谢化南来受业，化南字季诚，号景山，先从损斋学，在两先生门居高第，所著有《景山乱稿》。

邑宰请贺瑞麟筹办城防事宜，贺瑞麟遴举公正士绅即书院，且教

且事。

秋九月，损斋来，贺瑞麟与游终南楼观台、草堂、太平峪诸名胜。与损斋论教学则自治为先，论出处则求为可知，论进修则卓然以求其极。损斋东归，贺瑞麟有文以送之。

冬，兴平马鉴源来受业，字养之，时为三礼学思，相见必以挚在，礼士执雉，非所执不敢进也。

十一月，朝邑赵宏斋来，宏斋讳凤昌，字仲丹，与损斋同学，交最笃。西来讲学，与贺瑞麟演行乡饮酒礼。

同治八年己巳（1869），四十六岁

主讲学古书院，春，修立雪亭。为书院购书千余卷，录目于册序，置院中。《与邑宰书》曰，书院旧无书籍，某始建阁藏庋，已购经史子集共约一千四五百卷，然皆正学之编，无一偏驳猥俗之籍，此尤拳拳以冀来者讲于其间，以为吾道之光。

约损斋东渡谒仁斋，过桐阁故里，拜瞻桐阁小像，渡河见仁斋于其家，讲论数日。仁斋、损斋论动静不合，至夜分未休，贺瑞麟数语以解和之。至猗氏见孙应文于方麓书院，十月中，过郃阳谢化南家，化南之父行相见礼，饭时献酒，贺瑞麟欣其家风彬彬，有古人意。再至同舍郗氏家，厚庵请贺瑞麟讲《中庸·天命》，先生为畅发喜怒哀乐之旨，再讲十四章。损斋曰，此即敬身明伦之道也。当会讲时衣冠楚楚，环而听者且百人，识者以为自二曲后讲社之盛无逾于此。

作《与邑侯辞书院书》，洋洋千余言，必得请而后已。

同治九年庚午（1870），四十七岁

辞书院讲席。

三月，闻赵宏斋殁之大荔，哭于其家。祭文略曰，居家孝友，行己温恭，立志笃实，好学深醇，吾党之士，敬畏心倾。

由大荔南游西岳，于仁斋、损斋会讲岳庙，同会听讲者数十人。时监修岳庙官宁朔瞿敬庵刻石以志其盛。

六月，兴工修筑清麓山斋，八月初旬竣工，率诸生为文以告于至圣先师（见《文集》《答原己山书》）。

清麓精舍既成，原邑富绅刘东初（名昇之，受业贺瑞麟门下，并设传经堂，专刻贺瑞麟所校诸儒各书。）具岁币礼请贺瑞麟就精舍栽诲四方来学之士。

辨阳明《大学古本》与晚年定论之失。

同治十年辛未（1871），四十八岁
清麓精舍成。

十月，哭李勉之于其家，勉之有才识，尝刻正学书十余种，有未竣者，殁后皆贺瑞麟校雠以终其事。

同治十一年壬申（1872），四十九岁
学宪许公创建味经书院，请贺瑞麟主讲，辞之。

冬，刊朱子五书成。五书者为《太极图说》《通书》《西铭》《定性书》《好学论》。书皆经朱子注说，贺瑞麟辑刊而手序焉。

同治十二年癸酉（1873）五十岁
春正月，先生率家人子女山居，是岁兴平马鉴源为斋长。夏，乾州王梦棠受业。

六月，子铭照殇，铭照生七岁矣，能读书，继父志，甚爱之。贺瑞麟为文以哭之略曰，吾居清麓，恐汝未能离母，偶归为汝授古人诗，三四过略能上口，再过即永记不忘。犹记上元夜吾读书灯下，汝母抱小妹听书，汝与姊嘻语，吾有诗云"内子听书儿女笑，人间无此好元宵"。此昨日事而今已不复见，汝能不悲哉！

冬，甘督左公季高请贺瑞麟主讲甘肃兰山书院，贺瑞麟以书辞。

十二月，督学吴公来见，吴公名大澂，与贺瑞麟论学谈心甚相契合。去后赠以联曰"以身教从，以言教讼；得经师易，得人师难。"序刻《四忠集成》。

同治十三年甲戌（1874），五十一岁
党允秀来受业。秋，学宪吴公以《访举贤才疏奏》略曰，贺瑞麟隐居教授，实践躬行，称屏驱从，轻骑造庐。所居峪口距城十里，陶室数间，拥书自乐，学以《近思录》《小学》为宗，辑宋、元诸儒《养蒙书》九种教授生徒，循循善诱，恬于荣利，确守程、朱。疏上，奉旨钦加国子监学正衔。

九月，损斋先生殁，贺瑞麟于精舍为位而哭之。

十月，之灵州省兄长，途风雪匹马，北行往返凡六十余日，有《北行日记》数千言。

十二月，毅皇帝崩，贺瑞麟随学宪邑宰哭临。芮城李栗轩来。

光绪元年乙亥（1875），五十二岁

春正月十三日子肖陆生。

二月，行乡约礼于宏道书院，学宪吴公、邑令赵公偕至，礼毕先生讲书，一时环而听者，堂舍几不能容。

三月，之朝邑，会葬损斋先生。其祭文略曰，辱兄与交，志同心契，求友芮城，益脱世累，矫首名场，相勖共励。我实浅粗，而兄深邃。我实疏宽，而兄严毅。自治不力，苦无孤诣。谆谆主敬，益劝同哗。藻家多故，独援古义。送兄之葬，西野致祭。匪日交私，斯文攸系。贺瑞麟平生加意关学，自损斋殁，恒叹吾道之孤。其《与王竹舫书》曰，自损斋没后，绝少切磋之益，此道日孤，后生真以圣学为事者，甚难其人。

随后，请学宪吴公为损斋遗文制序，并求隶书墓碣。为阐扬关学，又禀请为桐阁史馆立传。禀请王复斋从祀圣庙；请为复斋、罗谷立碑，以上数者，虽曰吴公振励风教，乐于趋从，然不是贺瑞麟搜著表章之功，先哲难免不湮没。

七月，澄城连春魁来受业。序刊《信好录》，该书以立志、居敬、穷理、反身为纲，凡五十一篇。

光绪二年丙子（1876），五十三岁

杨凤诏来为斋长，字仁甫，损斋弟。城固许兴让来受业。春，刊《复斋录》，成关学自横渠、与叔而后，贺瑞麟所服膺惟仲复（王建常），故尝推其诣以为当在二曲上。夏，刻《开知录》《治平大略》，二书为澄城张罗谷著，时《朱子语类》《朱子纲目》亦开雕。

秋七月，督学吴公试举，偕游清川，东初季昭及诸生二十余人从，讲论数日，吴公为东初画《清川图》并记。

冬十月，之灵实，靳浩从，十二月纳妾杨氏，河南人。

光绪三年丁丑（1877），五十四岁

阌乡韩止敬来受业。华阴王守恭，字逊卿，号笃斋，仁斋高弟，后主讲省垣鲁斋书院。

春，刻《击壤集》（邵康节著），贺瑞麟称朱子注《易》，义理本程子，象数本邵子，以邵与程并称。夏，重刻《小学》《近思录》成用吕氏本，时刘季昭刻《朱子通鉴纲目》，刘东初刻《朱子文集》《朱子语类》；周十甫刻朱熹、许衡《年谱》。

秋，邑侯庾仙舫（名文潢，湖北人）请贺瑞麟设局筹赈，分路清查户口，次贫、极贫，分别按次赈给。

光绪四年戊寅（1878），五十五岁

春，与山右李菊圃论动静。

夏四月，仁斋病殁，讣至，贺瑞麟在赈局，闻之下泪，因赈务未果，恒歉于怀。常感慨，吾道益孤。

冬，新任邑侯焦公来见。公名云龙，字雨田，山东人，与贺瑞麟一见相契。

光绪五年己卯（1879），五十六岁

传经堂刻朱子诸书，晚年手不释卷，尤以《小学》《近思录》为要。

至凤翔谒张子祠，代牛省斋方伯题"示我广居"四字匾于祠，并书联以揭堂楹，第一"地近岐封，二千岁余文、武、姬公而兴，遥衍心传，庙貌至今隆故郡；星占奎聚，百十年内并周、程、朱子为侣，独辟关学，宗盟共此溯横渠。"第二"遗像凛刚严俨对先生，犹想见精思力践，妙契疾书，当年一室危坐；专祠每富兹小子，愿立志父乾母坤，胞民与物，《西铭》吾道广居。"

访寇广文（字允臣），贺瑞麟旧友，晤时出冶亭所著朱、许《年谱》，贺瑞麟嘱其郡人刻之，有序载《文集》。

贺瑞麟在凤闻梅友殁，心痛如割。

夏四月，纳妾朝邑刘氏。先是自肖陆殇，纳妾杨氏，无出，死。因以四十金买安氏女，年十四，未及纳，其女思父母日夜欲归，贺瑞麟即召其父领去，亦不责偿价金。或问之，贺瑞麟曰当此奇荒，妻妾子女或欲售人而不得，甚至甘心奔从冀得一饱亦无顾者。而此女全身，尤得吾金以救父母，此其中殆有天焉！余虽贫困，尚可因此全活一家，亦大佳事。又买文氏女，入门拜称其为五爷。贺瑞麟曰名教人之大经也，是称我五爷矣，而可纳之为妾乎！又为觅婿嫁之。①

秋七月，三兄仲方卒于终南，八月初葬于南李村西南。

冬，邑侯焦公欲就清麓之地再加扩充构建书院以广来学之士，并于岁终为贺瑞麟礼送织金花衣。

序刻《朱子家礼》《女小学》。

光绪六年庚辰（1880），五十七岁

春，邑侯焦公请贺瑞麟续修邑志，体例依旧志，惟于崇正学、关佛寺、黜异端三致意焉。书成名曰《三原新志》，不载艺文，另有《原献文录》《原献诗录》。

同年，又接修《三水县志》之役。

光绪七年辛巳（1881），五十八岁

春，中丞冯公誉骥请贺瑞麟讲学省垣，贺瑞麟以目疾、女病辞。

夏六月，女肃卒。

秋，焦公建正谊书院落成，此举焦公倡，首捐白金五十两，诸富绅慕义继轮者千数百两，由去岁买地置基，迄今岁九月工竣。

冬，修《三水县志》。

序刊《泾野内篇》《豫养编》。

门人王守恭（逊卿）辑《薛仁斋年谱》。

跋《七先生象赞》，七先生者，周子、二程子、邵子、张子、司马公及朱子。

---

① 注：该内容主要为淄川孙乃琨在《贺瑞麟年谱》中有陈述。

光绪八年壬午（1882），五十九岁

春，筑室邑北城西潭巷，建祠堂于寝东。

贺瑞麟著《共学私说》六篇，一曰天性本源；二曰圣学标的；三曰涵养要法；四曰格致事功；五曰身伦交修；六曰出处合道。详载《文集》。

是岁国史官纂辑《儒林》各传，通饬直省访查贤德以奏，贺瑞麟以吾秦十四人呈诸中丞冯公恳以类晋奏。所呈《儒林》凡四人：朝邑王建常、澄城张秉直、武功孙景烈、朝邑杨树椿。《文苑》六人：华阴王宏撰、三原刘绍攽、洋县岳震川、安康董诏、郃阳康乃心暨其子康无疾。《循良》二人：临潼王巡泰、郃阳张松。《续呈文苑》二人：眉县李柏、蒲城屈复。数百年堙没不彰之举，至此其幽，集《关学》之大成，其谁与归！

序刊《尹和靖集》

辑《豫教三书》三书者：《女诫》《弟子识》《温公居家杂仪》也。

光绪九年癸未（1883），六十岁

夏，函前邑侯赵孚民（时宰眉县）请修横渠镇张子祠。

访柏子俊先生于味经书院。

女润生，妾刘氏出，后适四川候补知县张汉甫。

光绪十年甲申（1884），六十一岁

春，先生为兄子伯鍼加冠。贺瑞麟兄弟五人，继嗣祇有伯鍼一人，贺瑞麟对其饮食教诲倍为勤恳，教以《训子语》《诲儿编》。（伯鍼后在省城师范学堂理庶务监学等事。）

三月，贺瑞麟率伯鍼之渭南省墓。

夏，刊《朱子纲目》成。

秋，刊《朱子文集》成。

孟冬，泾阳柏堃来受业。字厚甫，先从农西柏先生学，后又从刘古愚先生学，笃厚循谨，为清麓继起之冠。

光绪十一年乙酉（1885），六十二岁

春序刻朱子五书。即《太极图说》《通书》《西铭》《好学论》《定性书》。

夏，四月之省，会旧友寇允臣先生（学者称潜溪先生）。著有《潜溪文集》。

为《正谊书院》作记。

光绪十二年丙戌（1886），六十三岁

秋九月，重刻《小学》《近思录》成。

光绪十三年丁亥（1887），六十四岁

春正月，藩宪李公菊圃来见，公名用清，山西人，仰慕贺瑞麟之德久矣。

夏四月，兴平张元勋来见。

序刻《许文正公遗书》《训蒙千字文》（何桂珍著）、《周子全书》《大学衍义》（真德秀著）、《小学集解》（张伯行）、《小学浅解》（薛于瑛著）。前此刻书惟传经堂、述荆堂两家，兹《小学》著书李藩宪菊圃刻，《大学衍义》柏中翰子余刻，《训蒙千文》丁树铭伯新集资刻。

光绪十四年戊子（1888），六十五岁

春正月，蒲城丁树铭来受业（字伯新，由贾而儒，贺瑞麟晚年一切经纪学事家事悉赖焉。）贺瑞麟辑臣子伯镒卒，年四十有二。

二月，贺瑞麟四兄辑臣卒，享年六十八，三月二十二日葬于北关外三里店清凉寺东新阡。

蒲城刘葆中、葆歉兄弟来受业。

序刻《宋名臣言行录》《松阳讲义》《薛仁斋文集》。

光绪十五年己丑（1889），六十六岁

夏，为兄子伯鍼娶妻冯氏，行亲迎礼。

冬，志刘昇之东初墓。书《系剑篇》赠刘东初。

序刻《三鱼堂文集》《文庙通考》《小学韵语》。

光绪十六年庚寅（1890），六十七岁

春正月，提督学政逊庵柯公逢时来见。（柯逢时，湖北人，讲经世有用之学，与味经书院掌院刘古愚最相契，其向慕贺瑞麟，盖知经济必本于道德也。）二月募建朱子祠。九月，朱子祠落成。

邑宰涂公为贺瑞麟建明复精舍于祠西后，即为贺瑞麟祠。

冬十月，山东济南淄川县孙乃琨来受业，代其兄孙乃瑶执贽。孙乃琨著有《灵泉文集》，孙乃瑶著有《孙伯琴文集》。

序刻《张子全书》《信好录》《唐鉴》（范太史）、《朱子行状总论》、简注《四书字类释义》《徐余斋耻言》。

光绪十七年辛卯（1891），六十八岁

学宪柯公以经明行修疏奏。柯公去任时又赠联语云"海内儒宗，人伦矜式；关中学统，天语褒崇。"

序刻《闲辟录》《学蔀通辨》《王学质疑》《明辨录》。

扶风胡润松来受业。

光绪十八年壬辰（1892），六十九岁

湖南湘阴王阳晞、姚钦灏来执贽。

提督学院广东黎公容翰来见。作《续关学编》。贺瑞麟取生平所仰慕者七人续入。分别为刘伯容（名鸣珂，浦城人），王逊功（名承烈，泾阳人），张罗谷（名秉直，澄城人），史复斋（名调，华阴人），李桐阁（名元春，朝邑人），郑冶亭（名士范，凤翔人），杨损斋（名树椿，朝邑人）。

辑长寿《贺氏谱》，贺瑞麟本渭南长寿人，谱名长寿示不忘本。时贺瑞麟病，执笔难，口授大略，命门下马养之手录之。自始祖至贺瑞麟居三原已七世，系图一世表、二列传、三家书。

序刻《翰苑集》《二程遗书》《关学续编》《仪礼经传通解》。

光绪十九年癸巳（1893），七十岁

春二月富平令雨田焦先生请先生讲行乡饮酒礼，先生率徒而行，甚盛。三月望，蓝田牛兆濂来见。

凤翔令育生张侯建立宗铭书院，聘请贺瑞麟移讲，兼行乡饮酒礼，贺瑞麟四月初至凤翔，归至兴平，讲书于槐里书院，越日至马养之家讲行士相见礼，五月初旬还书院。

秋九月初四为东里刘某书墓志猝中风，痰，不能一语，五日辰时卒。原宰刘公（名照藜）视殓，富平令焦雨田闻讣越境往哭，焦公与贺瑞麟交最深且久。

越三月卜葬于清凉山之高原北首南址，门下杨信甫主礼，参取《仪礼》《家礼》酌以行焉。

贺瑞麟葬后，门下士以书院中洞为其立祠，定每年九月九日为会祭之期。祠门楹联"自濂、洛、关、闽以来斯文代有宗主，由许、薛、胡、陆而后吾儒再见先生。"献室门联"太华、黄河瞻气象，青天白日溯心源"，门下马鉴源撰。

禫祭时四方士友云集，有来自他省若干，呜呼！至矣！

参考文献

一　古籍

（汉）班固撰，（唐）颜师古注：《汉书》，中华书局1962年标点本。

（宋）程颢、程颐著，王孝鱼点校：《二程集》，中华书局1981年标点本。

（宋）朱熹：《朱子全书》，安徽教育出版社、上海古籍出版社2010年标点本。

（明）冯从吾撰，陈俊民、徐兴海点校：《关学编》，中华书局1987年标点本。

（明）王阳明著，吴光等编校：《王阳明全集》，上海古籍出版社2011年标点本。

（清）赵尔巽：《清史稿》，中华书局1977年标点本。

（清）陆陇其：《松阳讲义》，广文书局1977年影印本。

（清）陆陇其：《松阳钞存》，《西京清麓丛书》，刘氏传经堂，清同治至民国间刊本。

（清）陆陇其：《三鱼堂文集》，柏经正堂，清光绪十五年（1889）刻本。

（清）李颙撰，陈俊民点校：《二曲集》，中华书局1996年标点本。

（清）张履祥著，陈祖武点校：《杨园先生全集》，中华书局2002年标点本。

（清）陆陇其：《读朱随笔》，丛书集成初编，中华书局1991年标点本。

（清）陆陇其撰，周军、彭善德、彭忠德校注：《松阳讲义——陆陇其讲〈四书〉》华夏出版社2013年版。

（清）陆陇其：《陆稼书先生文集》，丛书集成初编，商务印书馆民国二十五（1936）年版。

（清）陈宏谋辑：《五种遗规》，线装书局2015年版。

（清）张秉直：《开知录》，《清麓丛书》，清光绪元年（1875）刻本。

（清）张秉直：《治平大略》，《清麓丛书》，清光绪元年（1875）刻本。

（清）张秉直：《四书集疏附正》，《清麓丛书》，清光绪元年（1875）刻本。

（清）李元春编：《关学道脉》，朝邑蒙天麻荫堂，道光十年（1830）刊本。

（清）江藩：《汉学师承记：宋学渊源记》，上海书店1983年版。

（清）李元春：《桐阁文钞》，朝邑阁义文会刊本。

（清）左宗棠著，刘泱泱等点校：《左宗棠全集》，岳麓书社2009年版。

（清）贺瑞麟：《清麓文集》，刘氏传经堂，清光绪二十五年（1899）刊本。

（清）贺瑞麟：《清麓答问》，正谊书院藏版，光绪乙巳年（1905）刻本。

（清）贺瑞麟：《清麓遗语》，刘氏传经堂，清同治至民国间刊本。

（清）贺瑞麟：《三水县志》，清光绪八年（1882）刻本。

（清）贺瑞麟著，王长坤、刘峰点校：《贺瑞麟集》，刘学智、方光华主编《关学文库》之文献整理系列，西北大学出版社2015年版。

（清）李元春著，王海成点校：《李元春集》，刘学智、方光华主编《关学文库》之文献整理系列，西北大学出版社2015年版。

（清）牛兆濂著，王美凤、高华夏、牛锐点校：《牛兆濂集》，刘学智、方光华主编《关学文库》之文献整理系列，西北大学出版社2015年版。

（清）刘光蕡著，武占江点校：《刘光蕡集》，刘学智、方光华主编《关学文库》之文献整理系列，西北大学出版社2015年版。

（清）薛于瑛：《薛仁斋先生遗集》，存于《西京清麓丛书》，刘氏传经堂，清同治至民国间刊本。

（清）薛于瑛：《小学浅解》，清宣统二年（1910），存心堂刻本。

（清）杨树椿：《西野杨氏申谱》，清光绪十六年（1890）刻本。

（清）杨树椿：《损斋文钞》，柏经正堂，清光绪十九年（1893）刻本。

（清）杨树椿：《学旨要略》，《西京清麓丛书》，刘氏传经堂，清光绪十年（1884）刻本。

（清）刘光蕡：《烟霞草堂文集》，思过斋，民国十七年（1928）刻本。

（清）刘光蕡：《烟霞草堂遗书》，思过斋，民国七年（1918）刻本。

（清）刘光蕡：《刘古愚先生全书》，思过斋，民国七年至十二年（1918—1923）刻本。

（清）唐鉴：《国朝学案小识》，清光绪十年（1884）刻本。

（清）王懋竑：《朱子年谱》，商务出版社1937年版。

宋伯鲁等修：《续修陕西通志稿》，中国西北文献丛书编辑委员会编《西北稀见方志文献》第6、7、8、9、10、11卷，兰州古籍书店1990年版。

（清）王钟翰点校：《清史列传》，中华书局1987年版。

（清）贺瑞麟：《三原县新志》，咸阳经典旧志稽注，陕西出版集团、三秦出版社2010年版。

（清）黄彭年：《陶楼文钞》，《近代中国史料丛刊》，第36辑，文海出版社1973年版。

（清）牛兆濂：《续修蓝田县志》，民国二十九年（1940），铅印本。

（清）牛兆濂：《读近思录类编》，清光绪三十一年（1905），芸阁精舍铅印本。

（清）牛兆濂：《蓝川文钞》，民国十三年（1924），排印本。

（清）牛兆濂：《蓝川文钞续》，民国二十四年（1935），芸阁学社排印本。

（清）牛兆濂：《蓝川文集》，民国十一年（1922），铅印本。

（清）杨一臣著，翟允禔整理：《农言著实评注》，农业出版社、陕西科学技术出版社1989年版。

（清）张元勋：《原心》，清同治八年（1869）刻本。

（清）张元勋：《张仁斋（元际）先生行状》，民国年间排印本。

（清）张元勋：《牛蓝川先生讣告行状》，民国年间排印本。

（清）张元勋：《清麓（贺瑞麟）年谱》，刘氏传经堂，民国十一年（1922）刻本。

（清）张元勋：《训蒙诗集解》，载《清麓丛书》，民国八年（1919）刻本。

（清）张元勋：《妇女训序》，民国间（1912—1949）竹斋丛刊续编。

（清）孙乃琨：《贺清麓先生年谱》，民国十六年（1927）刻本。

（清）孙乃琨：《灵泉文集》，民国二十九年（1940）排印本。

（清）马鉴源：《贺复斋先生行状》，清光绪二十三年（1897）刘传经堂刻本。

纪宝成主编：《清代诗文集汇编》，上海古籍出版社2010年版。

周骏富主编：《清代传记丛刊》，明文书局印行1986年版。

《中国地方志集成·陕西府县志辑》，上海书店出版社2007年版。

二 现代著作

1. 国内著作

曹聚仁：《中国学术思想史随笔》，生活·读书·新知三联书店1986年版。

陈鼓应：《明清实学思想史》，齐鲁书社1989年版。

陈俊民：《张载哲学及其关学学派》，人民出版社1986年版。

陈柱：《清儒学术讨论集》，商务印书馆1930年版。

陈祖武：《清初学术思辨录》，中国社会科学出版社1992年版。

陈祖武、汪学群：《清代文化志》，上海人民出版社1998年版。

陈祖武：《清代学术源流》，北京师范大学出版社2012年版。

陈祖武：《清儒学术拾零》，故宫出版社2012年版。

陈东原：《中国妇女生活史》，商务印书馆2015年版。

程宜山：《张载哲学的系统分析》，学林出版社1989年版。

丁为祥：《虚气相即——张载的哲学体系及其定位》，人民出版社2000年版。

方光华：《关学及其著述》，西安出版社2003年版。

冯友兰:《中国哲学史》,华东师范大学出版社2011年版。
龚书铎主编:《清代理学史》,广东教育出版社2007年版。
龚杰:《张载评传》,南京大学出版社1996年版。
何联奎:《中国礼俗研究》,台湾中华书局1973年版。
郝延平、魏秀梅主编:《近世中国之传统与蜕变》,"中央研究院"近代史研究所1998年版。
何冠彪:《明末清初学术思想研究》,学生书局1991年版。
何炳棣著,徐泓译注:《明清社会史论》,联经出版事业股份有限公司2013年版。
侯外庐等编:《中国思想通史》,人民出版社1959年版。
侯外庐、邱汉生、张岂之:《宋明理学史》,人民出版社1984年版。
侯成亚等编译:《张颐论黑格尔》,四川大学出版社2000年版。
黄建斌:《清代学术发展史》,幼狮书店1974年版。
姜广辉:《走出理学——清代思想发展的内在理路》,辽宁教育出版社1997年版。
姜国柱:《张载的哲学思想》,辽宁人民出版社1982年版。
姜国柱:《张载关学》,陕西人民出版社2001年版。
李泽厚:《中国近代思想史论》,人民出版社1979年版。
李纪祥:《明末清初儒学之发展》,文津出版社1992年版。
李晓春:《张载哲学与中国古代思维方式研究》,中华书局2012年版。
李炳武主编:《长安学丛书·教育卷》,陕西出版集团、三秦出版社2012年版。
《刘古愚年谱》编委会:《刘古愚年谱》,陕西旅游出版社1989年版。
李国彤:《女子之不朽——明清时期的女教观念》,广西师范大学出版社2014年版。
刘广京主编:《近世中国经世思想研讨会论文集》,"中央研究院"近代史研究所1984年版。
刘新科、刘兰香:《古都西安·西安教育史》,西安出版社2005年版。
刘学智、[韩]高康玉:《关学、南冥学与东亚文明》,社会科学文献出版社2007年版。
刘学智:《关学思想史》,刘学智,方光华主编《关学文库》之学术研究系列，西北大学出版社 2015 年版。

刘师培：《清儒得失论——刘师培论学杂稿》，中国人民大学出版社 2011 年版。

梁启超：《清代学术概论》，上海古籍出版社 2005 年版。

林继平：《李二曲研究》，陕西师范大学出版社 2006 年版。

卢凤阁编述：《左文襄公征西史略》，文海出版社 1972 年版。

卢钟锋：《中国传统学术史》，河南人民出版社 1998 年版。

陆宝千：《清代思想史》，华东师范大学出版社 2009 年版。

罗志田：《权势转移——近代中国的思想与社会》，北京师范大学出版社 2014 年版。

罗志田、徐秀丽、李德英主编：《地方地近代史：州县士庶的思想与生活》，社会科学文献出版社 2015 年版。

马长寿主编：《同治年间陕西回民起义历史调查记录》，《陕西文史资料》第 26 辑，陕西人民出版社 1993 年版。

马长寿：《马长寿民族史研究著作选》，上海人民出版社 2009 年版。

蒙培元：《理学范畴系统》，人民出版社 1998 年版。

钱穆：《近三百年学术史》，商务印书馆 1997 年版。

秦翰才：《左文襄公在西北》，岳麓书社出版 1984 年版。

任继愈：《中国学术思想史稿》，中国社会科学出版社 2007 年版。

任大援、武占江：《刘古愚评传》，陕西人民出版社 1997 年版。

孙志亮、马林安、陈国庆：《陕西近代史稿》，西北大学出版社 1992 年版。

谭丕模：《清代思想史纲》，上海古籍出版社 2013 年版。

汤一介、李中华、汪学群：《中国儒学史·清代卷》，北京大学出版社 2001 年版。

唐德刚：《从晚清到民国》，中国文史出版社 2015 年版。

田培栋：《明清时代陕西社会经济史》，首都师范大学出版社 2000 年版。

王汎森：《晚明清初思想十论》，复旦大学出版社 2008 年版。

王汎森：《中国近代思想与学术的系谱》，吉林出版集团有限责任公司 2011 年版。

王建朗、黄克武主编：《两岸新编中国近代史·晚清卷》，社会科学文献出版社 2016 年版。

王美凤编校：《关学史文献辑校》，刘学智、方光华主编《关学文库》之文献整理系列，西北大学出版社 2015 年版。

汪学群、武才娃：《清代思想史论》，中国社会科学出版社 2007 年版。

武占江：《刘光蕡评传》，刘学智、方光华主编《关学文库》之学术研究系列，西北大学出版社 2015 年版。

萧一山：《清代通史》，中华书局 1986 年版。

熊月之：《西学东渐与晚清社会》，上海人民出版社 1994 年版。

许鹤龄：《李二曲"体用全学"之研究》，文史哲出版社 2004 年版。

徐世昌：《清儒学案》，人民出版社 2010 年版。

杨向奎：《清儒学案新编》，齐鲁书社 1985—1988 年版。

杨志刚：《中国礼仪制度研究》，华东师范大学出版社 2001 年版。

袁林著：《西北灾荒史》，甘肃人民出版社 1994 年版。

余英时：《论戴震与章学诚》，生活·读书·新知三联书店 2000 年版。

余英时：《中国思想传统的现代诠释》，江苏人民出版社 2006 年版。

赵维玺：《湘军集团与西北回民大起义之善后研究——以甘宁青地区为中心》，上海古籍出版社 2014 年版。

赵馥洁：《关学精神论》，刘学智、方光华主编《关学文库》之学术研究系列，西北大学出版社 2015 年版。

张岱年：《张载——十一世纪中国唯物主义哲学家》，湖北人民出版社 1956 年版。

张舜徽：《清儒学记》，齐鲁书社 1991 年版。

张立文主编：《中国学术通史·清代卷》，人民出版社 2004 年版。

张岂之：《儒学·理学·实学·新学》，陕西人民教育出版社 1994 年版。

张岂之主编：《陕西通史·明清卷》，陕西师范大学出版社 1997 年版。

张岂之主编：《陕西通史·思想卷》，陕西师范大学出版社 1998 年版。

张岂之主编：《中国思想学说史·宋元卷·明清卷》，广西师范大学出版社 2008 年版。

张舜徽：《清人文集别录》，华中师范大学出版社 2004 年版。

张福清编注：《女诫——妇女的枷锁》，中央民族大学出版社1996年版。

张寿安：《以礼代理——凌廷堪与清中叶儒学思想之转变》，河北教育出版社2001年版。

张仲礼：《中国绅士研究》，上海人民出版社2008年版。

郑师渠：《晚清国粹派——文化思想研究》，北京师范大学出版社1993年版。

郑宗义：《明清儒学转型探微》，中文大学出版社2000年版。

周迅：《中国的地方志》，山东教育出版社1991年版。

周耀明著：《边缘、族群与国家——清末西北回民起义》，宁夏人民出版社2011年版。

朱维铮：《晚清学术史论》，上海古籍出版社1996年版。

朱维铮：《走出中世纪》，复旦大学出版社2009年版。

邹昌林：《中国古礼研究》，台北文津出版社1992年版。

庄吉发：《清史论集》，文史哲出版社1997年版。

2. 译著

［美］艾凯：《最后的儒家——梁漱溟与中国现代化的两难》，王宗昱、冀建中译，外语教学与研究出版社2013年版。

［日］岛田虔次：《中国近代思维的挫折》，甘万萍译，江苏人民出版社2005年版。

［美］杜赞奇：《文化、权力与国家1990—1924年的华北农村》，王福明译，凤凰出版传媒集团、江苏人民出版社2010年版。

［德］黑格尔：《精神现象学》，贺麟、王玖兴译，商务印书馆2012年版。

［德］伽达默尔：《真理与方法》，洪汉鼎译，上海译文出版社1999年版。

［美］柯文：《在中国发现历史——中国中心观在美国的兴起》，林同奇译，中华书局2002年版。

［美］柯文：《在传统与现代性之间——王韬与晚清改革》，雷颐、罗检秋译，江苏人民出版社2003年版。

［美］列文森：《儒教中国及其现代命运》，郑大华、任菁译，中国社

会科学出版社 2000 年版。

［美］芮玛丽：《同治中兴：中国保守主义的最后抵抗》，房德邻等译，中国社会科学出版社 2002 年版。

［美］S.E. 佛罗斯特：《西方教育的历史和哲学基础》，吴元训等译，华夏出版社 1987 年版。

三 期刊

1. 报刊论文

陈来：《"关学"的精神》，《中华读书报》2015 年 12 月 30 日第 13 版。

方光华：《〈关学文库〉之关学观》，《陕西日报》2015 年 12 月 6 日第 7 版。

郭超：《用乡贤文化滋养主流价值观——访北京大学教授张颐武》，《光明日报》2014 年 8 月 15 日第 2 版。

李敬峰：《关学研究前瞻》，《光明日报》2016 年 8 月 22 日第 16 版。

林乐昌：《张载对中国古代思想文化的贡献》，《光明日报》2016 年 5 月 12 日第 16 版。

刘学智：《关学思想史·小识》，《光明日报》2016 年 5 月 16 日第 16 版。

王国平：《营造适宜乡贤成长的生态环境——安徽省社科院研究员钱念孙谈乡贤文化》，《光明日报》2014 年 8 月 19 日第 2 版。

王先明：《"新乡贤"的历史传承与当代建构》，《光明日报》2014 年 8 月 20 日第 1—2 版。

谢扬举：《文化传统与民风建设》，《人民政协报》2016 年 5 月 16 日第 9 版。

赵法生等：《城市化浪潮下的乡村儒学——乡村儒学笔谈》，《光明日报》2014 年 12 月 30 日第 7 版。

赵馥洁：《传承关学精神》，《陕西日报》2015 年 10 月 20 日第 9 版。

赵馥洁：《张载如何"继绝学"》，《光明日报》2016 年 8 月 22 日第 16 版。

张岂之：《彰显文化自信》，《陕西日报》2015 年 10 月 20 日第 9 版。

张岂之：《中华文化的会通精神》，《北京日报》2017年1月9日第15版。

张岂之：《把文化植根到传统中去》，《解放日报》2017年1月20日第13版。

张立文：《关学的共同体智慧》，《光明日报》2016年4月18日第16版。

《关于实施中华优秀传统文化传承发展工程的意见》，《人民日报》2017年1月26日第6版。

朱承：《关学：地域性与世界性相结合》，《中国社会科学报》2016年6月7日第2版。

2. 期刊论文

蔡德贵：《关学的独尊儒术特征》，《陕西师范大学学报》2000年第2期。

车冬梅：《析晚清理学学术特征》，《西北大学学报》2009年第4期。

陈正奇、焦陆艳：《关学对关中地区民风民俗的影响》，《理论导刊》2010年第1期。

丁为祥：《张载研究的视角与方法》，《陕西师范大学学报》2000年第2期。

龚书铎：《清代理学的特点》，《史学集刊》2005年第3期。

韩星：《儒家的隐者——李柏思想构成探析》，《人文杂志》2001年第3期。

鞠春彦：《从女训看伦理与生存选择》，《兰州学刊》2007年第9期。

李锦全：《从洛学与关学的比较看二程思想的地位》，《哲学研究》1988年第12期。

李景林：《教化观念与儒学的未来发展》，《人文杂志》2009年第1期。

李清凌：《中国最早的乡民自治公约》，《甘肃理论学刊》2013年第4期。

林乐昌：《李二曲的经世观念和讲学实践》，《中国哲学史》2000年第1期（1）。

林乐昌：《张载关学学风特质轮——兼论张载关学学风的现代意义》，

《陕西师范大学学报》2002 年第 3 期。

林乐昌：《20 世纪张载哲学研究的主要趋向反思》，《哲学研究》2004 年第 12 期。

林乐昌：《中国哲学史个案研究的实地调查尝试——以张载哲学思想和历史影响研究为例》，《宝鸡文理学院学报》2009 年第 6 期。

林乐昌：《论"关学"概念的结构特征与方法意义》，《中国哲学史》2013 年第 1 期。

刘学智：《冯从吾与关学学风》，《中国哲学史》2002 年第 3 期。

刘学智：《关学及二十世纪大陆关学研究的辨析与前瞻》，《中国哲学史》2005 年第 4 期。

刘学智：《张载及其关学研究的方法论与研究走向探析》，《唐都学刊》2012 年第 5 期。

刘永青：《论关学的精神特质》，《理论月刊》2008 年第 12 期。

罗志田：《新旧之间：近代中国的多个世界及"失语"群体》，《四川大学学报》1999 年第 6 期。

钱仲联：《清代学术平议》，《苏州大学学报》1992 年第 4 期。

桑兵：《晚清民国时期的国学研究与西学》，《历史研究》1996 年第 5 期。

史革新：《理学与晚清社会》，《北京师范大学学报》1998 年第 4 期。

史革新：《程朱理学与晚清"同治中兴"》，《近代史研究》2003 年第 6 期。

史革新：《晚清陆王心学复苏的若干考察》，《徐州师范大学学报》2005 年第 1 期。

孙顺华：《唐宋以后女教读物的普及化及原因探析》，《齐鲁学刊》2005 年第 2 期。

王坚：《20 世纪清学史研究范式之历史审查——兼论清学本质与新视野下清学史的书写问题》，《山东社会科学》2013 年第 7 期。

魏鉴勋：《清代理学与反理学斗争辨析》，《社会科学辑刊》1988 年第 3 期。

魏永生：《晚清"汉宋调和"原因析论》，《东方论坛》2002 年第 2 期。

吴雁南：《清代理学探析》，《重庆师院学报》1984 年第 4 期。

肖发荣、史莉琴：《刘古愚的女学思想及实践——纪念刘古愚诞辰一百七十周年》，《唐都学刊》2014 年第 3 期。

谢扬举：《李二曲安身立命思想述评》，《中国哲学史》2000 年第 1 期（1）。

杨亚利：《论我国经学时代儒家的经世特征》，《理论月刊》2004 年第 4 期。

杨远征：《清同治光绪时期陕西书院及其活动》，《宁夏社会科学》2005 年第 2 期。

赵瑛：《清末陕西的中体西用思潮》，《唐都学刊》2000 年第 2 期。

赵馥洁：《论关学的基本精神》，《西北大学学报》（哲社版）2005 年第 6 期。

赵吉惠：《关中三李与关学精神》，《西安交通大学学报》（社科版）2001 年第 3 期。

张瑞龙：《论十九世纪上期理学在知识界的状况》，《清史研究》2013 年第 1 期。

张绍军：《晚清汉宋调和论析》，《清史研究》2006 年第 4 期。

张绍军：《义理与考据之辨——晚清时期宗宋学者对汉学的批判与反思》，《史学理论研究》2007 年第 1 期。

张绍军：《从复"义理之常"到言"义理之变"——清代今文经学家与程朱理学关系辨析》，《清史研究》2010 年第 5 期。

张绍军：《程朱理学与晚清社会》，《云南大学学报》2011 年第 5 期。

张亲霞：《关学的历史地位与作用》，《长安大学学报》2008 年第 2 期。

曾光光：《桐城派与清代学术流变》，《福建论坛》（人文社会科学版）2004 年第 12 期。

朱维铮：《十八世纪中国的汉学与西学》，《中国史研究动态》1987 年第 3 期。

朱维铮：《清学史：汉学与反汉学一页》（上），《复旦学报》1993 年第 5 期。

朱维铮：《清学史：汉学与反汉学一页》（下），《复旦学报》1993 年第 6 期。

3. 硕博论文

车冬梅:《晚清理学学术研究》,博士学位论文,西北大学,2005 年。

常新:《李柏思想研究》,博士学位论文,陕西师范大学,2008 年。

陈娟:《贺瑞麟与晚清关学的兴衰》,硕士学位论文,北京师范大学,2009 年。

陈张林:《李二曲思想研究》,博士学位论文,陕西师范大学,2010 年。

陈花艳:《贺瑞麟理学思想研究》,硕士学位论文,陕西师范大学,2012 年。

房秀丽:《李二曲理学思想研究》,博士学位论文,山东大学,2006 年。

刘晓喆:《清代陕西书院研究》,博士学位论文,西北大学,2008 年。

吕振宇:《〈家礼〉源流编年辑考》,博士学位论文,华东师范大学,2012 年。

史革新:《晚清理学研究》,博士学位论文,北京师范大学,1992 年。

石峰:《孙乃琨研究》,硕士学位论文,山东大学,2014 年。

宋献科:《晚清陕西刻书研究》,硕士学位论文,陕西师范大学,2015 年。张金兰:《关洛学派关系研究》,博士学位论文,陕西师范大学,2010 年。

章艳超:《中国古代女教文献考略》,硕士学位论文,南京师范大学,2011 年。

赵永翔:《明清关中的寺庙与地方社会》,博士学位论文,南开大学,2012 年。